AF573956

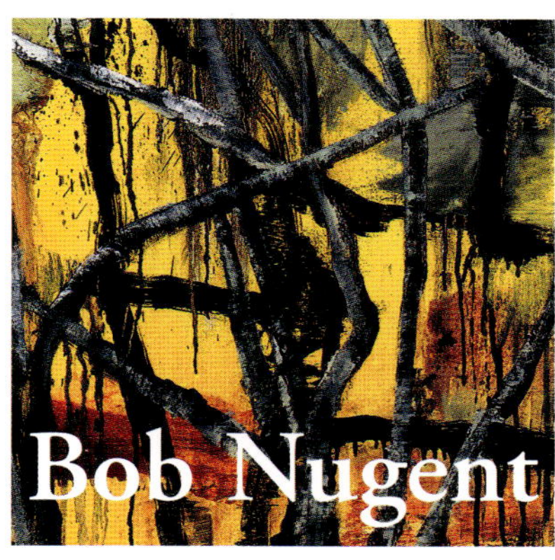
Bob Nugent

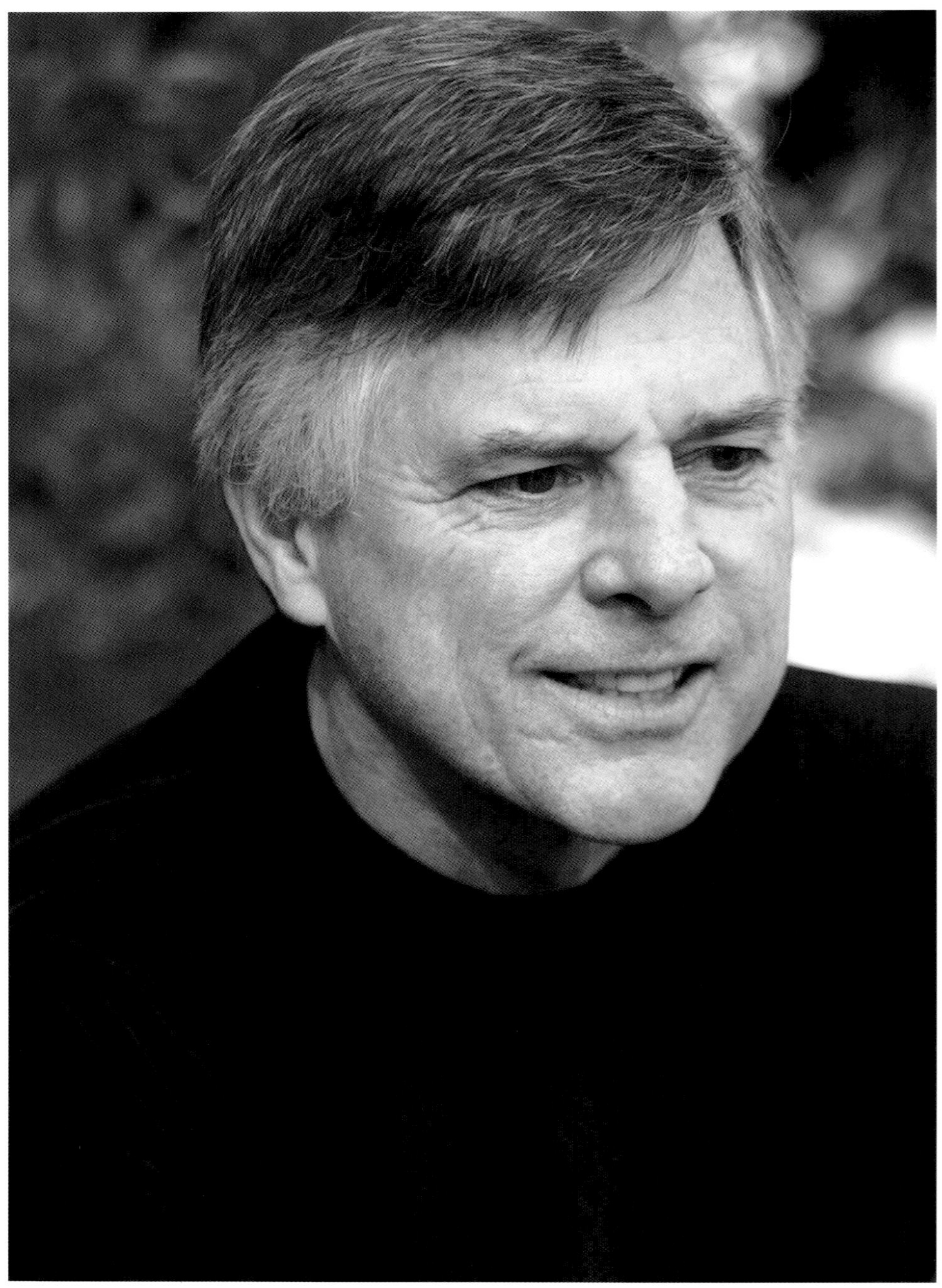

Bob Nugent, Santa Rosa, 2006, Photo credit: Carol Farrow | Bob Nugent, Santa Rosa, 2006, Crédito de Fotografia: Carol Farrow

# Bob Nugent

**Texts | Textos**

Donald Kuspit

Preston Metcalf

Agnaldo Farias

**Translation | Tradução**

Roberto Elisabetsky

**Compiled and Edited By | Compilado e Editado por**

Sami Lynn Lange

TRITON MUSEUM OF ART

ABANDONED PRESS

This catalogue is published in conjunction with the exhibition Bob Nugent "Under the Canopy"
at the Triton Museum of Art, Santa Clara, Califórnia.

Este catálogo é publicado em conjunto com a exposição Bob Nugent "Sob a Abóboda"
no Museu de Arte de Triton, Santa Clara, Califórnia.

Traveling to | Viajando para
Herrett Center for Arts and Science, Twin Falls, Idaho



Hardbound: ISBN-13: 978-0-9794809-0-4 / ISBN-10: 0-9794809-0-6
Softbound: ISBN-13: 978-0-9794809-1-1 / ISBN-10: 0-9794809-1-4

Cover (detail) and back cover: *Canoa*, oil and charcoal on linen, 68" x 80", 2006, collection of the artist
Capa (detalhe) e contracapa: *Canoa*, óleo e carvão sobre linho, 173 x 203, 2006, coleção do artista

Book Design | Projeto do Livro
Shore Design, Brisbane, California

Printed in Hong Kong | Impresso em Hong Kong

# Contents | Conteúdo

# Acknowledgements | Agradecimentos


Corporate Sponsor | Patrocinador corporativo

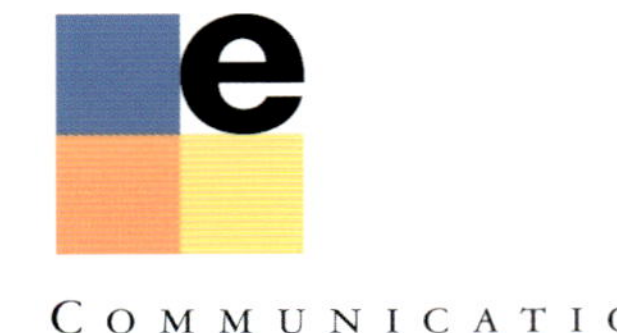


Mountain View and San Francisco, California

Substantial Contributions by | Contribuições substanciais de

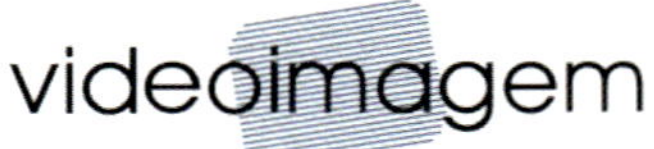


São Paulo, Brazil

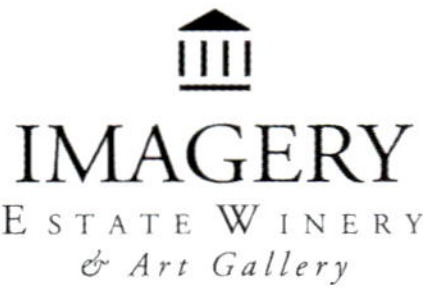


Glen Ellen, California

With additional generous support from | Com o generoso apoio adicional de

Dan Galeria
São Paulo, Brazil

Cumberland Gallery
Nashville, Tennessee

Elins Eagle-Smith
San Francisco, California

Erickson Fine Art
Healdsburg, California

R.L. Kidd Gallery
Birmingham, Michigan

Perimeter Gallery
Chicago, Illinois

Flanders Contemporary Art
Minneapolis, Minnesota

*For Lynda and the girls,*
*Erin, Georgina and Rebekka*

*Para Lynda e as meninas,*
*Erin, Georgina e Rebekka*

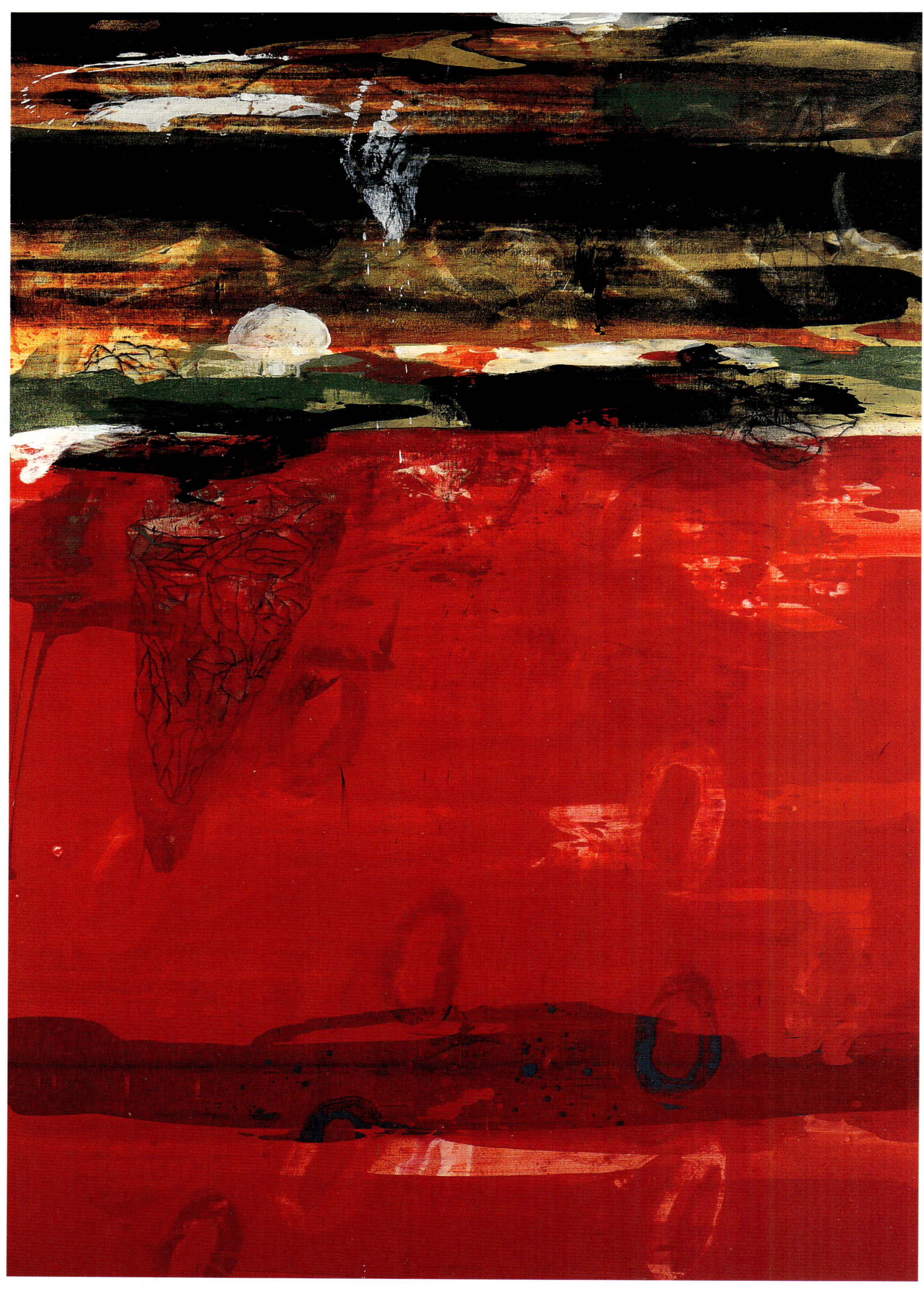



plate 1. *Brejo*, 2002 | figura 1. *Brejo*, 2002

# Introduction | Introdução

The Triton Museum of Art is proud to present this exhibition of works by the distinguished Bay Area artist, Bob Nugent. Bob's work is recognized for its intelligence and contribution towards the discussion of important artists that define the art of Northern California of the last two decades.

Steadily Bob Nugent's passion and creative depths seem to know no limits and appear to be inexhaustible. His ability to continue exploring layers of meaning in his work is admirable, and the ability to accomplish this while maintaining such a powerful impact and freshness is rare for anyone so prolific.

For those of you who are seeing Bob's work for the first time, as well as those who have had the pleasure of following his work as I have for years, you are in for a very special experience. This exhibition bears witness to the continuing growth, depth, and development of one of our region's significant living artists.

O Museu de Arte de Triton se orgulha de apresentar esta exposição de Bob Nugent, destacado artista da Bay Area. O trabalho de Bob é reconhecido por sua inteligência e por sua contribuição na análise da obra dos artistas que definem a arte do Norte da Califórnia nas últimas duas décadas.

A constante paixão e profundidade criativa de Bob Nugent parece não ter limites, inexaurível. Sua capacidade de continuamente explorar em seu trabalho camadas de significado é admirável; conseguir isso de forma sempre impactante e original é algo raro em alguém tão prolífico.

Uma experiência muito especial aguarda os que aqui terão o primeiro contato com a obra de Bob, bem como os que—como eu, por vários anos—têm tido o prazer de acompanhar seu trabalho. Esta exposição reflete o contínuo crescimento, profundidade e desenvolvimento de um dos artistas vivos mais importantes de nossa região.


GEORGE RIVERA

Executive Director & Senior Curator
Triton Museum of Art
March 2007

Diretor Executivo e Curador Sênior
Museu de Arte de Triton
Março de 2007

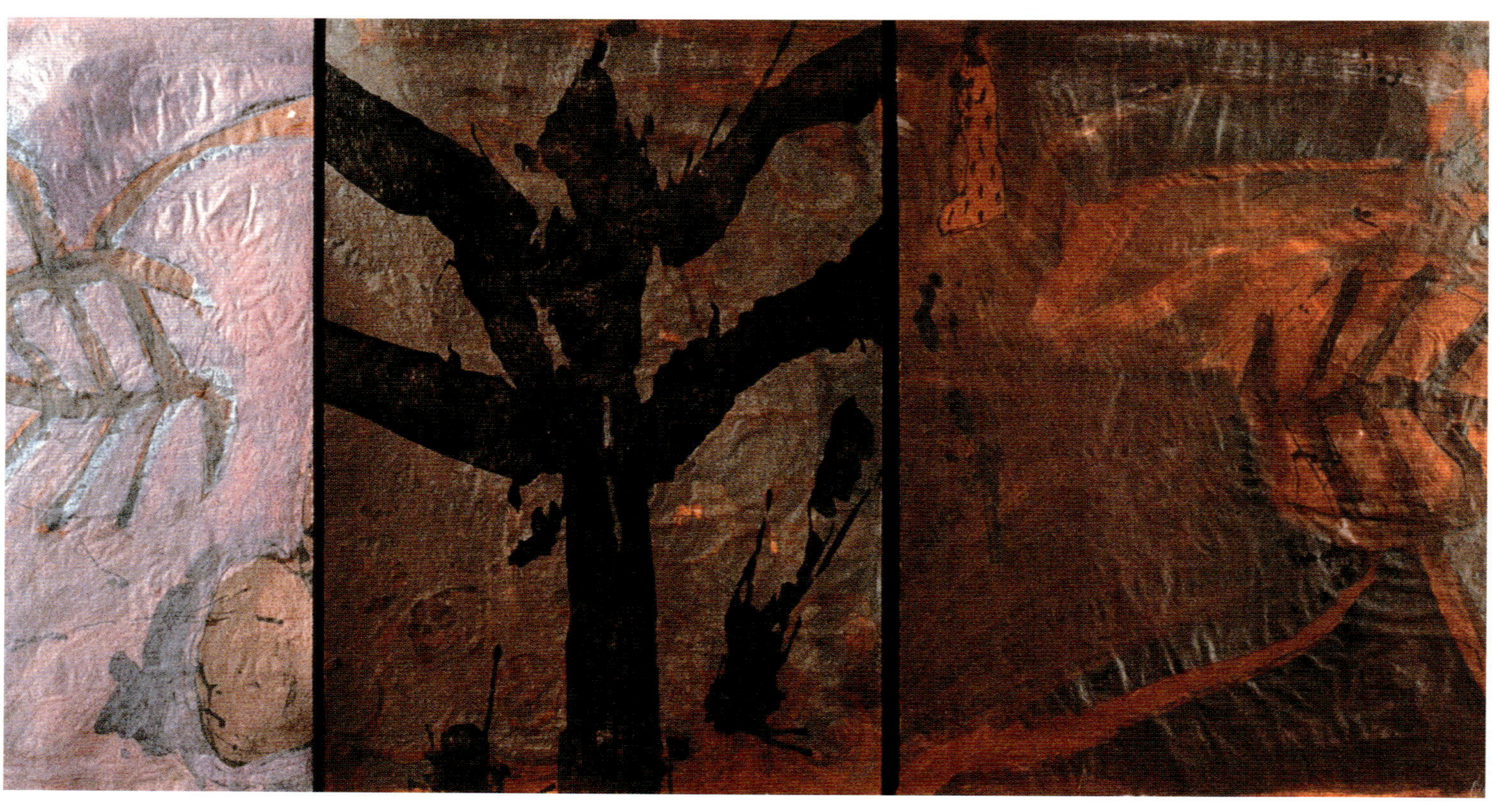

plate 2. *Xingu #1*, 1988 | figura 2. *Xingu #1*, 1988

## Early Work with Paper and Mixed Media

---

## Trabalhos Antigos com Papel e Técnica Mista

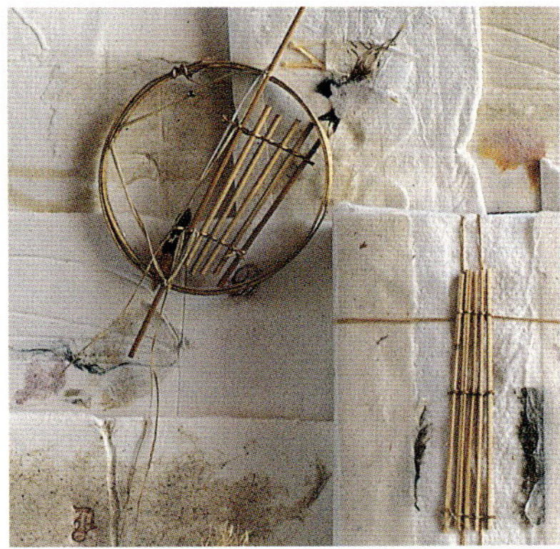

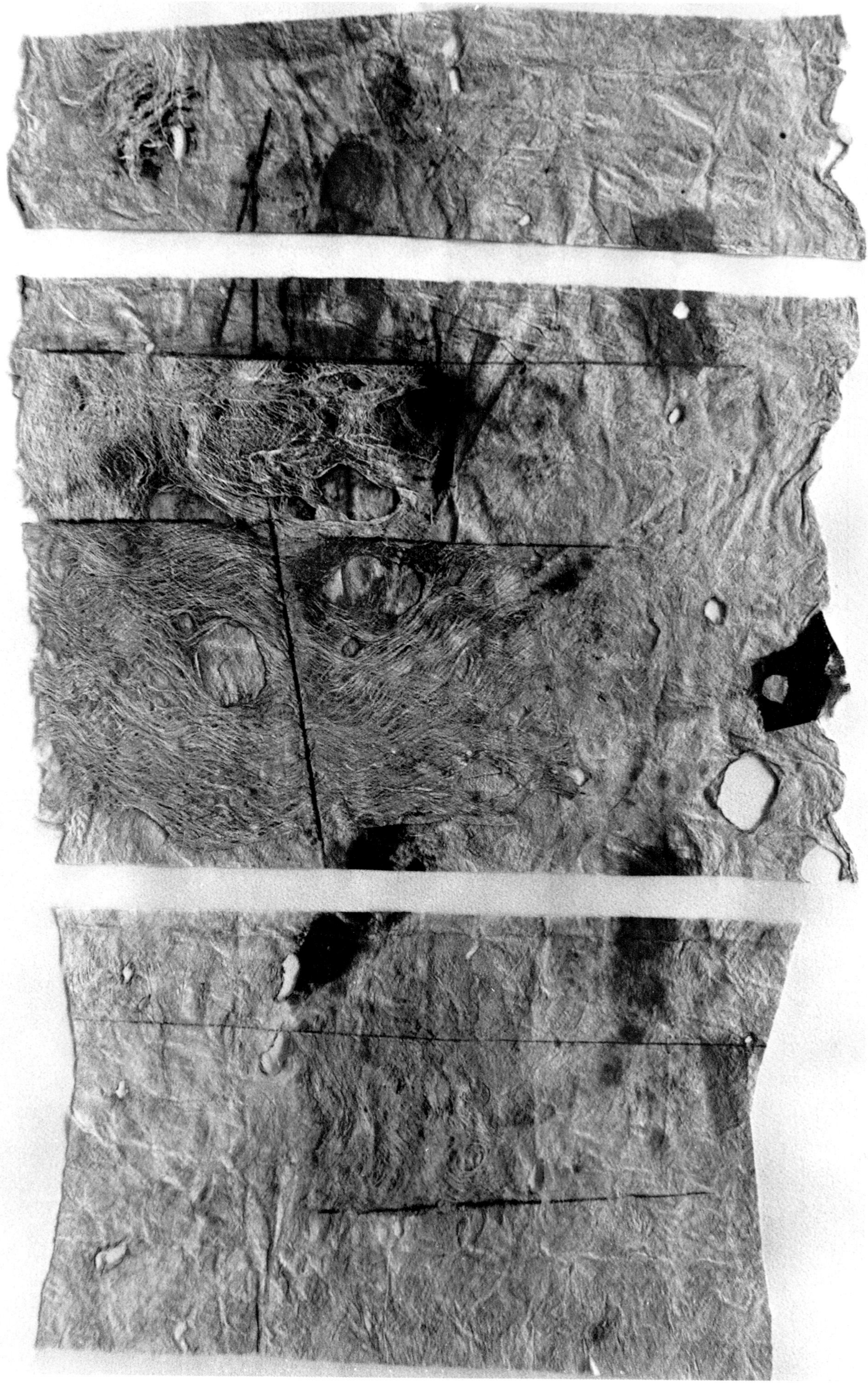

plate 3. *Malie*, 1973 | figura 3. *Malie*, 1973

# Excerpts from Conversations with Bob Nugent

# Trechos de Conversas com Bob Nugent

GEORGINA BALKWELL

**Georgina Balkwell:** In the 70's you were best known for your work with natural materials. Yet you went to college for six years with the intention of becoming a painter. Why, then, did you begin after college to experiment with tapa cloth and handmade paper?

**Bob Nugent:** My first year of teaching was in Tau, Manua, American Samoa, 1971 to 1972. The experience developed my ideas and abilities as an artist, and a good part of it had to do with the fact that I wasn't able to paint in the traditional way because the supplies weren't available. I worked with mulberry bark cloth, painted with natural dies and made drawings with a few boxes of chalk pastels that were sent to the island by mistake instead of blackboard chalk. I used those to express what I saw in the islands, and my work since that time has been about my impressions of places and things I've seen and felt.

**G.B.** Your past work has included folded letter elements. What inspired these pieces?

**Georgina Balkwell:** Nos anos 70 você era mais conhecido por seu trabalho com materiais da natureza. Você cursou a faculdade por seis anos com a intenção de se tornar pintor. Por que, então, você começou, após a faculdade, a experimentar trabalhar com panos tapa e papel feito à mão?

**Bob Nugent:** Meu primeiro ano como professor foi em Tau, Manua Samoa Americana, 1971 a 1972. Essa experiência desenvolveu minhas idéias e habilidades como artista, em boa parte porque eu não podia pintar da forma tradicional, já que não havia materiais disponíveis. Eu trabalhei com pano feito de casca de amoreiras-de-papel, pintei com tinturas naturais, desenhei com giz pastel chegava à ilha por engano, ao invés de giz para quadro-negro. Eu usava esses materiais para expressar o que via nas ilhas, e meu trabalho desde então tem sido sobre minhas impressões dos lugares e coisas que vi e senti.

**G.B.** No passado, seus trabalhos incluíam elementos de cartas dobradas. O que inspirou essas peças?

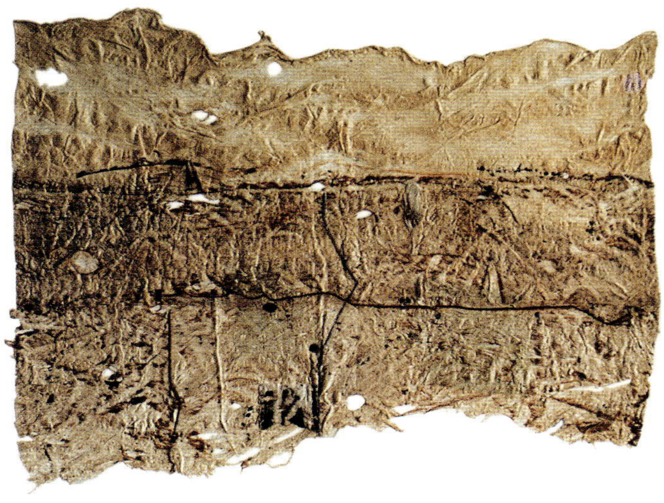

plate 4. *Tau Over Seer,* 1972 | figura 4. *Tau Over Seer,* 1972

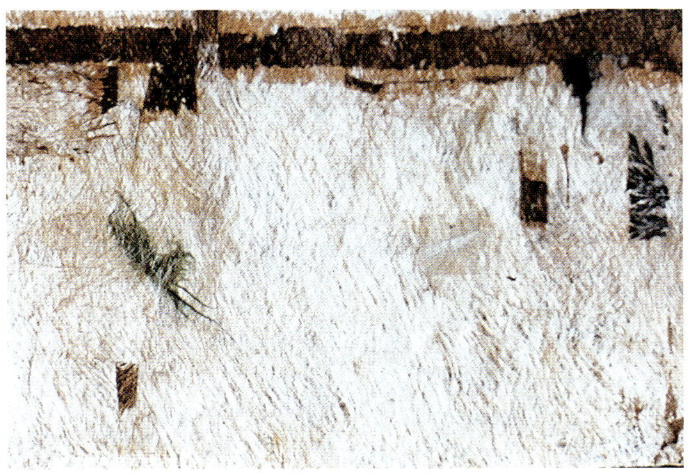

plate 5. *Landscape,* 1971 | figura 5. *Paisagem,* 1971

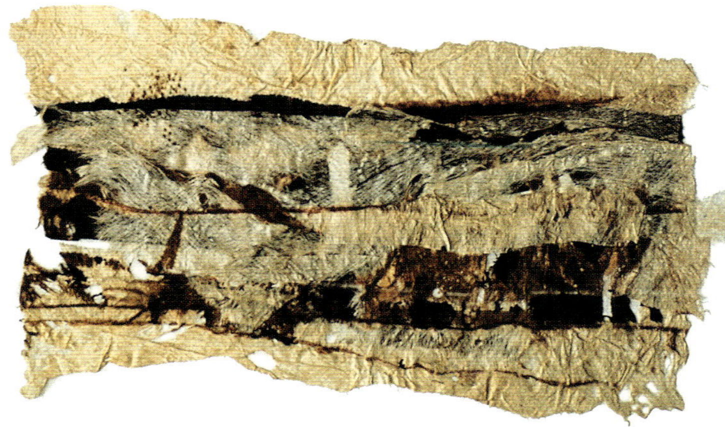

**B.N.** I was attending the opening of a one-man show of my work at the Lonny Gans Gallery in LA. My parents were in attendance, too, and someone asked me why I made so many folded letter pieces. When I said that I didn't know why, my mother chimed in and said, 'Well I know why. When you were a little boy, you used to send away for everything that you could get for free in the mail.'

And then I remembered that I'd once loved sending postcards and requesting free magazines, turning in cereal box offers for free submarines and so on. I think at one point I was receiving more mail than all of the families on our block combined. Apparently, when things started arriving in suspicious-looking brown paper packages, my mother had to intervene and start scanning my mail because she was afraid I'd started receiving pornographic material.

**G.B.** Tell me about *The Ancient Mariner Series.*

**B.N.** After living in the Samoan Islands for a year and

**B.N.** Eu estava na abertura de uma exposição individual do meu trabalho na Galeria Lonny Gans em Los Angeles, com meus pais, e alguém me perguntou por que eu fazia tantas peças com cartas dobradas. Quando eu disse que não sabia, minha mãe entrou na conversa e disse: 'Bem, eu sei o porquê. Quando você era garoto, você postava qualquer coisa que prometesse algo grátis pelo correio.'

Foi aí que eu me lembrei que eu adorava enviar cartões postais e pedidos de revistas grátis, recortes de ofertas em caixas de cereal que eram trocados por submarinos, e assim por diante. Acho que cheguei a receber mais coisas pelo correio que todas as famílias do quarteirão juntas. Quando começaram a chegar itens suspeitos embrulhados em papel marrom, minha mãe interveio e começou a checar minha correspondência, com medo que eu estivesse recebendo pornografia.

**G.B.** Fale-me sobre *A Série do Velho Marinheiro*

**B.N.** Após viver nas Ilhas Samoa por um ano, e passar tempo em torno do oceano e dentro dele, comecei, como artista, a imaginar histórias sobre o mar. Eu tinha lido sobre a Ilha Sable, um banco de areia em meio aos ventos do Atlântico Norte, onde mais de 500 navios naufragaram. A Série do Velho Marinheiro é o resultado dessa pesquisa.

*A Série do Velho Marinheiro* reflete minhas fantasias sobre o que poderíamos encontrar se examinássemos os artigos pessoais, instrumentos de navegação, ferramentas e recordações que o capitão de um navio poderia levar consigo em determinada viagem. Esses itens poderiam incluir símbolos de

plate 6. *View of Ofu*, 1972 | figura 6. *Vista de Ofu*, 1972

plate 7. *Strata Chauke*, 1975 | figura 7. *Strate Chauke*, 1975

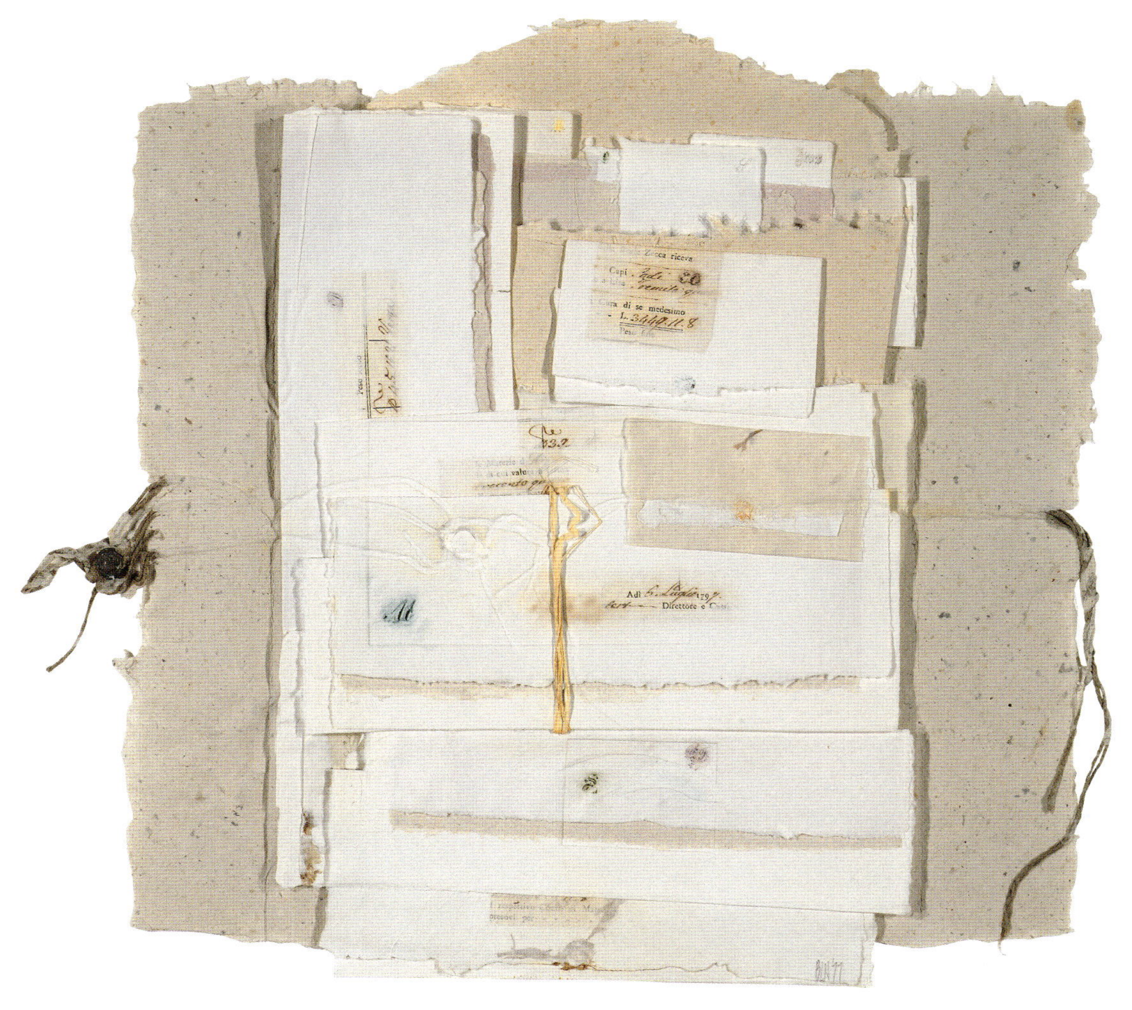

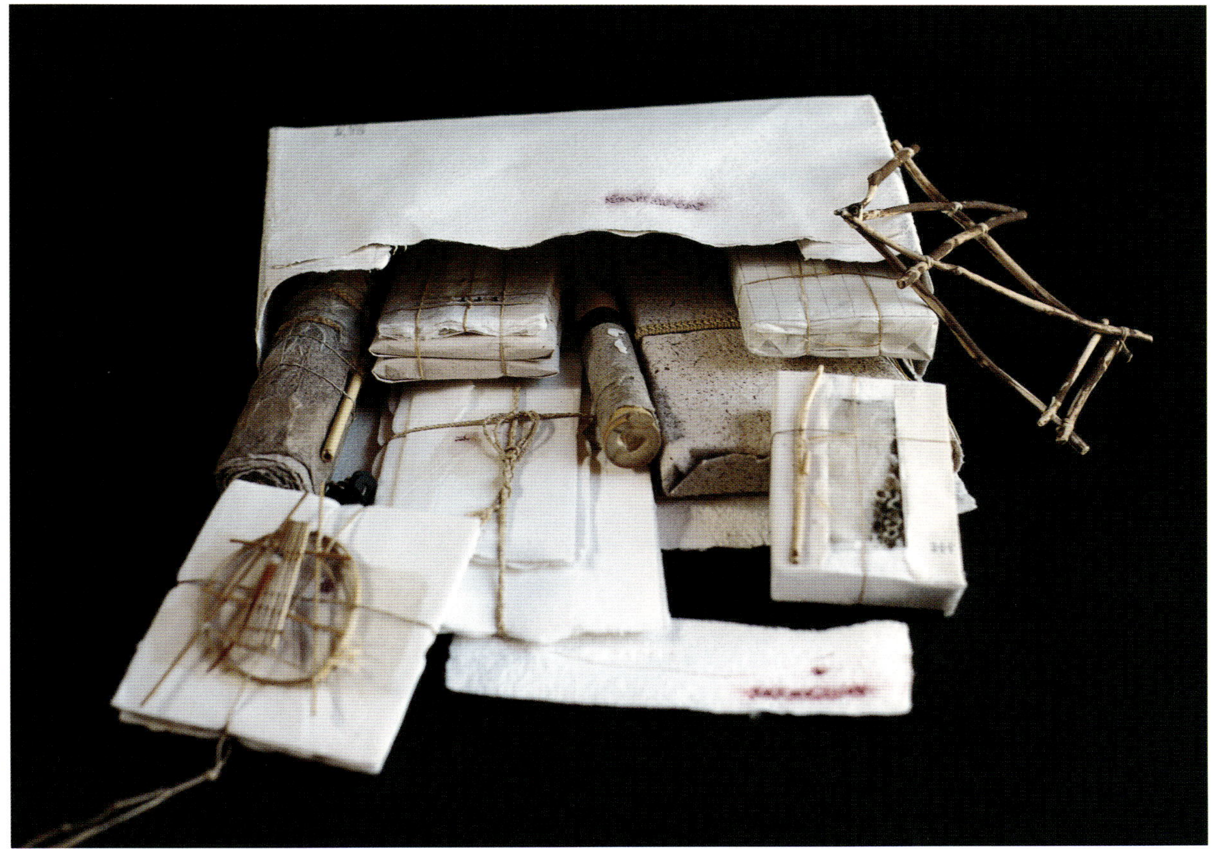

plate 8. *Kept Letter Folio 1797*, 1977 | figura 8. *Carta Guardada Folio 1797*, 1977
plate 9. *A.M.S. Agamemnon*, 1978 | figura 9. *A.M.S. Agamemnon*, 1978

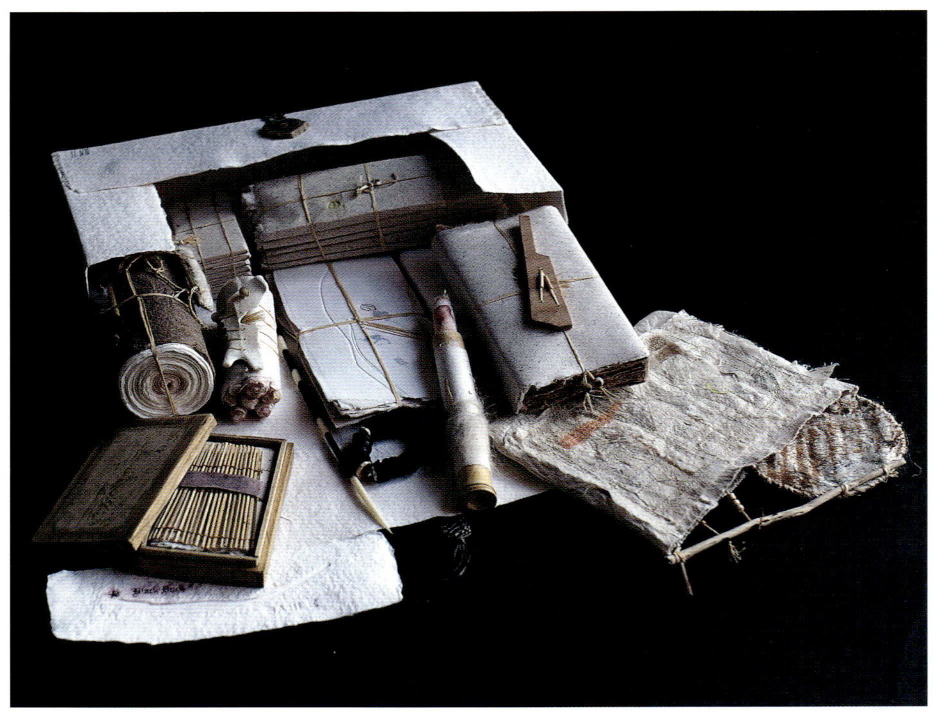

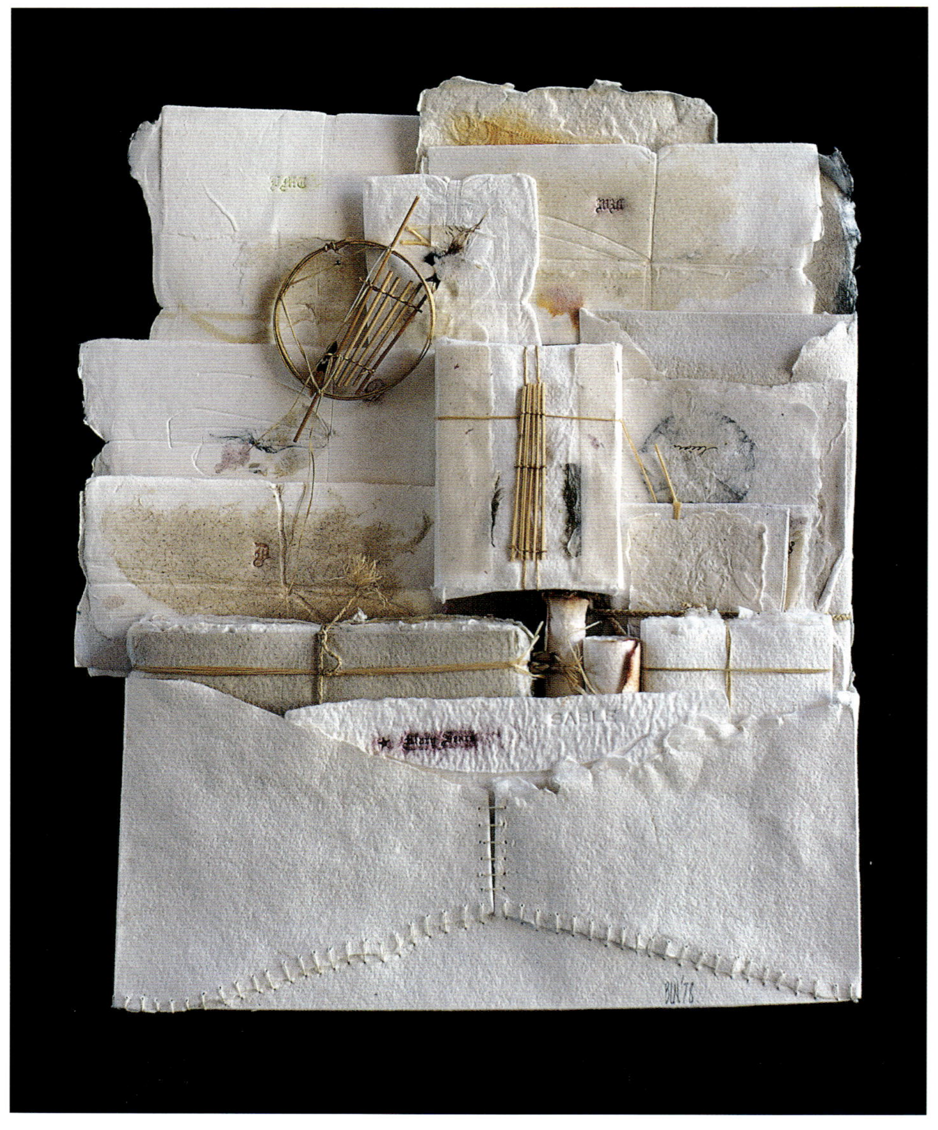

plate 10. *A.M.S. Black Duck*, 1978 | figura 10. *A.M.S. Black Duck*, 1978
plate 11. *A.M.S. The Mary Sears*, 1978 | figura 11. *A.M.S. The Mary Sears*, 1978

spending time in and around the ocean, I started to gravitate as an artist to stories about the sea. I had read about Sable Island, a wind swept sand bar in the North Atlantic, where over 500 ships had found their demise. *The Ancient Mariner Series* is a result of that investigation.

*The Ancient Mariner Series* reflects my fantasies of what one might discover when examining the personal effects, navigational gear, tools and memorabilia that a ship's captain might take with him on a given voyage. These items might include epistles of authority, tokens, love letters and all of those objects that contribute to the minutiae of our lives.

These inventions, it is true, are enriched by my own experiences of the sea and my correspondence with those who have used the sea as their means of livelihood. Dates, names of ships and other data are taken from actual records and though the ships are of different origin, they have one thing in common: they were all sunk off Sable Island, a windswept ships graveyard in the North Atlantic, whose grey demeanor may be responsible for whatever eloquence these statements might possess.

**G.B.** So the earlier work was handmade paper collages and small mixed media assemblages. When did you start making life-size sculptures?

**B.N.** In 1976 I started to make site-specific pieces. These pieces took the form of a kind of "blind" that hunters use to hide behind, even though I don't hunt. They were essentially poles made from sticks, branches and organic materials I found behind my studio in Mt. Shasta, California, which bordered the Siskiyou National Forest. I did not quite know what I was going to do with these materials, these poles. Then in 1978 while attending the Venice Biennale in Italy and staying at Hotel Denisen, I met David Nash, a young sculptor from Wales. After several of our evening discussions beside the canals I realized what the materials back home were for.

I mentioned to David that I might leave Mt. Shasta because I didn't find the place particularly inspiring. It was so far from what I thought my work was about. David responded, 'Doesn't the grass inspire you?' He was right. The inspiration was right there in front of me. I just wasn't looking. *The Venetian Signature Series*, which I would later complete in Mt. Shasta, began at that moment. After a month of staring at the Venetian canal poles, I noticed that

autoridade, lembranças, cartas de amor e todos os objetos que contribuem para a minúcia de nossas vidas.

Essas invenções, é verdade, são enriquecidas por minhas próprias experiências no mar e por minha correspondência com quem teve no mar seu meio de subsistência. Datas, nomes de navios e outros dados foram tirados de registros verdadeiros, e ainda que os navios sejam de diversas origens, todos têm algo em comum: todos naufragaram nas costas da Ilha Sable, um cemitério de navios envolto pelos ventos do Atlântico Norte, cuja aparência cinzenta talvez seja responsável pela eloqüência que estas impressões possam conter.

**G.B.** Então seus trabalhos mais antigos eram colagens com papel feito à mão e pequenas montagens com técnica mista. Quando é que você começou a realizar esculturas em tamanho natural?

**B.N.** Em 1976 comecei a fazer peças com materiais de locais específicos. Tinham a forma de uma espécie de "persiana", atrás da qual os caçadores se escondem, embora eu não cace. Eram essencialmente postes feitos com pedaços de pau, galhos e materiais orgânicos que encontrei nos fundos do meu ateliê em Mt. Shasta, na Califórnia, junto à Floresta Nacional Siskiyou. Eu não sabia bem o que fazer com esses materiais, esses postes. Então, em 1978, visitando a Bienal de Veneza na Itália e me hospedando no Hotel Denisen, eu conheci David Nash, um jovem escultor do País de Gales. Após várias de nossas conversas noturnas à beira dos canais, me dei conta do destino a ser dado a esses materiais.

Mencionei a David que eu pensava em deixar Mt. Shasta por não achar o local particularmente inspirador. Era muito distante do que meu trabalho expressava naquele momento. David respondeu: 'A grama não te inspira?' Ele tinha razão. A inspiração estava ali, na minha frente. Eu apenas não via. A série Assinaturas Venezianas, que eu completaria mais tarde em Mt. Shasta, começou naquele momento. Após observar os postes dos canais de Veneza por um mês, me dei conta de que cada um tinha personalidade própria. Amarrando sua gôndola no mesmo poste ano após ano, os gondoleiros imprimiam neles uma assinatura única. Me dei conta de que eu também lidava com materiais da natureza havia dois anos na floresta perto de Mt. Shasta. Então voltei ao meu ateliê em Mt. Shasta e comecei a embrulhar postes e galhos com meu papel feito à mão, machados com pigmentos desses mesmos lugares. Pintei sobre eles e cobri com fita isolante as

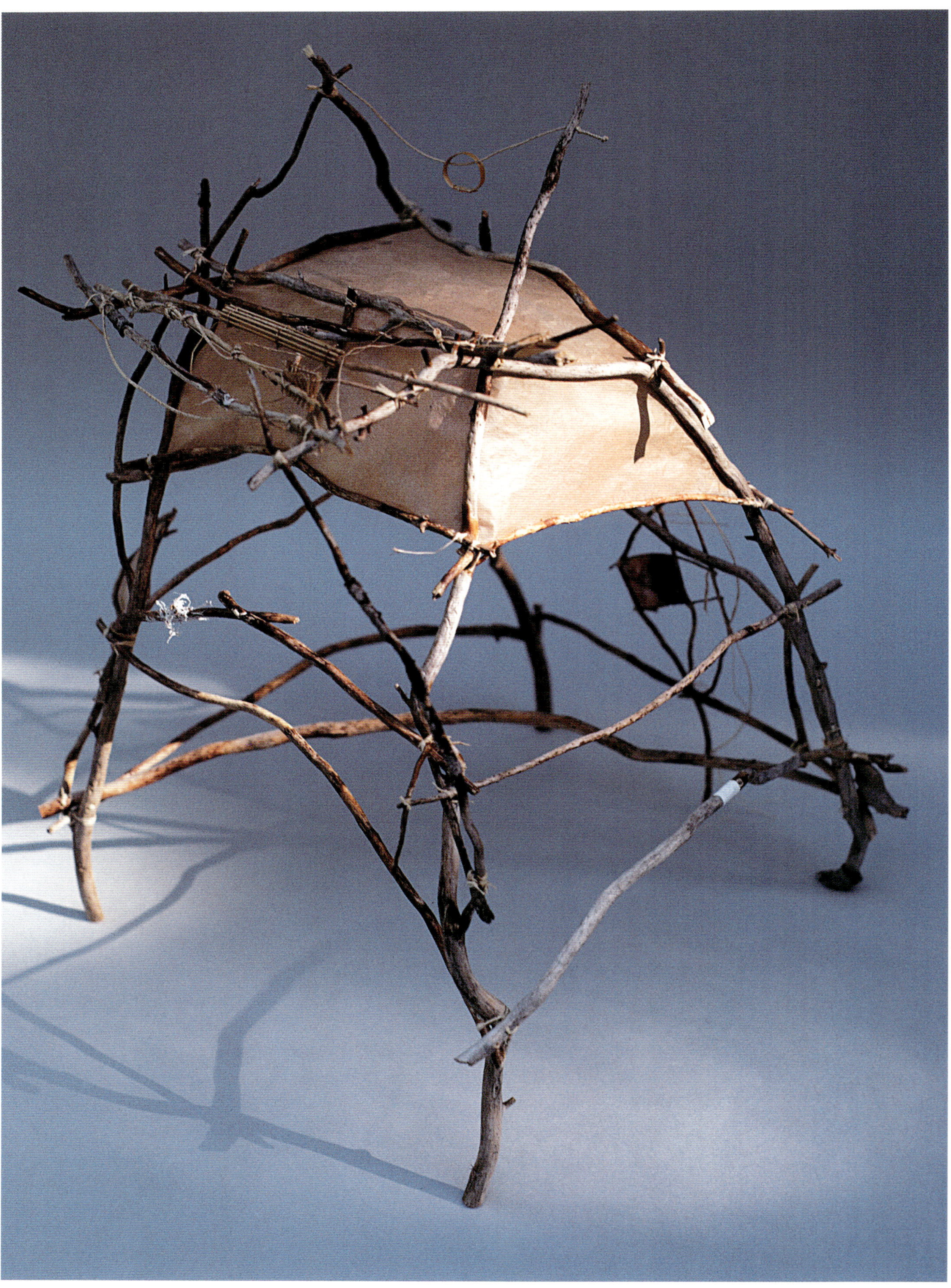

plate 12. *Mears Creek Marker*, 1980 | figura 12. *Mears Creek Marker*, 1980

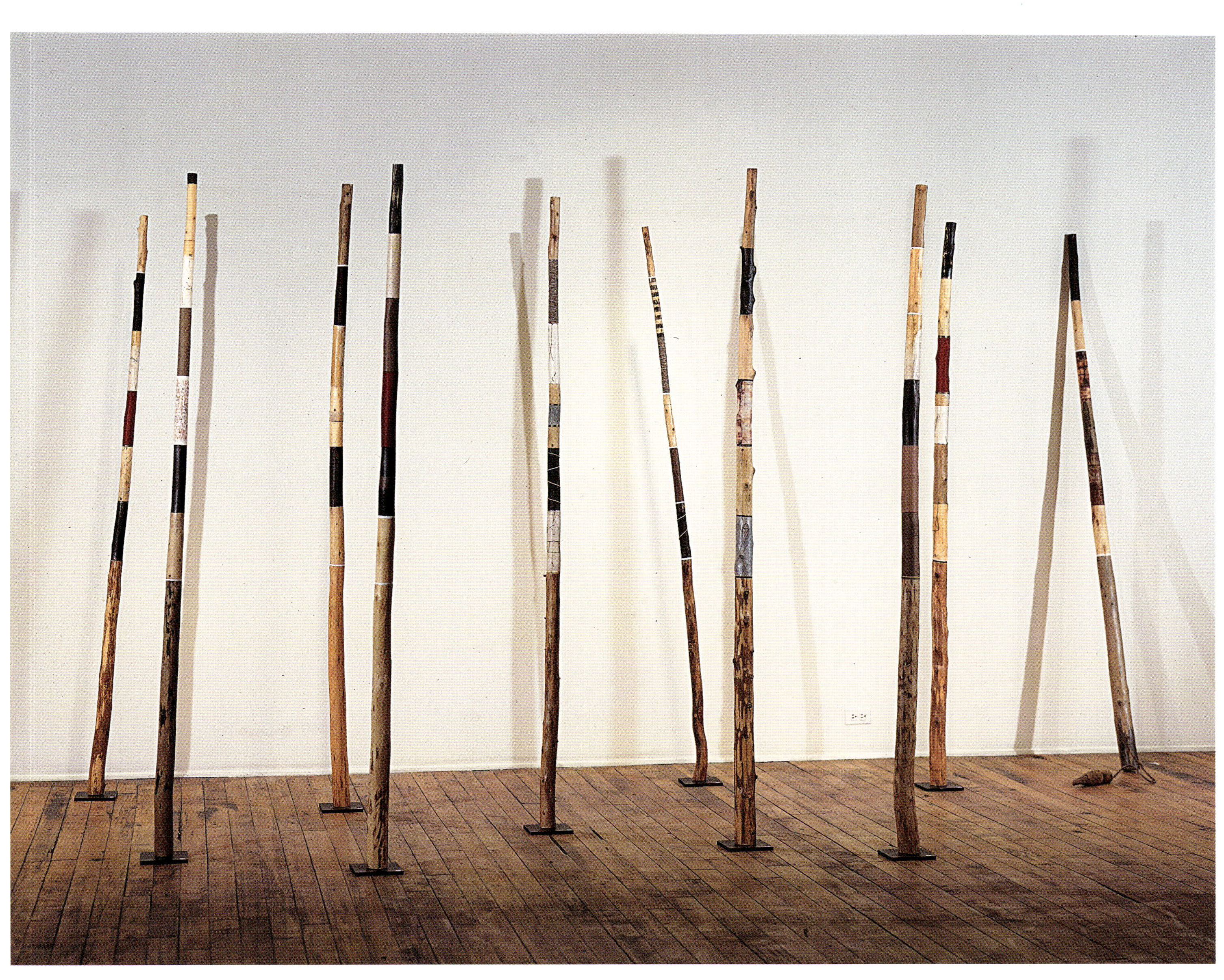

plate 13. *Venetian Signature Series (poles)*, 1978 – 1982 | figura 13. *Série Assinaturas Venezianas (postes)*, 1978 – 1982

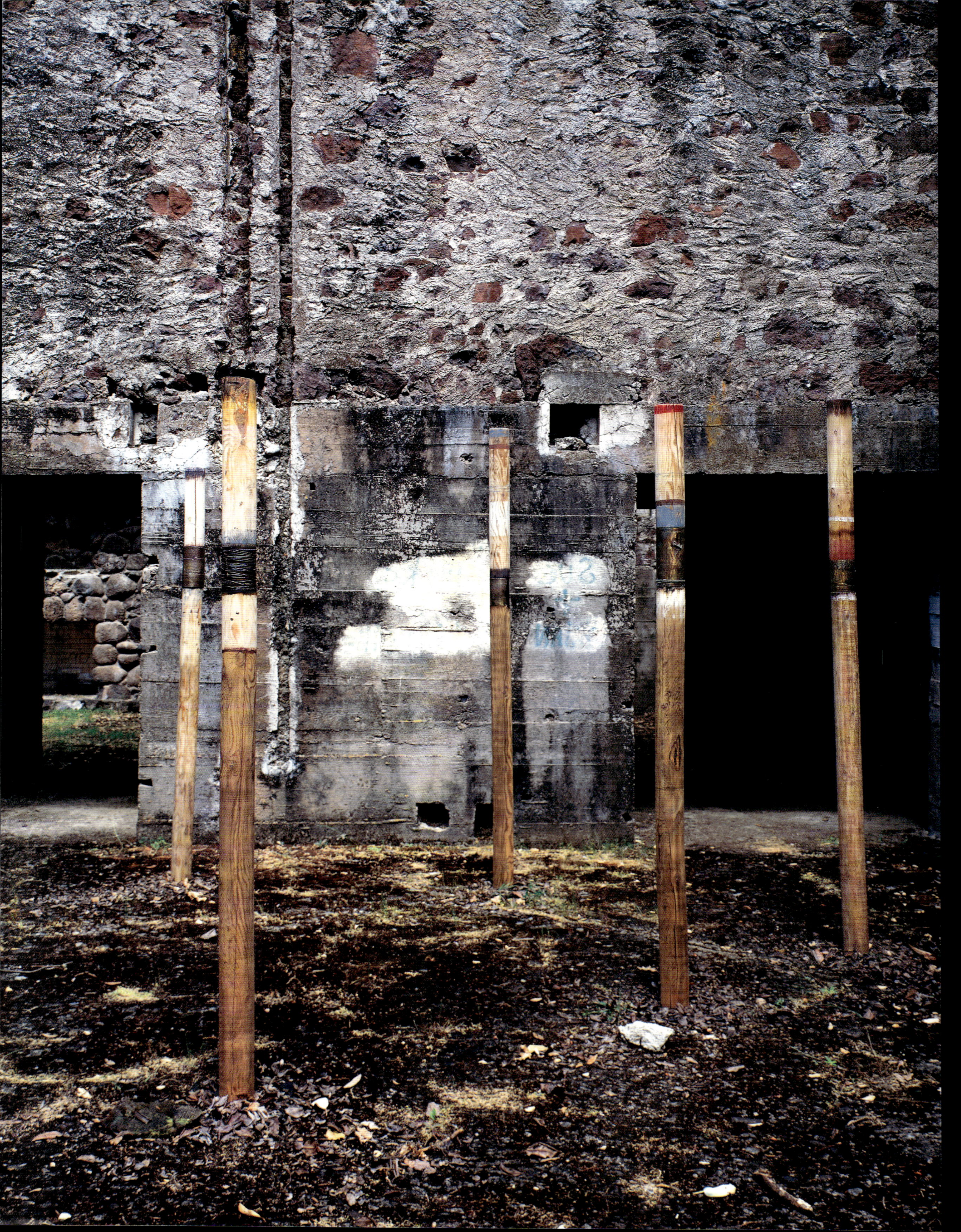

every pole had its own character. Tying up to the same pole year after year, each gondolier was leaving a unique signature. I also realized why I had been preparing those natural materials for the past two years in the forest near Mt. Shasta. So I returned to my studio in Shasta and started to wrap poles and branches with my handmade paper, stained with pigments from the sites. I painted on them and covered sections with duck tape to protect areas the earth had already marked. I then returned each set of branches to their original site, sometimes burying them. Bugs ate through the paper, making patterns, aiding decay. These were truly site-specific pieces I was making with the earth. And though I didn't know it then, my relationship with this process made me better prepared for the Amazon.

David has gone on to a very meaningful and successful career working with wood. And while I eventually returned to painting I was thankful for this chance meeting with David Nash. We didn't call this kind of work environmental in those days. But ultimately that was what we were doing. Making ourselves and our audience aware of the importance of nature and our connection with it.

I had the first exhibition of these site pieces and markers in 1979 at the Grapestake Gallery, San Francisco, California.

áreas que o próprio solo havia se encarregado de manchar. Devolvi cada conjunto de galhos ao seu local de origem, às vezes enterrando-os. Os insetos comeram através do papel, criando formas, acelerando a decomposição. Eram peças verdadeiramente ligadas aos seus locais de origem, que eu compunha com o auxílio da terra. E, mesmo que ainda não soubesse, minha relação com esse processo ajudou a me preparar para a Amazônia.

David construiu uma carreira plena de sucesso e significado trabalhando com madeira. E mesmo que eu tenha voltado a pintar, sou grato por esse encontro fortuito com David Nash. Nós não chamávamos esse tipo de trabalho de ambiental naqueles dias. Mas em última análise era isso o que fazíamos. Conscientizando a nós mesmos e à nossa audiência da importância da natureza e da nossa ligação com ela.

Minha primeira exposição dessas peças e marcações feitos com materiais específicos foi em 1979, na Galeria Grapestake, em São Francisco, Califórnia.

plate 14. *Installation Venetian Signature Series, Jack London's Wolf House*, 1978 – 1982
figura 14. *Instalação da Série Assinaturas Venezianas, Jack London's Wolf House*, 1978 – 1982

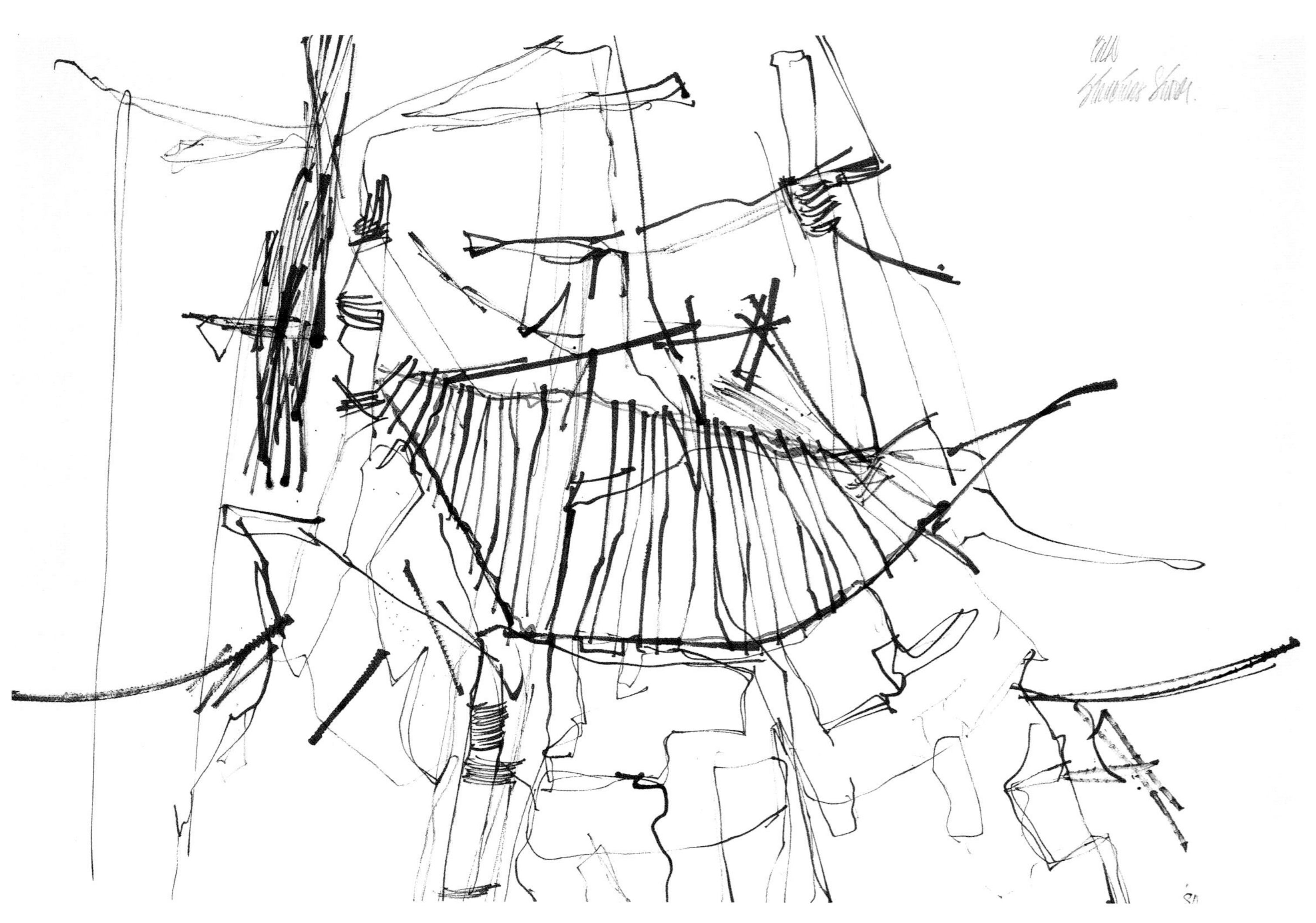

plate15. *Structure Study*, 1980 | figura 15. *Estudo estrutural*, 1980

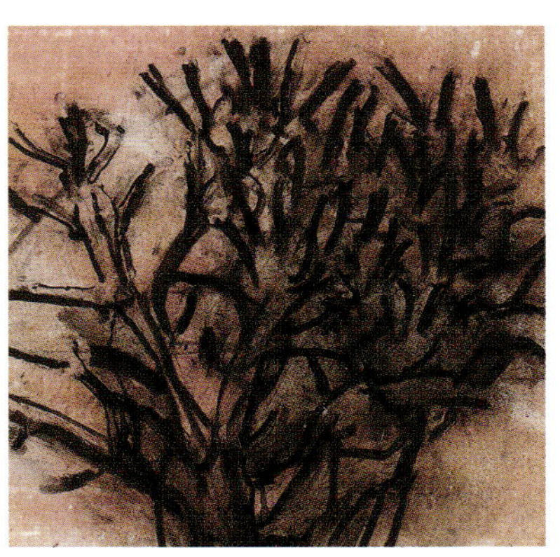

# Works on Paper

# Trabalhos em Papel

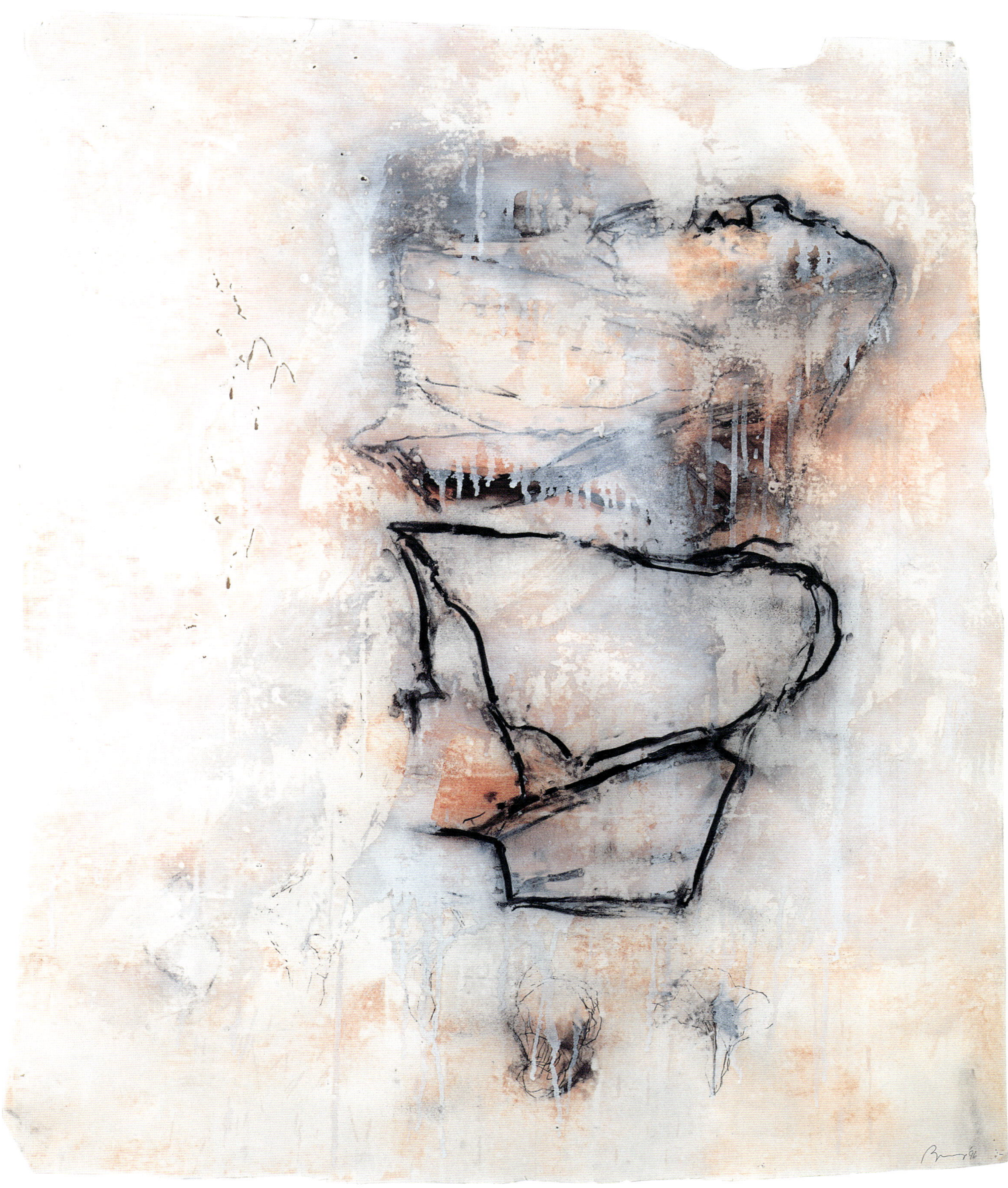

plate 16. *Macaco Two*, 1996 | figura 16. *Macaco Dois*, 1996

# Abstract Romantic | Bob Nugent's Works on Paper

# Romântico Abstrato | Trabalhos em Papel de Bob Nugent

DONALD KUSPIT

*"Romanticism is precisely situated neither in choice of subjects nor in exact truth, but in a mode of feeling. They looked for it outside themselves, but it was only to be found within."*

*"O Romantismo situa-se com precisão não na escolha de assuntos ou na verdade exata, mas numa forma de sentir. Eles o procuraram no entorno, mas só o encontrariam se buscassem dentro de si."*

Charles Baudelaire, "The Salon of 1846" | Charles Baudelaire, "O Salão de 1846"

The painter must seek "perfection at its Primitive Source, Nature," John Constable wrote in 1833. That same decade, in Germany, Caspar David Friedrich asserted that the artist must "study nature after nature." But today the nature they studied--the nature they regarded as the inexhaustible and only authentic source of art—looks somewhat less perfect and primitive, and thus harder to embrace wholeheartedly. It rarely gives rise to the "sense sublime" that the poet Wordsworth experienced when he contemplated it. There is less of it to immerse oneself in, as the scientist Humphrey Davy did when, "for the first time in [his] life," he had "a distinct sympathy with nature," so much so that he felt himself "part of the series of visible impressions" it aroused him.

Um pintor deve buscar "a perfeição em seu Estado Primitivo, a Natureza," escreveu John Constable em 1833. Nessa mesma década, na Alemanha, Caspar David Friedrich afirmou que o artista precisa "estudar natureza após natureza." Mas hoje a natureza estudada—a natureza antes considerada a única autêntica fonte da arte—parece um tanto menos perfeita e primitiva, e assim mais difícil de abraçar sem reservas. Raramente ela evoca o "sublime aos sentidos" vivido pelo poeta Wordsworth quando a contemplou. Há hoje menos natureza em que se possa submergir, como fez o cientista Humphrey Davy quando, "pela primeira vez na vida" sentiu "uma distinta simpatia pela natureza," a ponto de sentir-se "parte da seqüência de impressões visíveis" que o excitava.

He would "have felt pain in tearing a leaf from one of the trees," he wrote, suggesting his complete identification with nature. "Everything [in it] was alive," he wrote, and he became part of its life, and with it felt more alive than he ever had. For a spontaneous moment he was no longer the civilized intellectual but existed in a natural state.

In 19th century England nature was somewhat different than it is in contemporary America, not only because the English and American terrains are different, but because nature has been encroached upon and depleted as it never was before modernity. The exponential growth of technology and population seem to threaten its very existence. It survives in so-called nature preserves—confined to a kind of museum ghetto, where it is preserved as a specimen of the natural glory that once was. Nature can no longer move freely in space, but is imprisoned in the pseudo-paradise of a tourist garden.

The earth is under siege by ingenious human beings, who have overrun nature, perhaps at their own expense, as seems increasingly likely. They make token gestures of homage to it, as though to soothe their guilty consciences, but they have no serious respect for it. The modern mastery of nature has destroyed its innocence, and with that the possibility of the kind of sympathy for it that even a tough-minded scientist like Davy could unexpectedly experience, let alone sensitivity to its sublimeness that the tenderminded Wordsworth constantly experienced.

What can art do in the modern situation of the use and abuse of nature—the massive exploitation of nature, and the indifference that attends its ruin? Bob Nugent's works on paper offer an elegant solution: preserve nature in esthetic fragments—preserve not the appearance of nature, which is so lovingly attended to in the romantic landscapes of the 19th century nature painters, but the sensations nature arouses, esthetically distilled into elated energy. Nugent's works on paper preserve in exquisite esthetic amber nature's sensations, giving them a purity that makes them all the more stimulating and intense. It catches their ephemeral presence on the expressive wing, as it were, and sustains it by esthetic magic.

In the 1980s there was much talk of "the death of nature," and, now, in the first decade of the 21st century, that death seems inevitable: environmental catastrophe is

Ele teria "sentido dor ao arrancar a folha de uma das árvores," segundo escreveu, evocando sua absoluta identificação com a natureza. "Tudo [nela] era vivo," escreveu, e se tornou parte dela, e com ela sentiu-se mais vivo que nunca. Naquele momento de espontaneidade, ele não era mais o intelectual civilizado, mas existia em estado natural.

Na Inglaterra do século 19, a natureza era um tanto diferente do que na América desse tempo, não apenas porque as geografias inglesa e norte-americana são diferentes, mas porque nunca antes da modernidade a natureza havia sido tão invadida e exaurida. O exponencial crescimento tecnológico e populacional parece ameaçar sua própria existência. Ela sobrevive nos chamados 'nichos de conservação', confinada numa espécie de gueto de museu, onde é preservada como um espécime da glória natural que já viveu. A natureza já não pode mover-se livremente no espaço, está aprisionada no pseudo-paraíso de um jardim para turistas.

A terra está sob ataque de engenhosos seres humanos que a sobrepujaram, talvez a um custo que eles próprios terão que pagar, como parece cada vez mais evidente. Eles prestam a ela pequenas homenagens simbólicas, como que para aplacar suas consciências pesadas, mas na verdade não têm verdadeiro respeito por ela. O domínio moderno da natureza destruiu sua inocência, e com isso a possibilidade do tipo de apreço que mesmo um cientista objetivo como Davy pôde experienciar, para não mencionar a sensação elevada ao sublime que alguém suave como Wordsworth constantemente viveu.

O que pode fazer a arte no cenário moderno de uso e abuso da natureza—sua exploração desenfreada e a indiferença que acompanha sua destruição? As obras em papel de Bob Nugent oferecem uma elegante solução: preservar a natureza em fragmentos estéticos—não a aparência a que aludem as paisagens românticas dos pintores de natureza do século 19, mas as sensações que a natureza produz, esteticamente concentradas em energia jubilante. As obras em papel de Nugent preservam numa magnífica estética alaranjada as sensações da natureza, conferindo-lhes uma pureza que as torna ainda mais estimulantes e intensas. Sua presença efêmera é capturada, por assim dizer, numa veia expressiva, sustentada por uma magia estética.

Na década de 1980 muito se falava sobre e "morte da natureza," e agora, na primeira década do século 21, essa

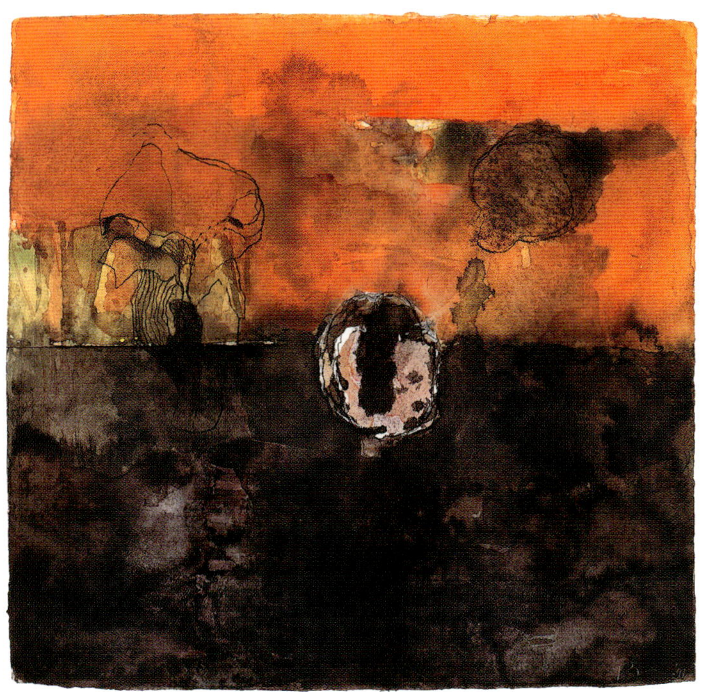

clearly upon us. Signs of it are everywhere, a handwriting on the walls of the planet. If the contemptuous treatment of nature is not stopped, and its destruction reversed, Nugent's works on paper are likely to become memento moris of nature, fraught with mourning and melancholy for all their beauty and intensity. In fact, as Wordsworth wrote, "to look on nature" as a seasoned artist is to hear the "sad music of humanity."

There are signs of this sad music in Nugent's works—a brooding darkness, at odds with often glaring light—but also a kind of rhapsodic joie de vivre. Thanatos and Eros subtly mix to esthetic effect, generating evocative sensations. "Sensations" have been "leveled" in modernity, the sociologist Daniel Boorstin argues, but in the Brazilian forest that is the primitive source of Nugent's abstract imagery, they remain poignantly intense. Nugent feeds on them, satisfying the deep emotional hunger he has for nature. All of us unconsciously need Mother Nature, for only on her bosom can we restore our senses, and the selves that have been injured by everyday experience.

Nature is still alive and untouched in the Amazon jungle, perhaps because the natives who inhabit it respect it. Nugent has visited them repeatedly over the years. The "sharp edges and bright contrasts" that inform strong sensation, and that are destroyed by the "homogenizing of experience" in modernity, as Boorstin argues, are reborn in Nugent's romantic studies after nature.

morte parece inevitável: a catástrofe ambiental claramente se abate sobre nós. Os sinais disso estão por toda parte, como que escrita à mão nas paredes do planeta. Se o tratamento desrespeitoso da natureza não for impedido, e sua destruição revertida, as obras em papel de Nugent podem se tornar lembranças fúnebres da natureza, imbuídas de pesar e melancolia por toda sua beleza e intensidade. Na verdade, como escreveu Wordsworth, "olhar a natureza" com o olhar de um artista consumado é ouvir a "triste música da humanidade."

Há sinais dessa triste música nas obras de Nugent—a escuridão ameaçadora, num embate freqüente com a luz ofuscante—mas há também uma poética alegria de viver. Thanatos e Eros sutilmente se mesclam gerando sensações de reminiscência. "Sensações," argumenta o sociólogo Daniel Boorstin, são "aplacadas" na modernidade, mas na floresta brasileira, fonte primeira das imagens abstratas de Nugent, elas permanecem melancolicamente intensas. Nugent delas

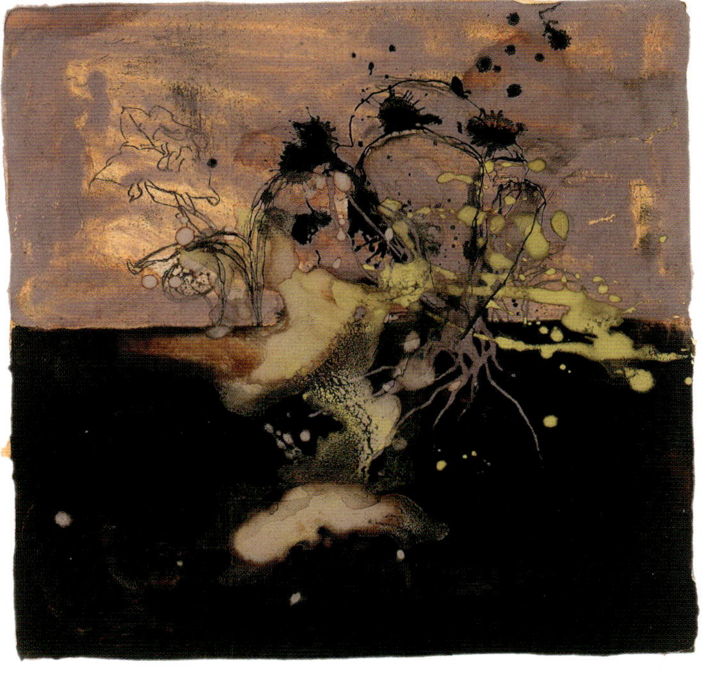

se alimenta, satisfazendo a profunda fome emocional que tem pela natureza. Todos necessitamos inconscientemente da Mãe Natureza, pois só nela podemos restabelecer nosso equilíbrio e nossa individualidade, agredidos pela experiência cotidiana.

A natureza está ainda viva e intocada na selva amazônica, talvez devido ao respeito dos nativos que a habitam. Nugent os tem visitado seguidas vezes através dos anos. As "extremidades cortantes e luminosos contrastes" que nos anunciam sensações fortes, e que são destruídos pela "homogeneização

plate 17. *Amazon Journal #16*, 1997 | figura 17. *Diário Amazônico no. 16*, 1997

plate 18. *Untitled*. 1999 | figura 18. *Sem título*, 1999

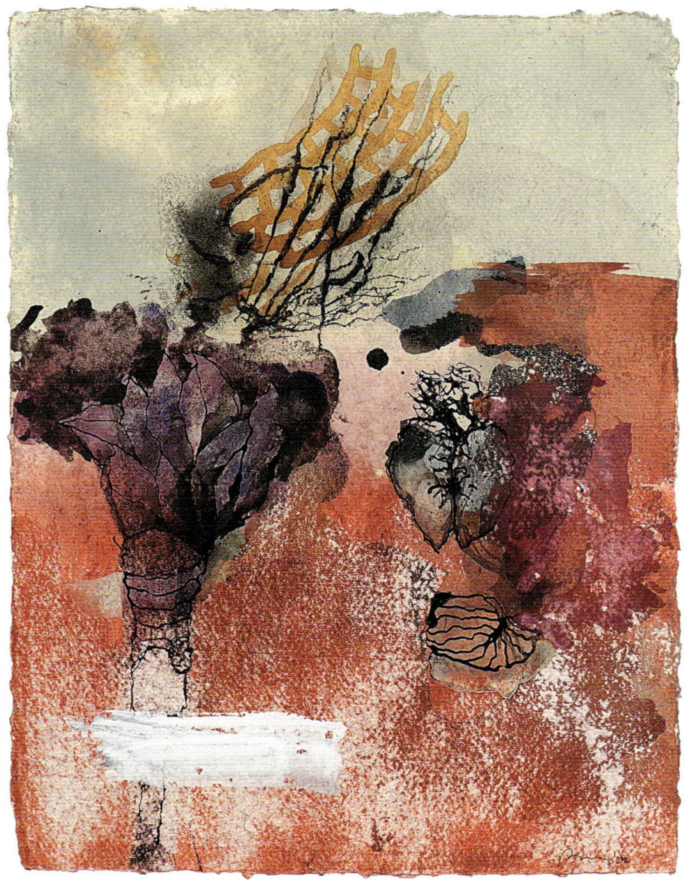

His works on paper are drawings and paintings in one: dramatic black lines, frequently tied together in a sort of Gordian knot, and rich luminous colors, sometimes spreading like smoldering fire, convey the sense of intensely introspective and self-dramatizing sensation that Boorstin thinks has been lost forever. Fresh and urgent, and esthetically perfectionist, Nugent's works on paper vibrate with the aliveness of primitive nature.

Art historically speaking, Nugent's works on paper offer a kind of epitomizing summary of the history of gestural abstraction. They are combinations of what Kandinsky called impressions and improvisations—lively responses to nature's aliveness and pure abstractions responsive to the qualities of the medium—with whatever hallucinatory residue of natural appearances and nostalgic fantasies of the sublimity it had for the romantics. More particularly, Nugent's works reconcile what once seemed irreconcilable: the lively colorism of Sam Francis's Lyric Expressionism, with its outgoing luminosity, derived from his experience of the California sky, and the brooding, heavy colors of Emil Nolde's German Expressionism, especially evident in his seascapes. Like Francis, Nugent can be free and spontaneous in

da experiência" na modernidade, segundo Boorstin, renascem nos estudos românticos da natureza realizados por Nugent.

Suas obras em papel são a um só tempo desenho e pintura: dramáticos traços negros, frequentemente enlaçados numa espécie de nó górdio, e ricas cores luminosas, às vezes espalhadas como chamas flamejantes, transmitem o senso de intensa introspecção e auto-dramatização que Boorstin acredita ter sido irremediavelmente perdido. Originais e imperiosos, além de perfeccionistas sob o ponto de vista estético, as obras de Nugent em papel reverberam com o vigor vital da natureza primitiva.

Em termos de história da arte, as obras de Nugent em papel oferecem um tipo de sumário abreviado da história do abstrato gestual. São combinações do que Kandinsky chamou de impressões e improvisações—vigorosas respostas à vitalidade da natureza e abstrações puras apropriadas às qualidades do meio de expressão—com eventuais resíduos alucinatórios de conotação natural e nostálgicas fantasias da sublimação que a natureza provocava nos românticos. Mais particularmente, as obras de Nugent conciliam o que antes parecia irreconciliável: o vivo colorismo do Expressionismo Lírico de Sam Francis, com sua luminosidade exuberante, derivada de sua vivência sob o céu da Califórnia, e as cores ameaçadoras e pesadas do Expressionismo Alemão de Emil Nolde, notadamente evidentes em suas paisagens marinhas. O tratamento de Nugent pode ser livre e espontâneo como o de Francis, ou denso e deliberado como o de Nolde.

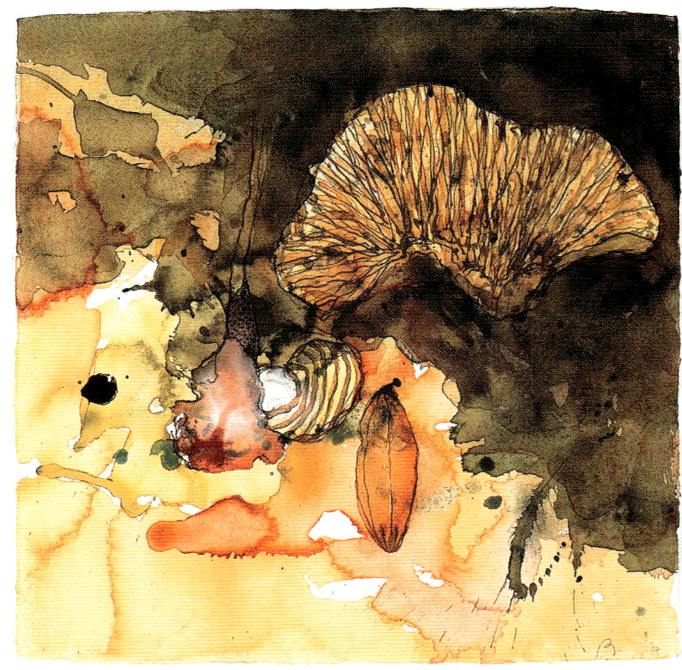

plate 19. *Sertão #23*, 2002 | figura 19. *Sertão no. 23*, 2002

plate 20. *Amazon Journal #1*, 1997 | figura 20. *Diário Amazônico no. 1*, 1997

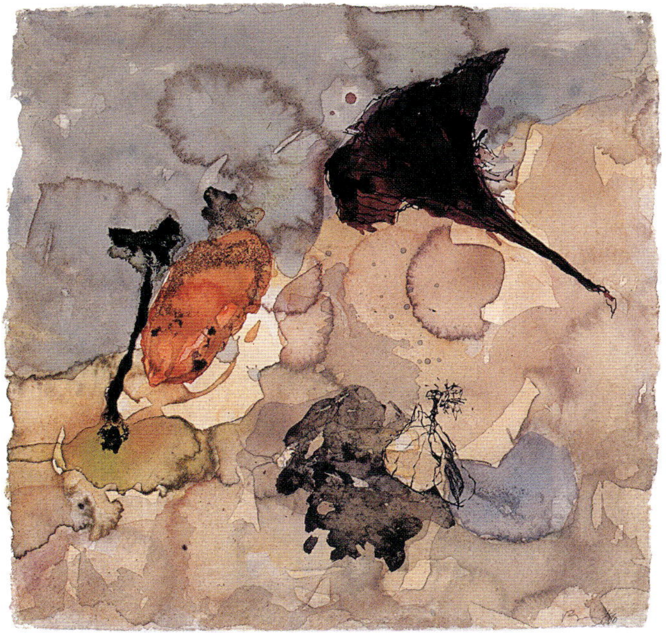

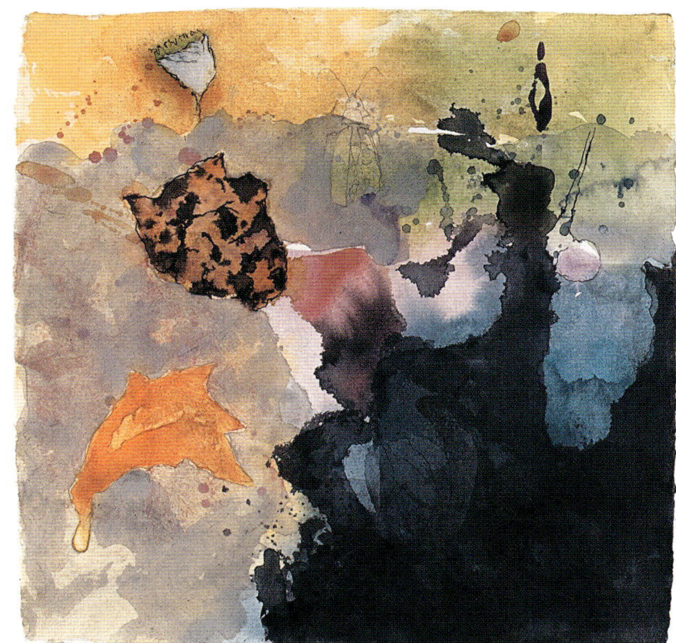

his handling, and like Nolde he can be dense and deliberate.

I've never been to the Amazon jungle—never had the opportunity to keep an *Amazon Journal*, to refer to the series of works Nugent made in 1997—but, from the photographs I've seen, the Amazon looks like a place of infinitely spacious sky and intimate natural detail. The finite details seem to cluster together. There is a sense of tangled clutter—everything entangled in everything else yet different. The broad plane of flat sky seems irreconcilable with these natural details, but it is part of the same cosmos of experience.

They are inseparable by way of juxtaposition. A similar contradictory effect is strikingly visible in the *Casca* series (pg. 32), where expressionistic detail—natural detail abstracted into convulsive gesture, paradoxically centrifugal and centripetal at once (dizzily spinning out of control yet gyroscopically self-balancing)—dervishes in completely open space.

In contrast to these grayish works, the *Hotbed* series, *Floresta*, and *Mato* are boldly Dionysian, full of dazzling colors, often ingeniously merged, offering an ineffable sensuous and erotic experience, to be enjoyed in all its tropical lushness. As the 1996 *Abaixo* series makes clear, by way of the vestigial signs of the female body and face evident in several of the works, Brazil in general and Amazonian nature in particular are voluptuously female for Nugent, that is, sexually charged as well as formally exciting.

In *Hotbed #2* Nugent returns to his earlier descriptive abstraction, as I want to call the works where fragments of

Nunca estive na selva amazônica—nunca tive a oportunidade de manter um *Diário Amazônico*, referência à série de trabalhos que Nugent realizou em 1997—mas, pelas fotografias que vi, a Amazônia parece ser um lugar de céus infinitamente espaçosos e também de minúsculos detalhes naturais. Detalhes menores parecem querer se agrupar. Há uma sensação de emaranhado—tudo mesclado a todo o resto de que é diferente. A ampla dimensão de céu plano parece ser irreconciliável com esses detalhes da natureza, mas faz parte do mesmo cosmos de experiência.

São inseparáveis, dado que justapostos. Um efeito similar de contradição é marcantemente visível na série *Casca*, (pág. 32) onde o detalhe expressionista—detalhe da natureza abstraído num gesto convulsivo, paradoxalmente centrífugo e centrípeto a um só tempo (girando loucamente fora de controle, mas giroscopicamente auto-equilibrado)—revolve-se em espaço completamente aberto.

Em contraste com esses trabalhos mais sombrios, as séries *Hotbed*, *Floresta*, e *Mato* são corajosamente dionísicas, cheias de cores vibrantes, muitas vezes inventivamente fundidas, provocando uma indefinível sensação sensual e erótica, a ser desfrutada em toda sua exuberância tropical. A série Abaixo, de 1996, deixou claro, através de vestígios de sinais do corpo e rosto femininos visíveis em diversos trabalhos, que o Brasil em geral e a Amazônia em particular são voluptuosamente femininos para Nugent, sexualmente atraentes e formalmente excitantes.

plate 21. *Amazon Journal #55*, 1998 | figura 21. *Diário Amazônico no. 55*, 1998

plate 22. *Amazon Journal #59*, 1998 | figura 22. *Diário Amazônico no. 59*, 1998

recognizable nature are clearly visible and namable, and sometimes in the process of metamorphosizing into abstract form, as though purifying themselves through the medium. They may dominate the work, as in the brilliant *Amazonas #64*, *Javari #3*, and *Xingu*, all 1989. Nugent's mastery of pastel and charcoal, and his simultaneously subtle and forceful touch, bring the image to abstract life.

Nugent is clearly as engaged with the medium as he is with Amazonian nature. He has deep knowledge of both. I venture to say he is more engaged with the medium, for his experience of nature is filtered through his mastery of its materiality. But they do have a certain parity or affinity, perhaps by reason of their vivid materiality. They hang together in sensitive balance, and sometimes seem to indistinguishably merge, as in *Cercado #5*. The handmade grayish paper, with its rolling surface, evocative of a hilly terrain, and the delicate blue and yellow colors, along with the spontaneous yet fastidious brushwork, form an indivisible unity.

Nugent's originality is clearly inseparable from his intense engagement with "original" nature. He tracks it in all its

Em *Hotbed #2*, Nugent retorna à sua abstração descritiva anterior, a maneira como desejo designar os trabalhos onde os fragmentos de natureza reconhecível são claramente visíveis e identificáveis, às vezes em processo de metamorfose para a forma abstrata, como que purificando a si próprios através do meio de expressão. Eles podem dominar o trabalho, como no brilhante *Amazonas #64*, *Javan #3* e *Xingu*, todos de 1989. O domínio de Nugent sobre pastel e carvão, e seu toque simultaneamente sutil e forte, trazem a imagem para a vida abstrata.

Nugent está claramente tão voltado para o meio de expressão quanto o está para a natureza amazônica. Ele conhece ambos profundamente. Eu me arrisco a dizer que ele está mais envolvido com o meio, pois sua experiência com a natureza é filtrada através de seu domínio dos materiais. Mas há entre ambos uma certa paridade ou afinidade, talvez em função de sua vívida materialidade. Ambos são expostos juntos num equilíbrio de bom senso, e às vezes parecem se fundir de forma indistinguível, como em *Cercado #5*. O papel feito à mão em tons cinzentos, com sua superfície ondulada,

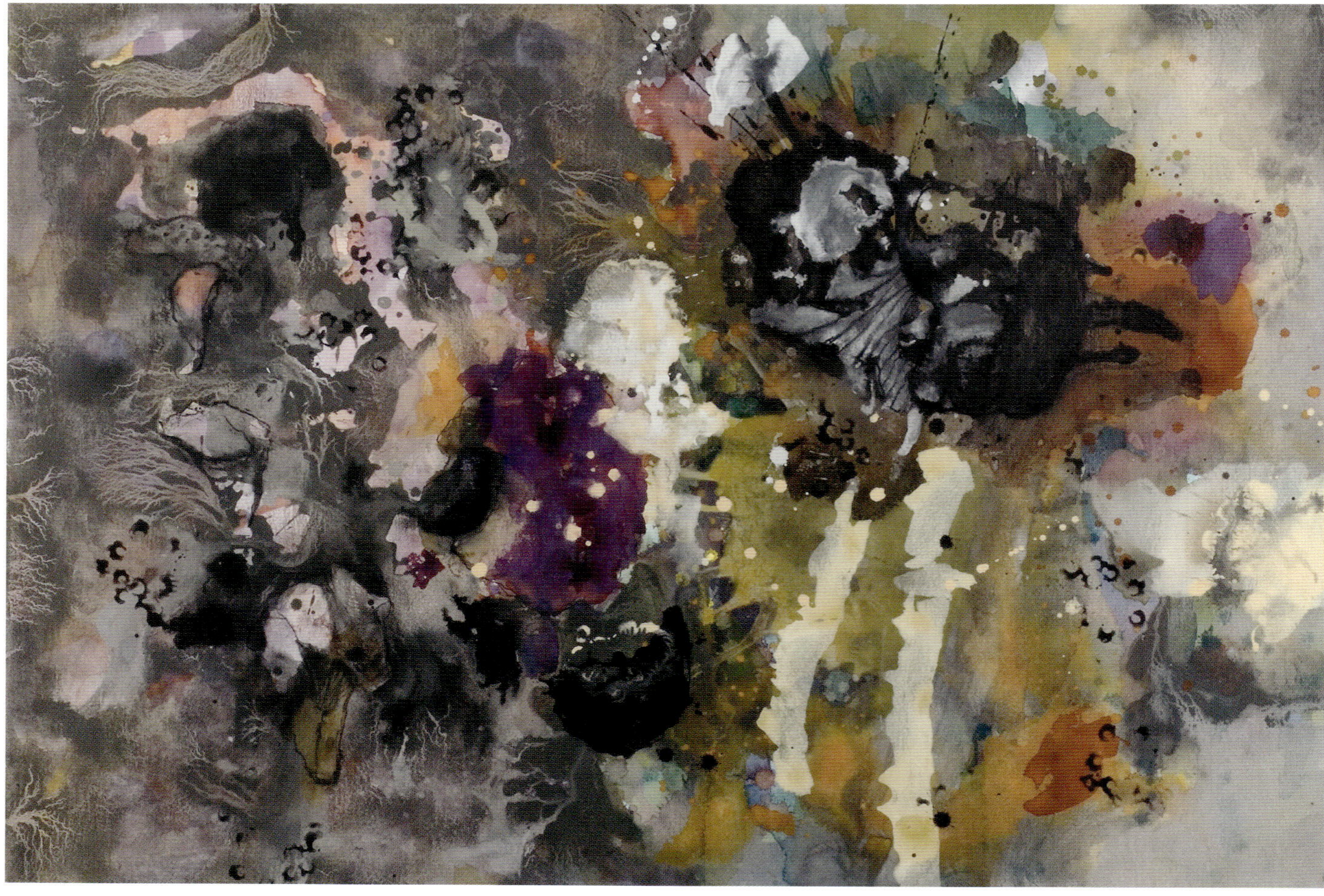

plate 23. *Mato*, 2003 | figura 23. *Mato*, 2003

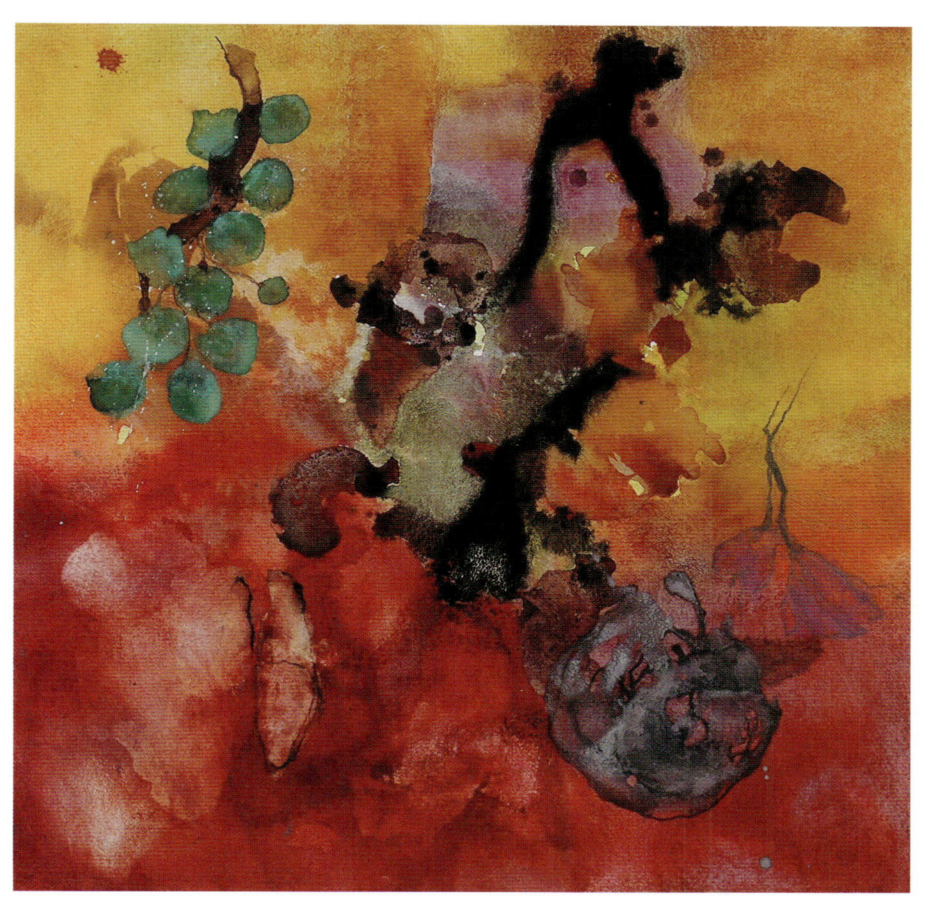

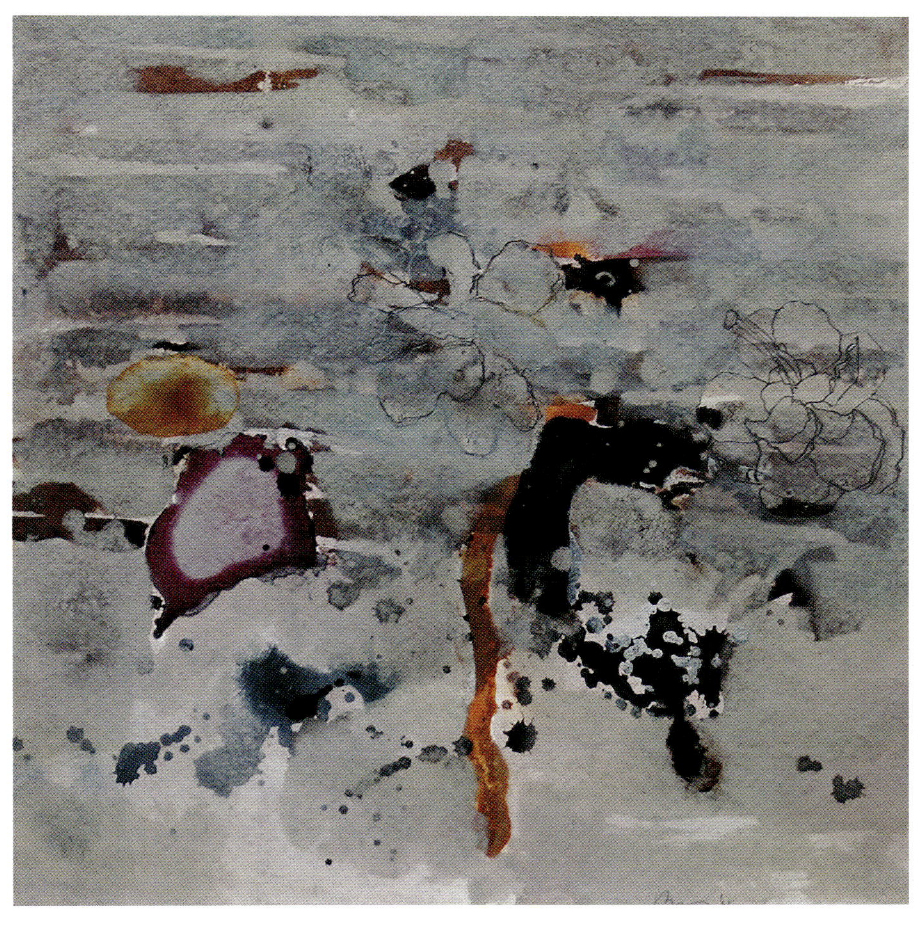

plate 24. *Hotbed #2*, 2005 | figura 24. *Estufim no. 2*, 2005
plate 25. *Cercado Study #5*, 2006 | figura 25. *Estudo Cercado no. 5*, 2006

moods, dramatic and subdued, making abstract images that seem lyric and epic at once, like unspoiled nature. A master of nuance—his watercolors make this transparently clear—Nugent refines raw nature into iconic presence.

He has also made it clear that things have changed since Baudelaire said that romanticism has nothing to do with the choice of subject matter: nature is a necessary subject mat-

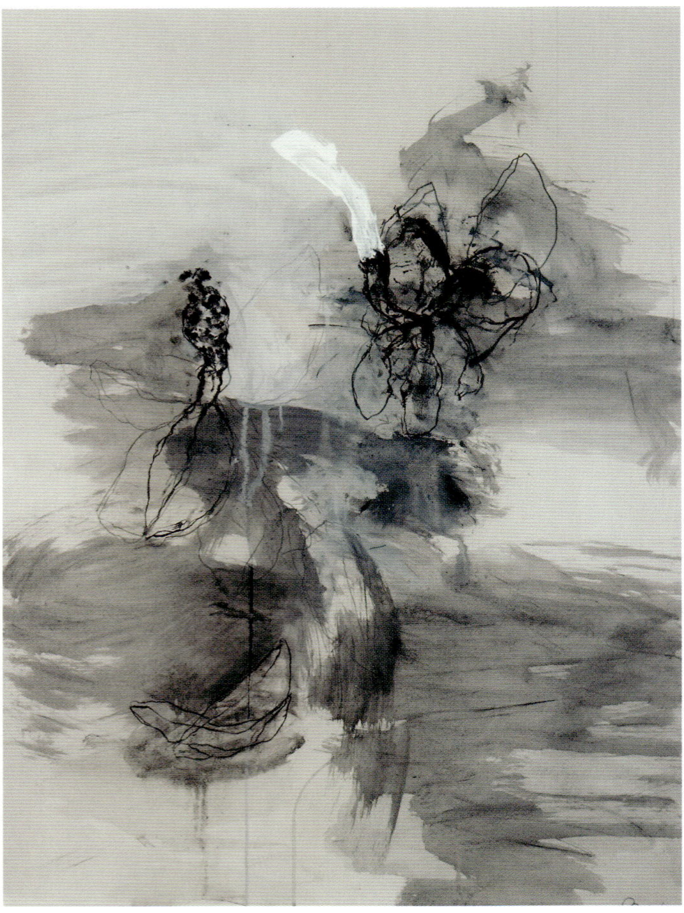

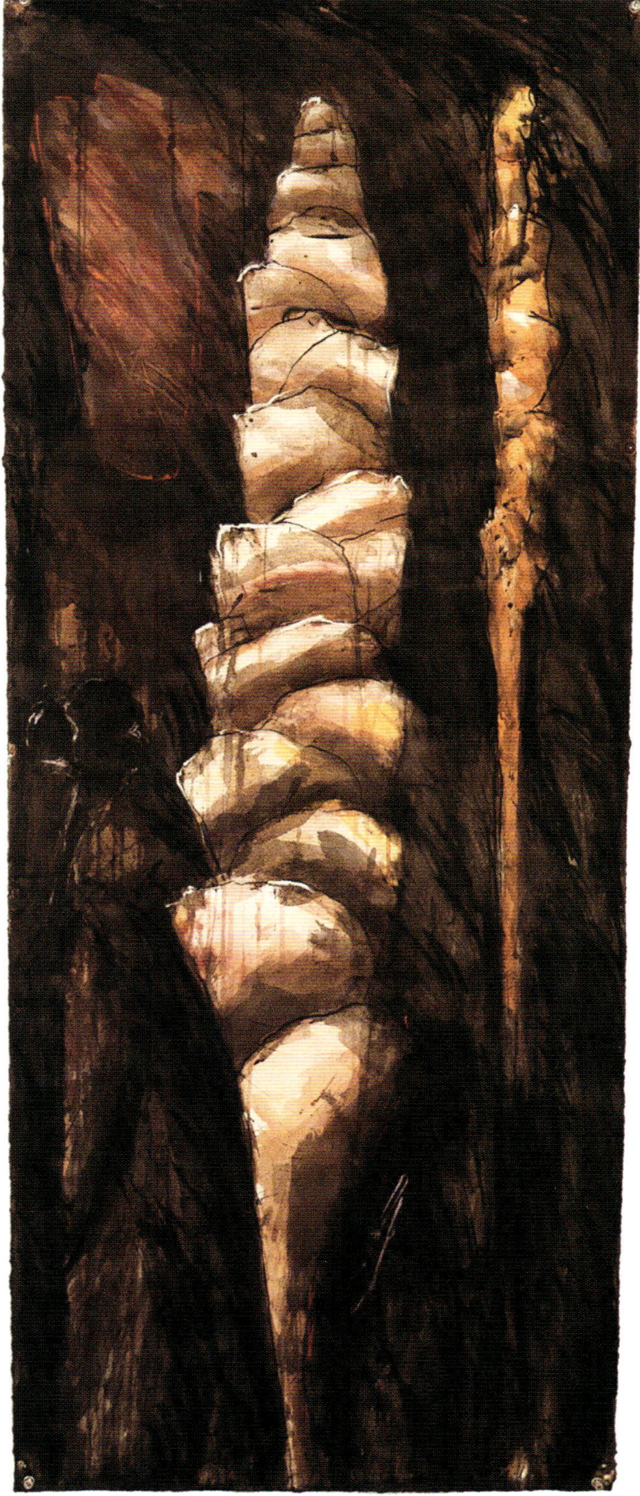

evocando uma área montanhosa, e os delicados azuis e amarelos, associados à pincelada a um só tempo espontânea e particular, formam uma entidade indivisível.

A originalidade de Nugent é claramente inseparável de seu intenso engajamento com a natureza "original." Ele a acompanha em todos os seus estados de espírito, dramáticos e contidos, criando imagens abstratas que parecem simultaneamente líricas e épicas, como a natureza intocada. Mestre das nuances—suas aquarelas evidenciam isso de forma transparente—Nugent refina a natureza bruta transformando-a em presença emblemática.

Ele tem também deixado claro que muito mudou desde que Baudelaire afirmou que o romantismo nada tem a ver com a escolha do assunto: a natureza é assunto necessário na sociedade contemporânea, pois é a natureza, que a modernidade tem lutado para sobrepujar—ou mais recentemente negar—o que importa a todos nós, inconscientemente ou cada vez mais conscientemente, porque partes dela estão lenta mas inexoravelmente se extinguindo.

A humanidade a tem poluído, talvez de forma irrecuperável, razão pela qual a arte—a arte rara como a de



plate 26. *Amazonas #64*, 1989 | figura 26. *Amazonas no. 64*, 1989

plate 27. *Casca VII*, 2003 | figura 27. *Casca VII*, 2003

ter in contemporary society, because it is nature, which modernity has struggled to master—which has come to mean negate—is what we unconsciously, and increasingly consciously, feel deeply about, because bits and pieces of it are slowly but surely becoming extinct.

Humanity has polluted it, perhaps beyond repair, which is why art—rare art such as Nugent's—must redeem it, and esthetically apotheosize what remains of it at its most primitive or pure. Today nature is a ghost that haunts us, a presence we have struggled to control, and with that repress our spontaneous feelings about it. But nature has returned with vengeance and menace.

Thus the unembarrassed presence of nature in Nugent's abstract imagery—as unembarrassed as it was in 19th century romantic landscape pictures—is a vital necessity, indeed, a saving grace, in the technological society. Nugent doesn't give in to despair about the ecological situation, but celebrates the natural environment where it continues to flourish—where it is not a managed national park shadow of itself but unrestrainedly organic.

The Amazon is a place where nature has not yet been domesticated, although it is also being eradicated—at an astonishing pace, apparently—and replaced by so-called developments. Nugent has restored charisma, interiority, and sublimity—intensity, intimacy, and transcendence—to nature and abstraction, making it the romantic and "natural" adventure it originally was, which is perhaps why I most admire his art. He shows that art can be consoling when nature no longer is.

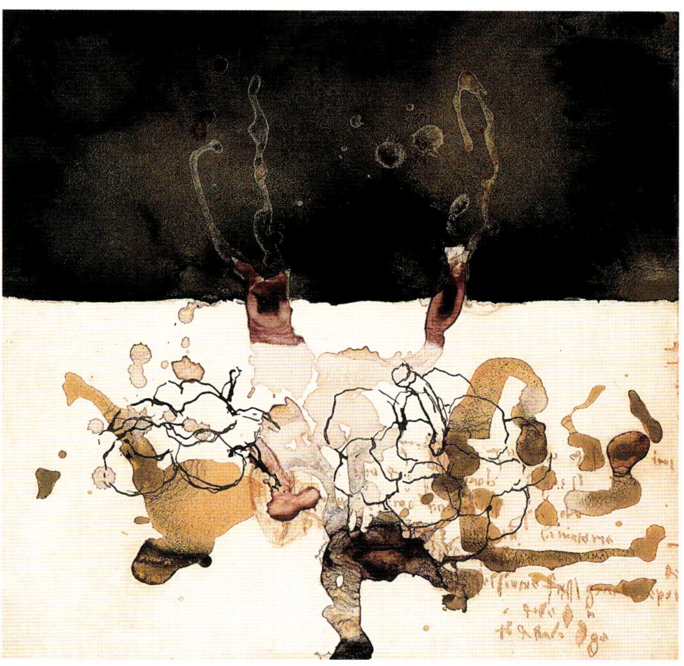

Nugent—precisa redimi-la, e esteticamente glorificar o que dela ainda resta em sua forma mais primitiva ou pura. Hoje, a natureza é um fantasma que nos assombra, uma presença que temos lutado para controlar, e com isso reprimido nossos sentimentos espontâneos sobre ela. Mas a natureza reagiu com vingança e ameaça.

Assim, a presença indisfarçada da natureza nas imagens abstratas de Nugent—tão indisfarçada quanto como quando figurava nas paisagens românticas do século 19—é uma necessidade vital, na verdade uma graça salvadora, na sociedade tecnológica. Nugent não cede à angústia sobre a situação ecológica, mas festeja o ambiente natural onde ele continua a florescer—não numa mera sombra de si próprio como num parque nacional, mas sim onde ele é livremente orgânico.

A Amazônia é um lugar onde a natureza ainda não foi domesticada, mesmo que também ali esteja sendo erradicada—em ritmo aparentemente assustador—e substituída pelos assim chamados projetos de desenvolvimento. Nugent tem trazido de volta o carisma, a interioridade e a sublimação—intensidade, intimidade e transcendência—para a natureza e para o abstrato, fazendo dela a aventura romântica e "natural" que foi um dia, e isso é talvez o que eu mais admire em sua arte. Ele mostra que a arte pode nos servir de consolo quando a natureza já não pode.

plate 28. *Abaixo #60*, 1998 | figura 28. *Abaixo no. 60*, 1998

plate 29. *Jardim Suiça*, 1985 | figura 29. *Jardim Suiça*, 1985

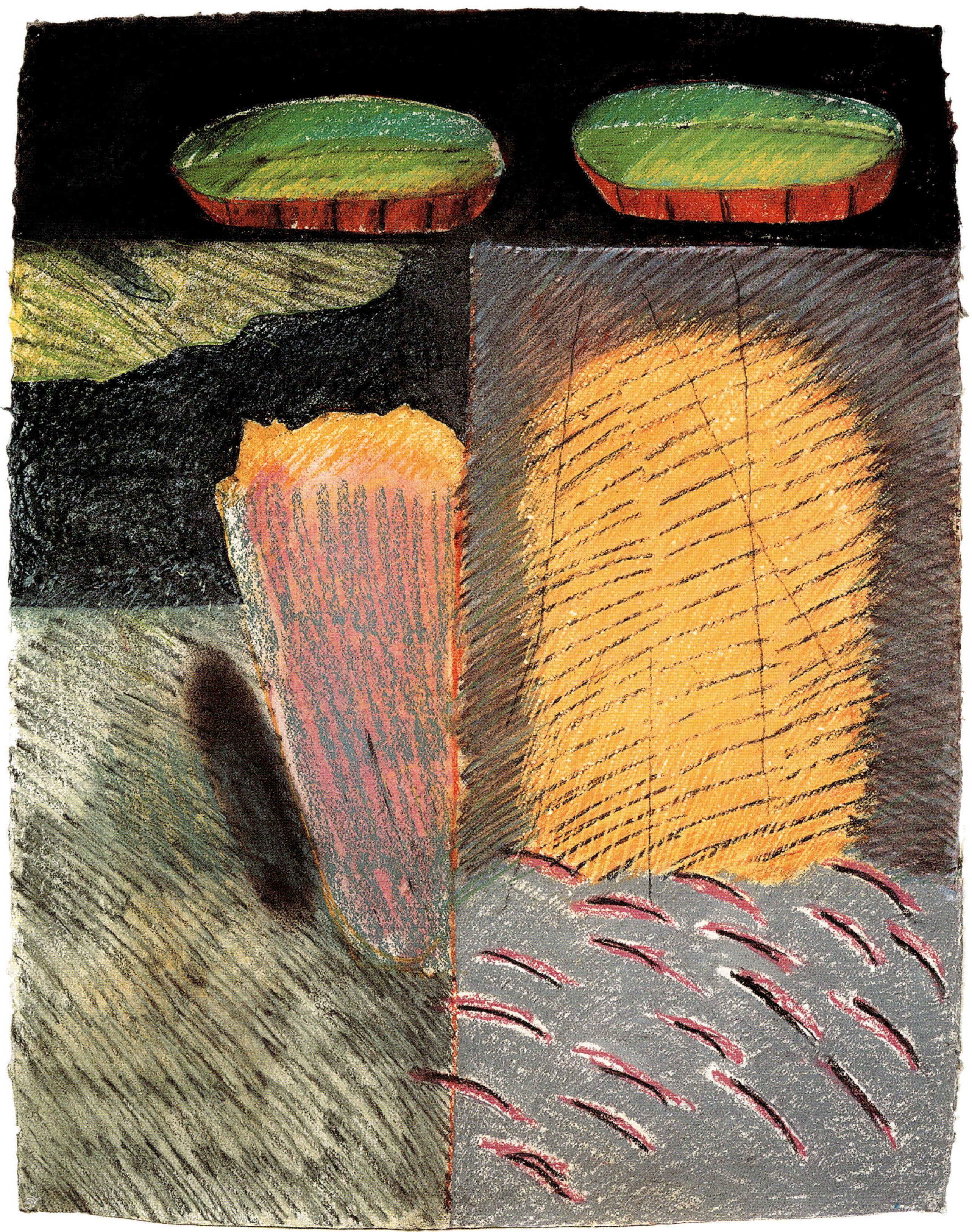

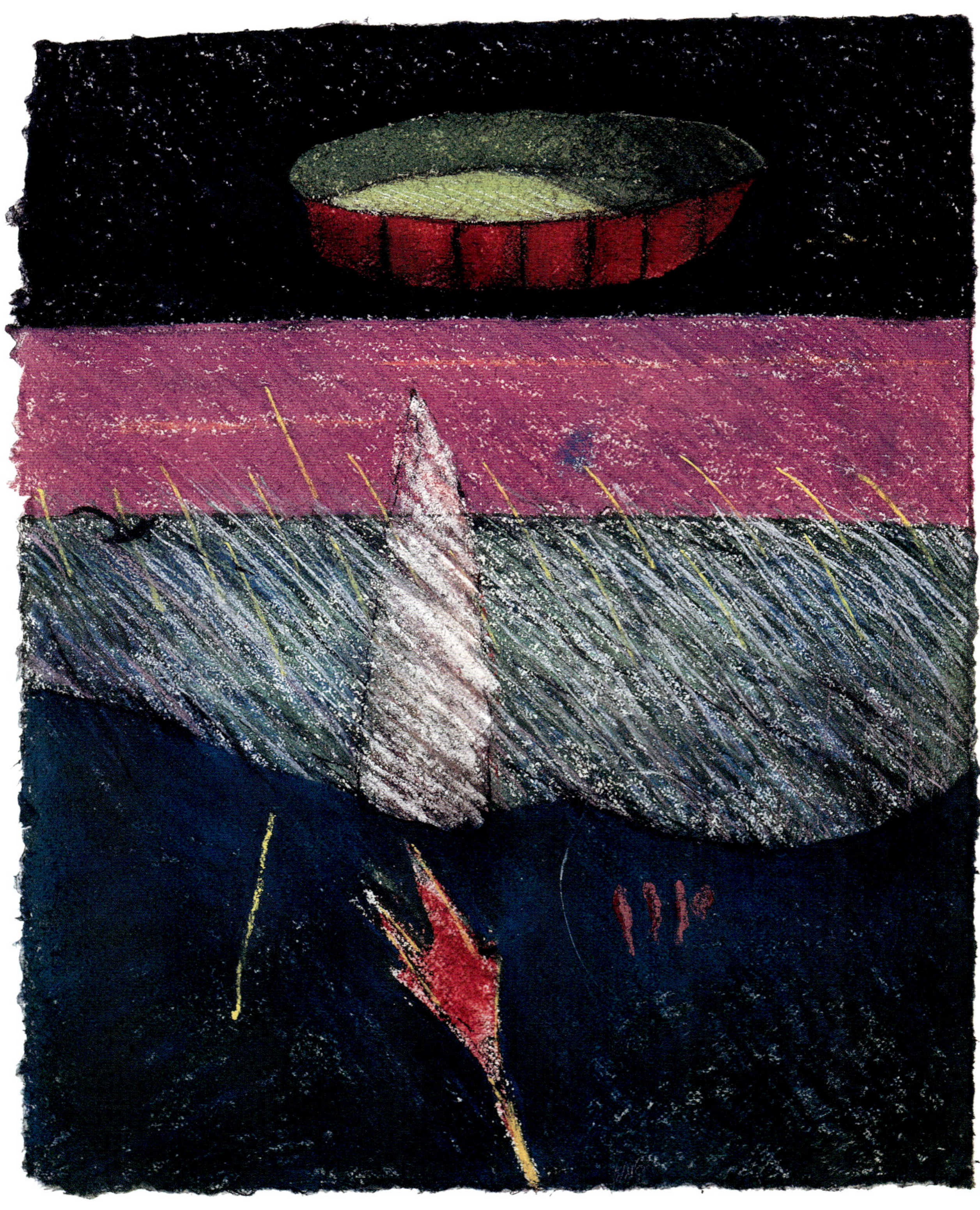

plate 30. *Jardim Suiça III*, 1985 | figura 30. *Jardim Suiça III*, 1985

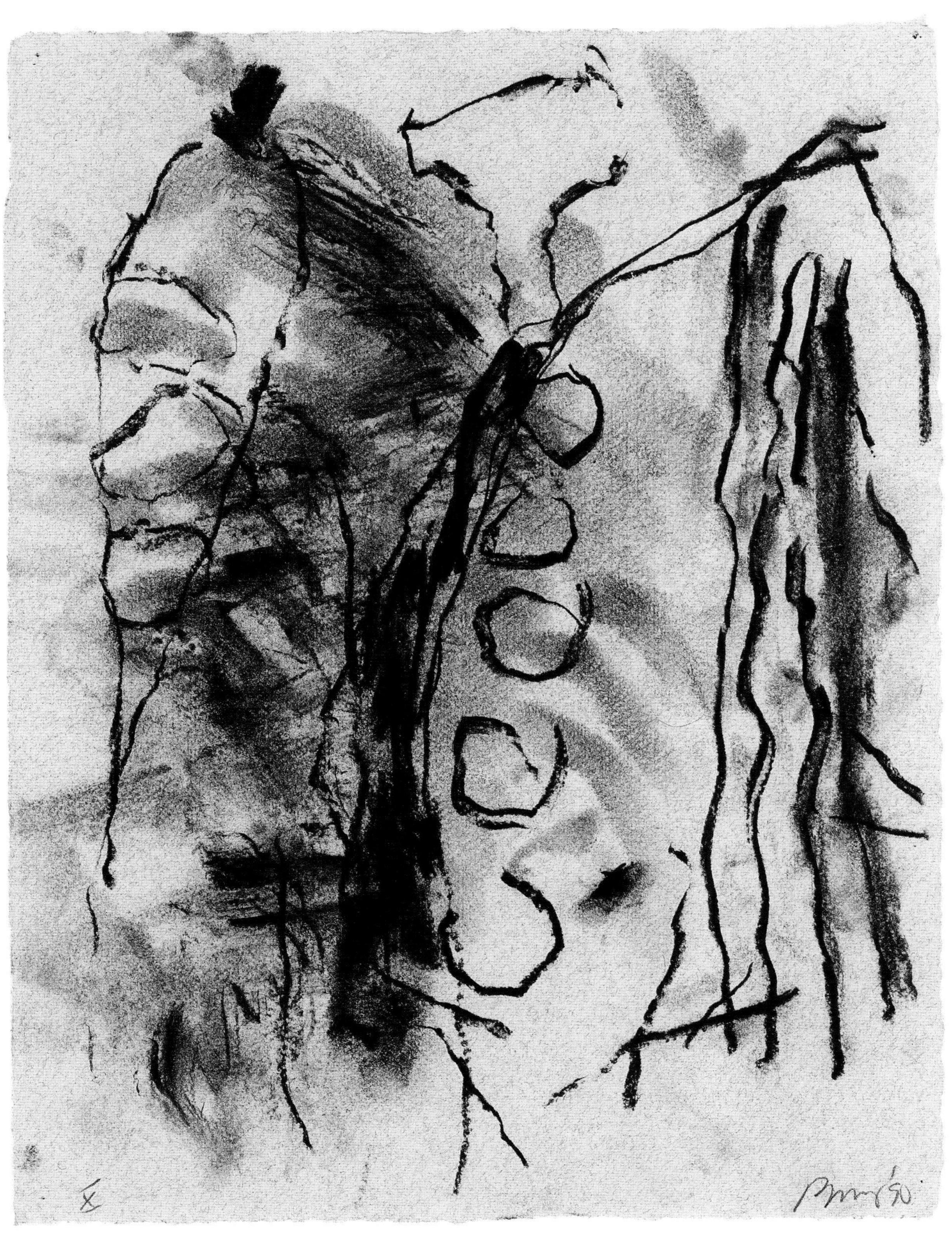

plate 31. *Waura X*, 1990 | figura 31. *Waura X*, 1990

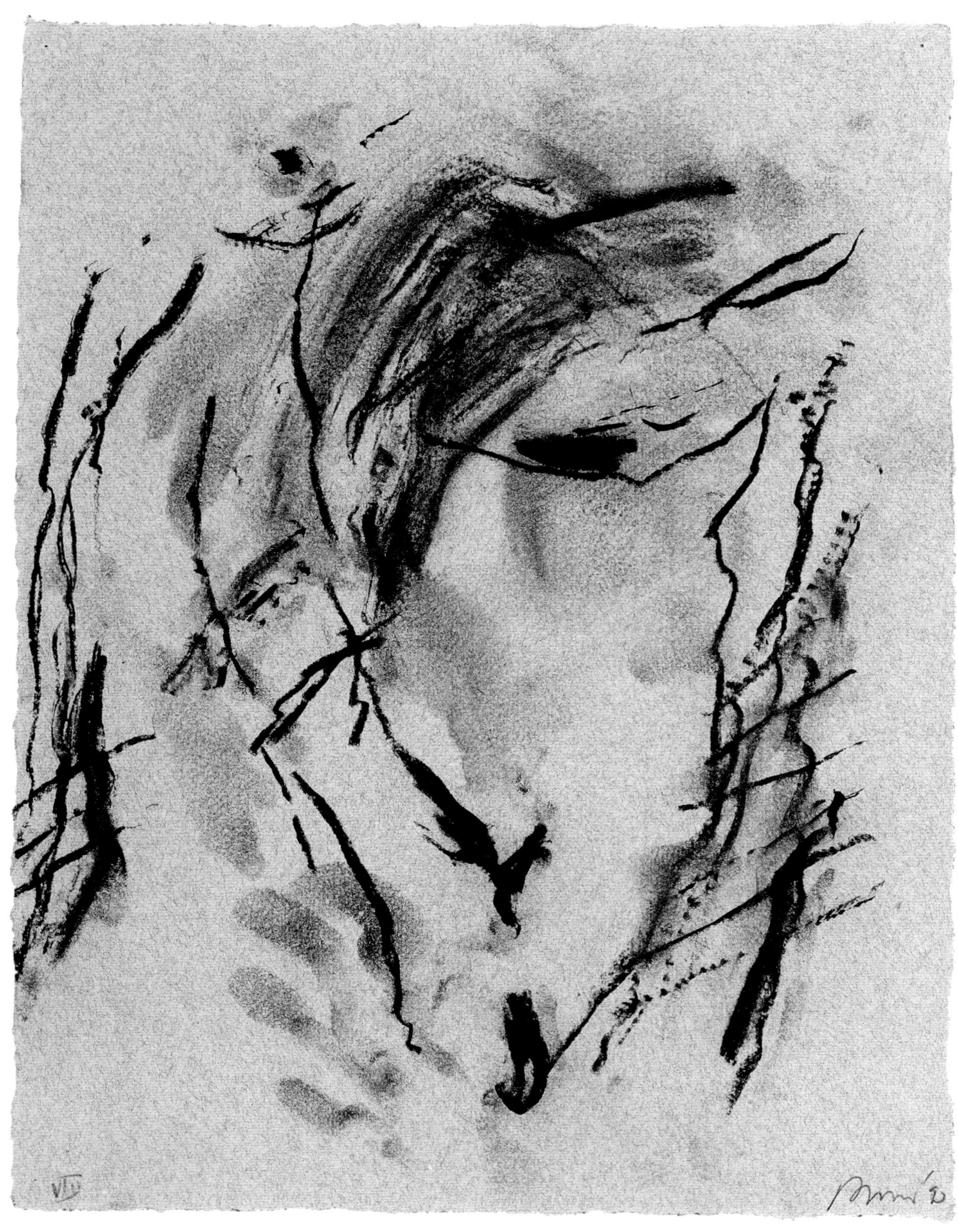

plate 32. *Waura VIII*, 1990 | figura 32. *Waura VIII*, 1990

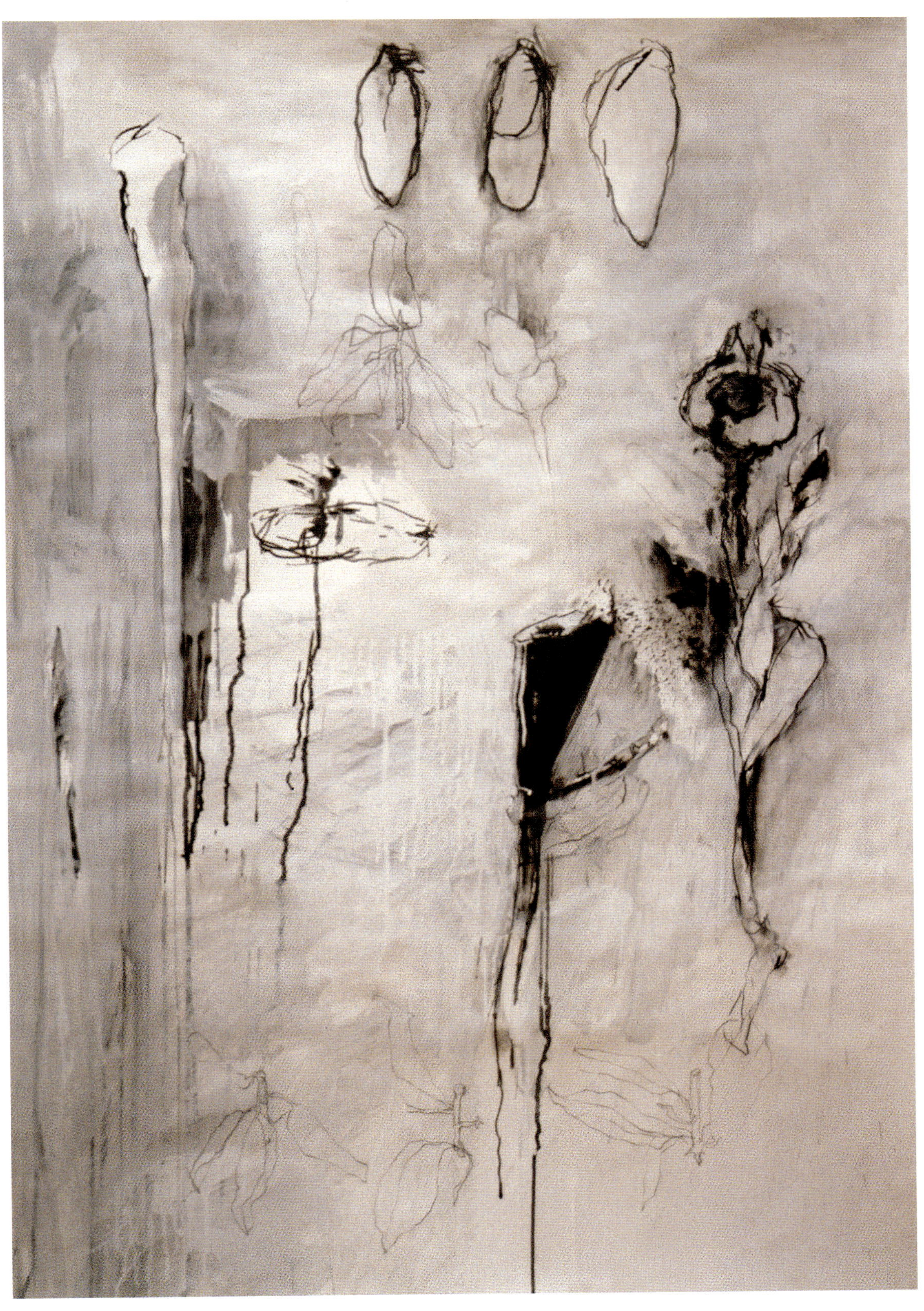

plate 33. *Distant Influences*, 1992 | figura 33. *Influências Distantes*, 1992

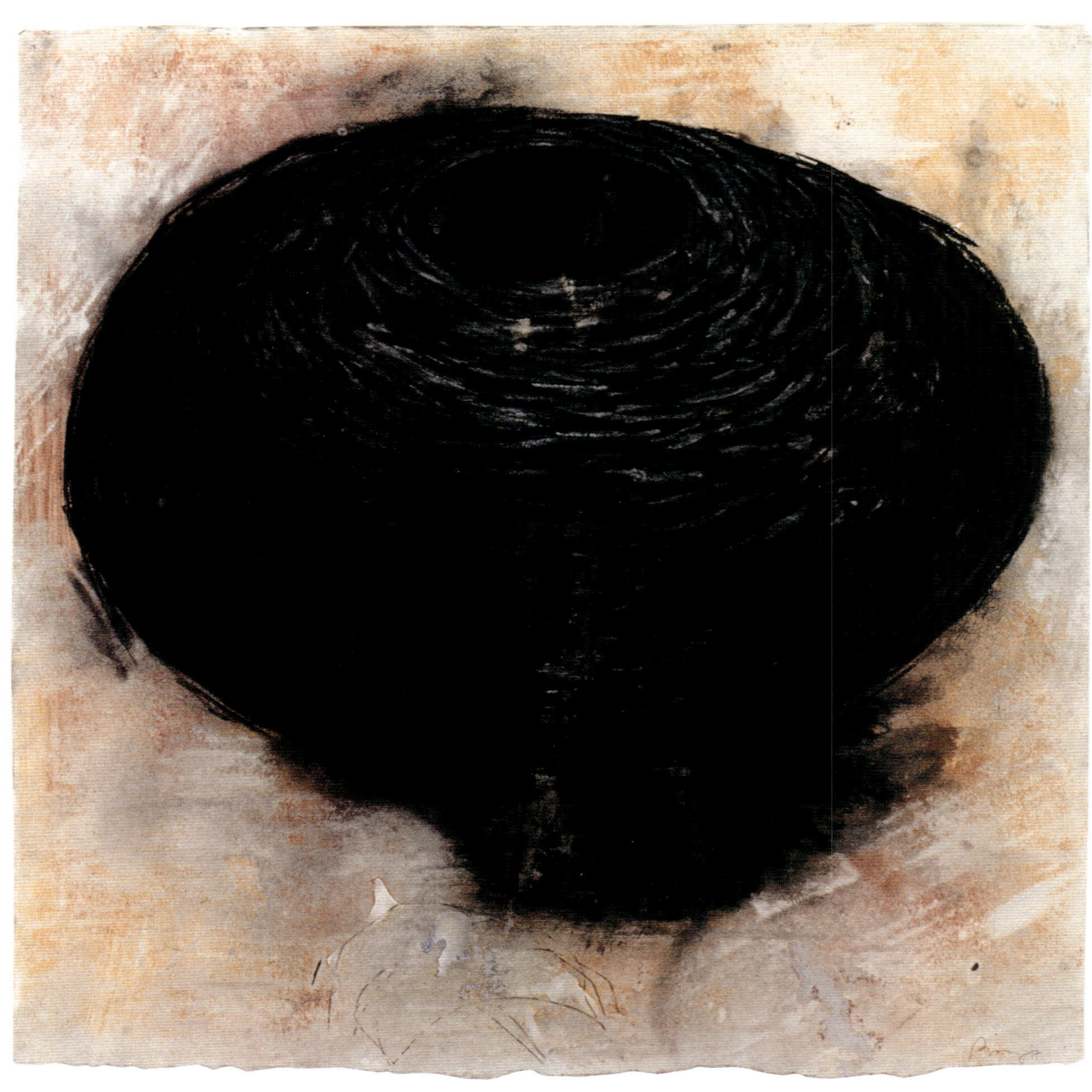

plate 34. *Garoto*, 1997 | figura 34. *Garoto*, 1997

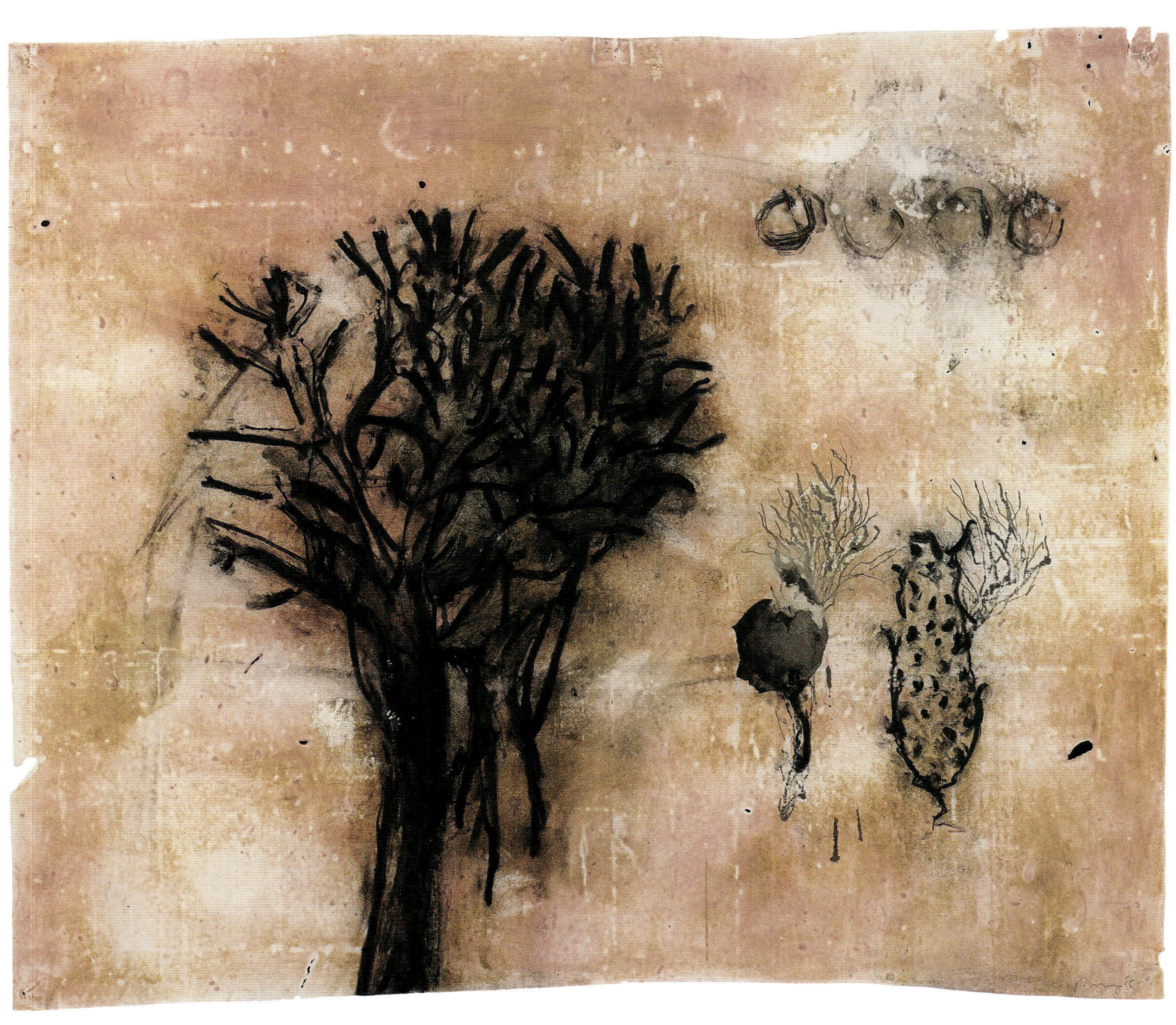

plate 35. *Arbusto*, 1995 | figura 35. *Arbusto*, 1995

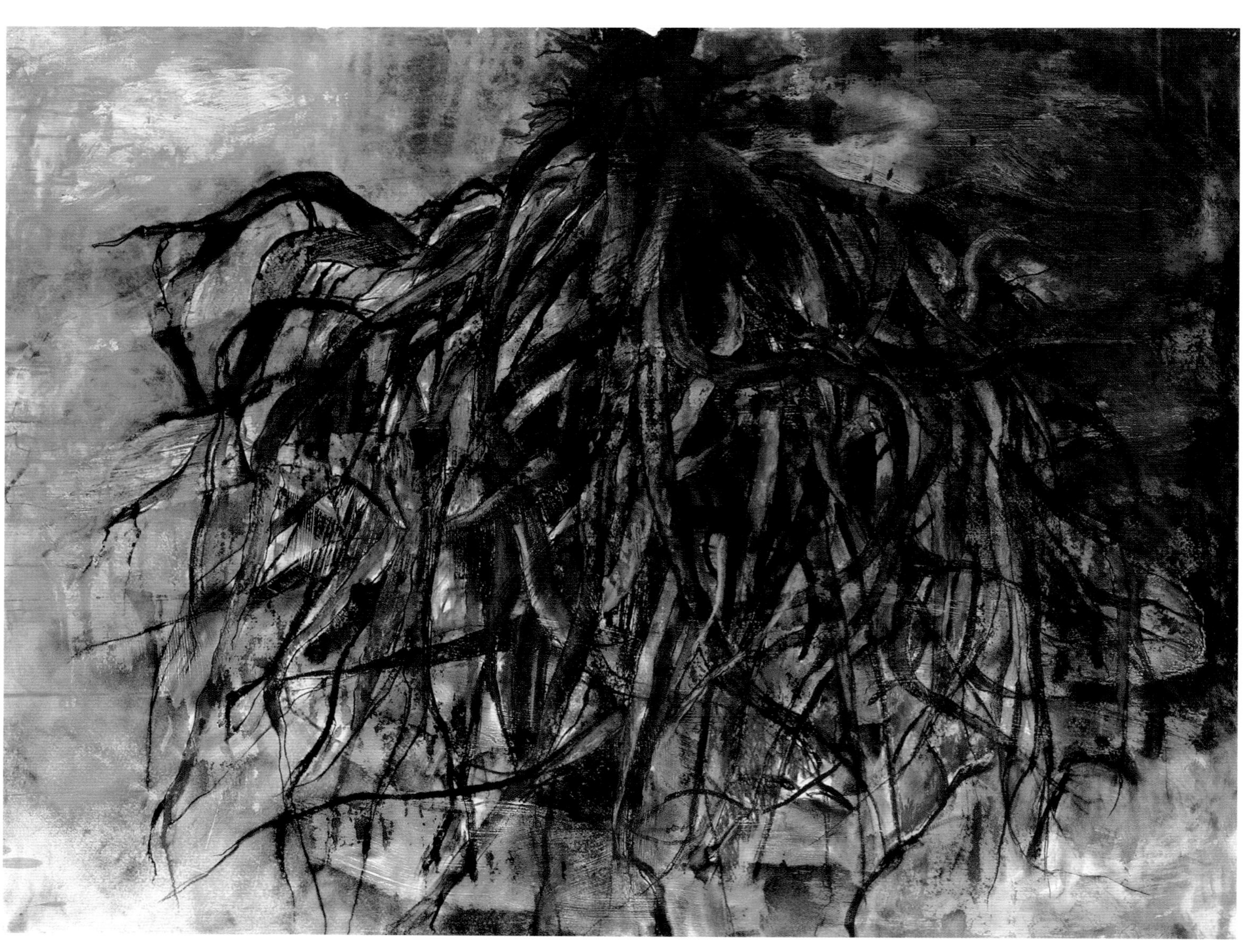

plate 36. *Study for Raízes*, 1997 | figura 36. *Estudo para Raízes*, 1997

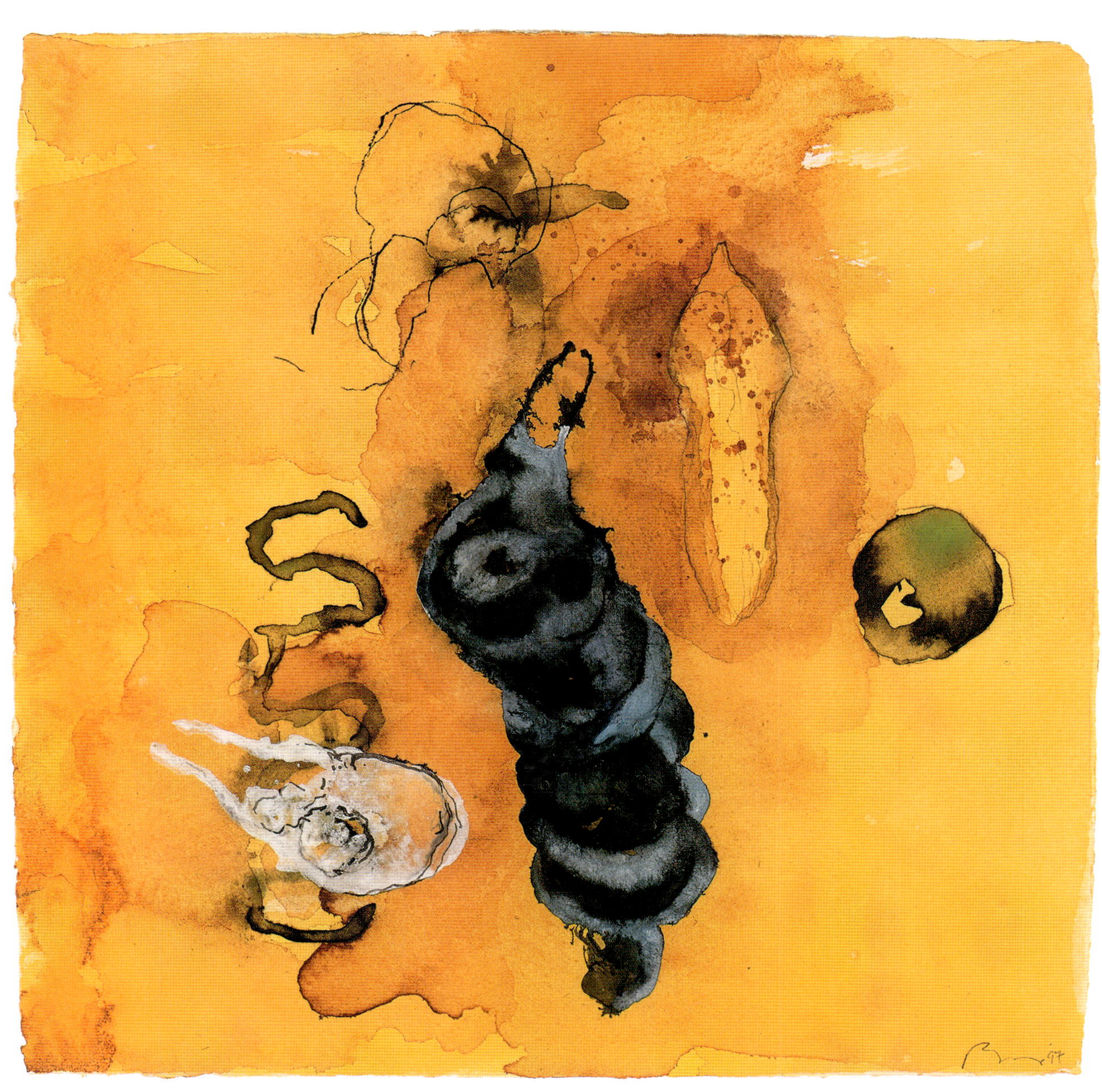

plate 37. *Amazon Journal #8*, 1997 | figura 37. *Diário Amazônico no. 8*, 1997

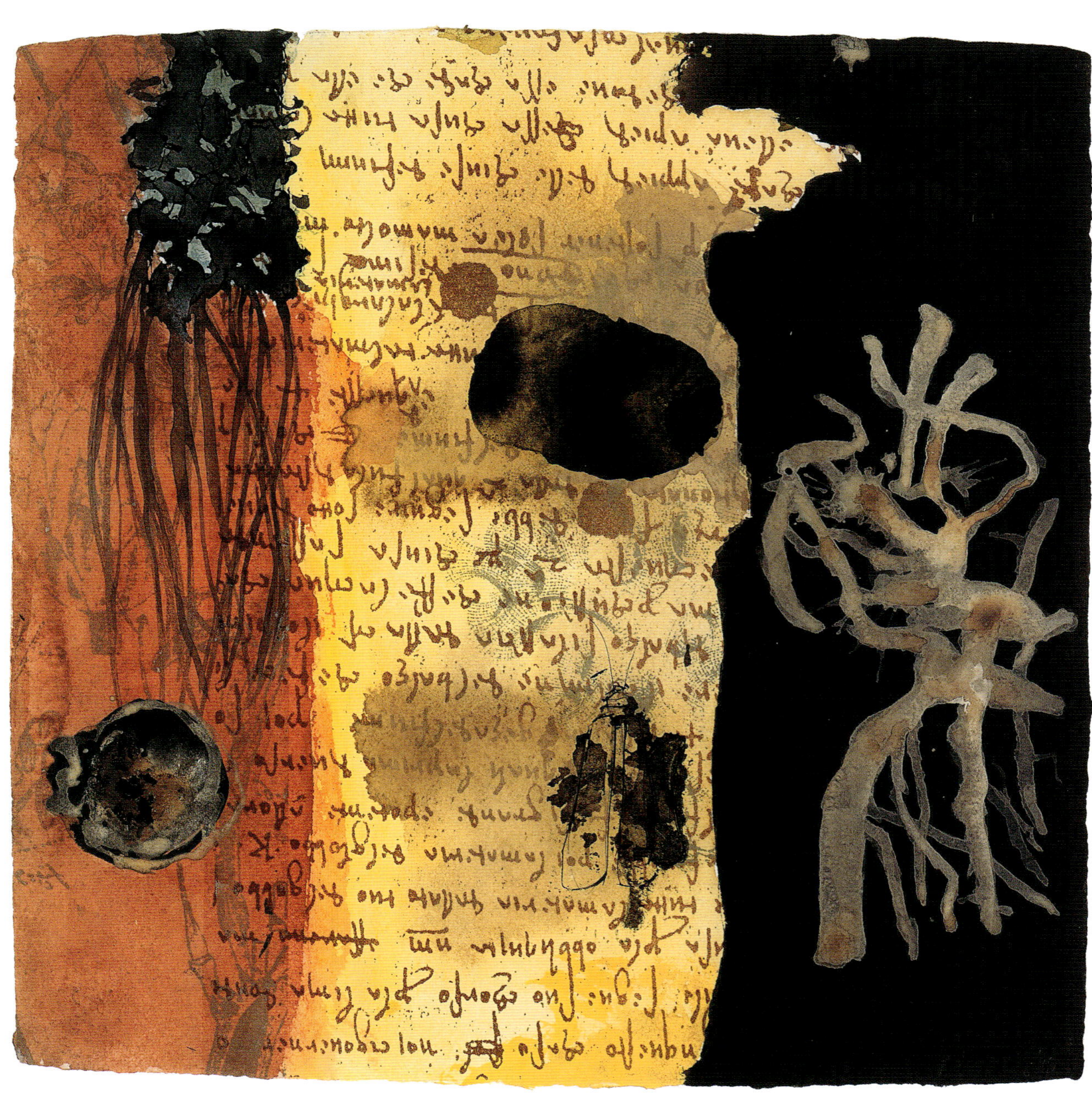

plate 38. *Amazon Journal #120*, 1998 | figura 38. *Diário Amazônico no. 120*, 1998

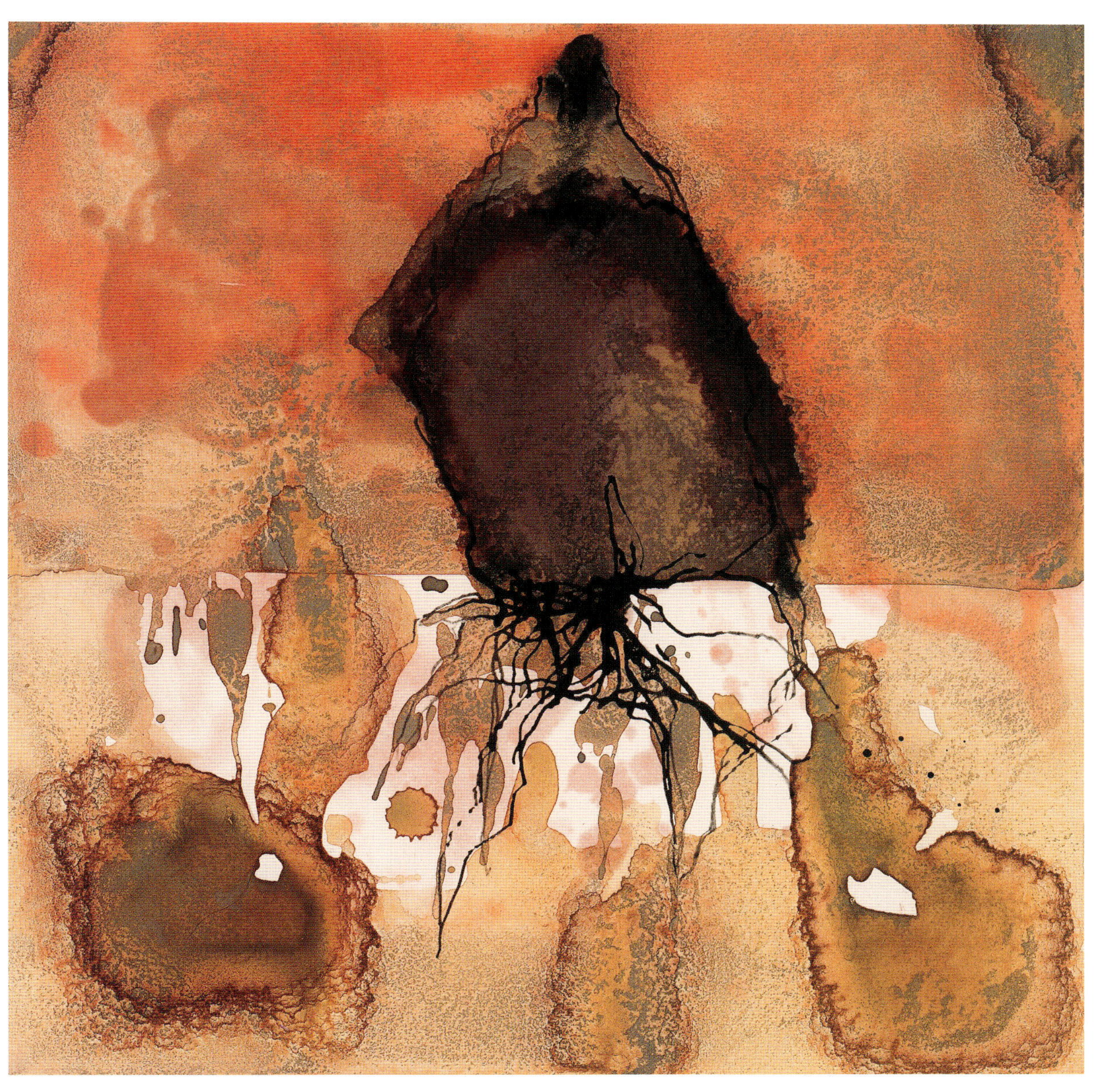

plate 39. *Abaixo #85*, 1998 | figura 39. *Abaixo no. 85*, 1998

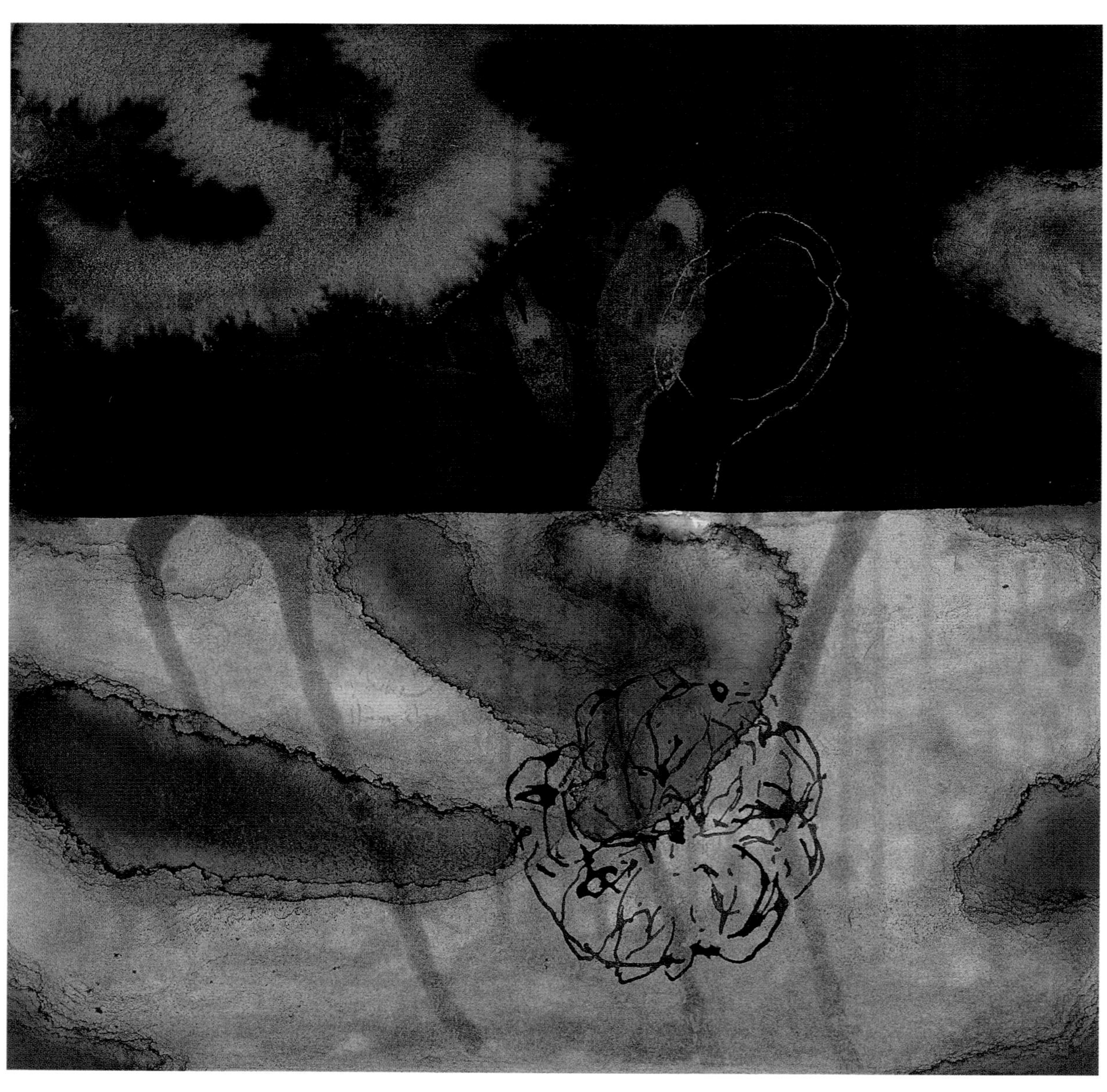

plate 40. *Abaixo #69*, 1998 | figura 40. *Abaixo no. 69*, 1998

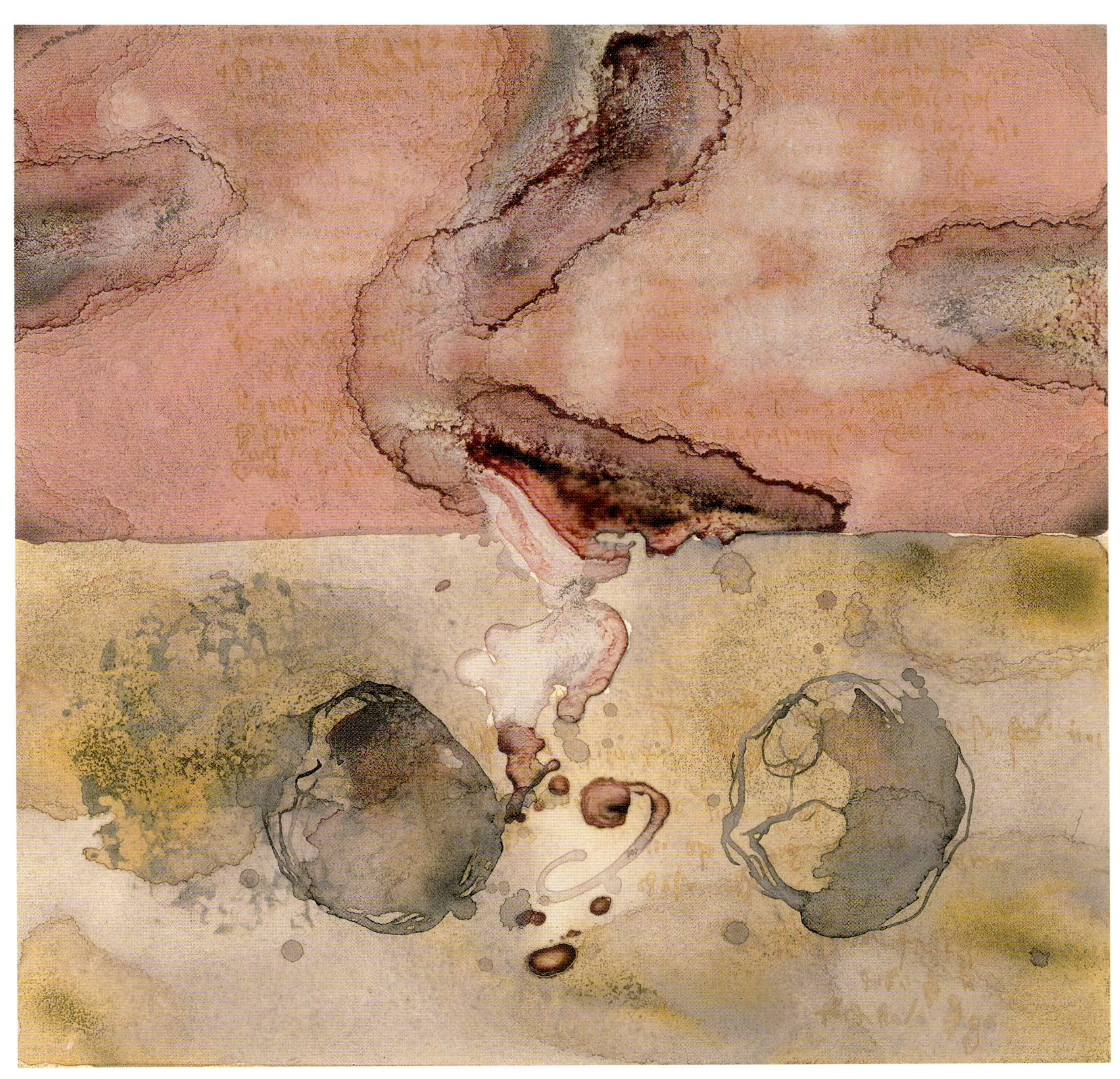

plate 41. *Abaixo #54*, 1998 | figura 41. *Abaixo no. 54*, 1998

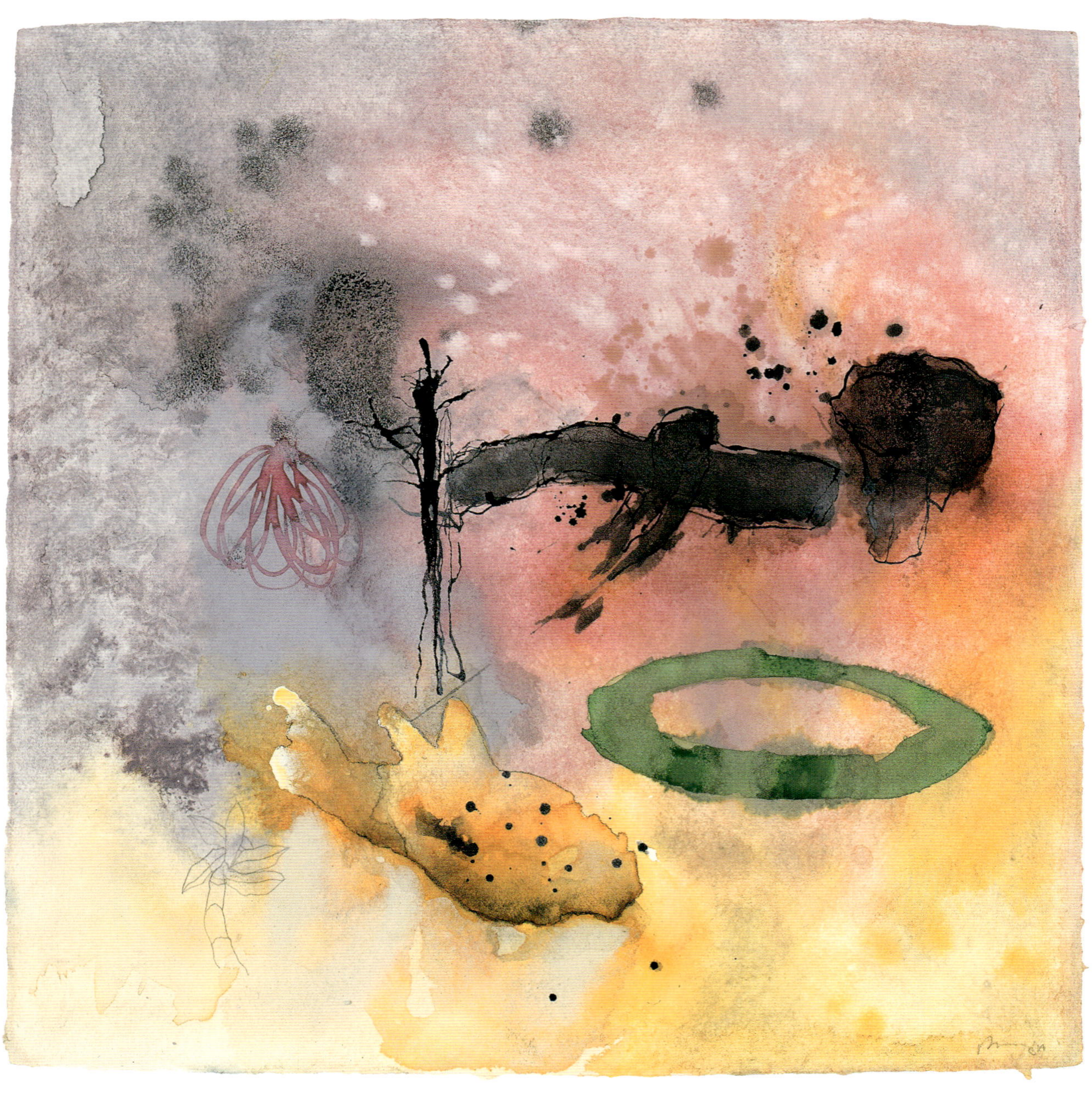



plate 42. *Tahiti Nui: Raiatea #14*, 2004 | figura 42. *Tahiti Nui: Raiatea no. 14*, 2004

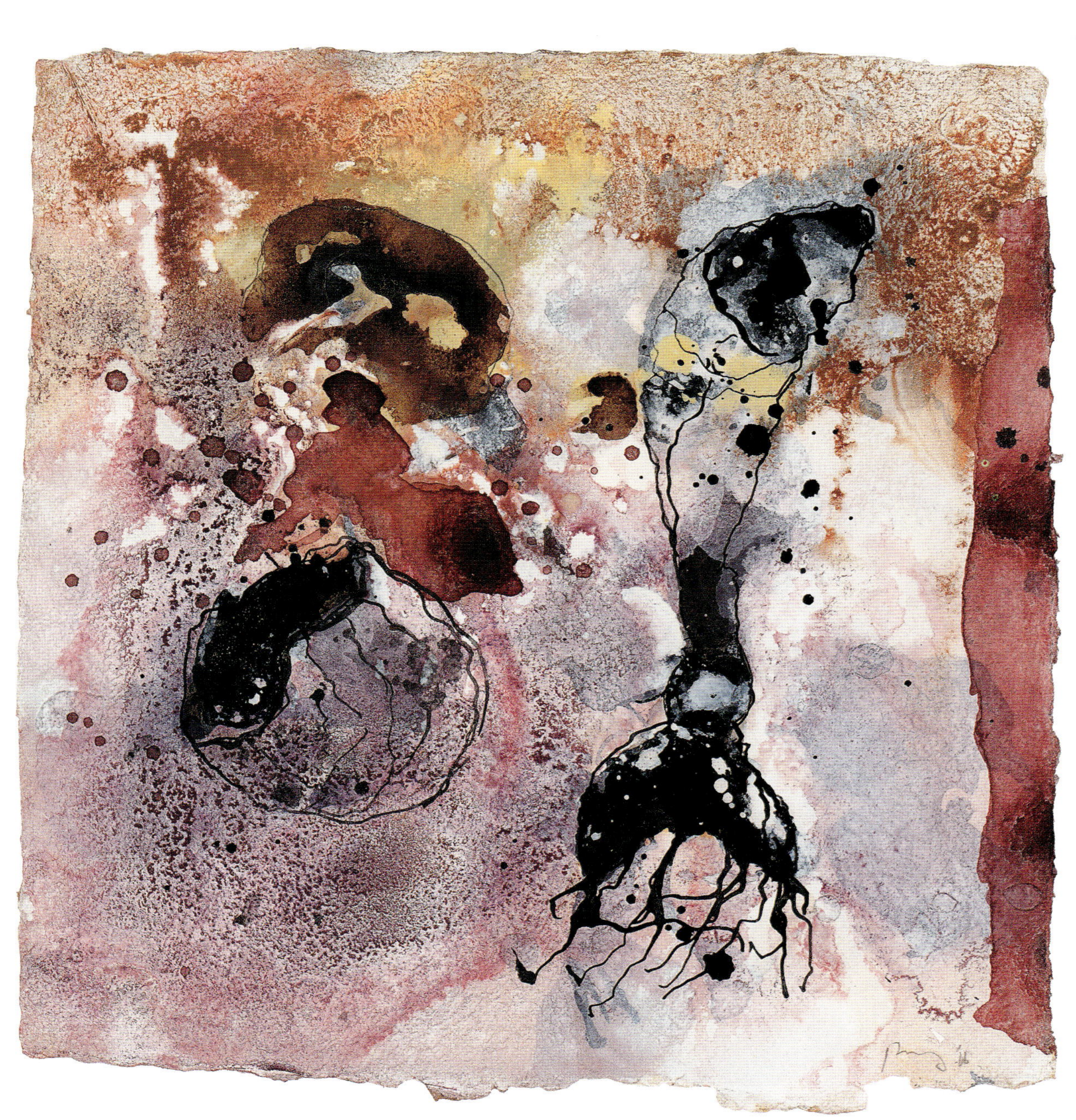

plate 43. *Untitled*, 2006 | figura 43. *Sem título*, 2006

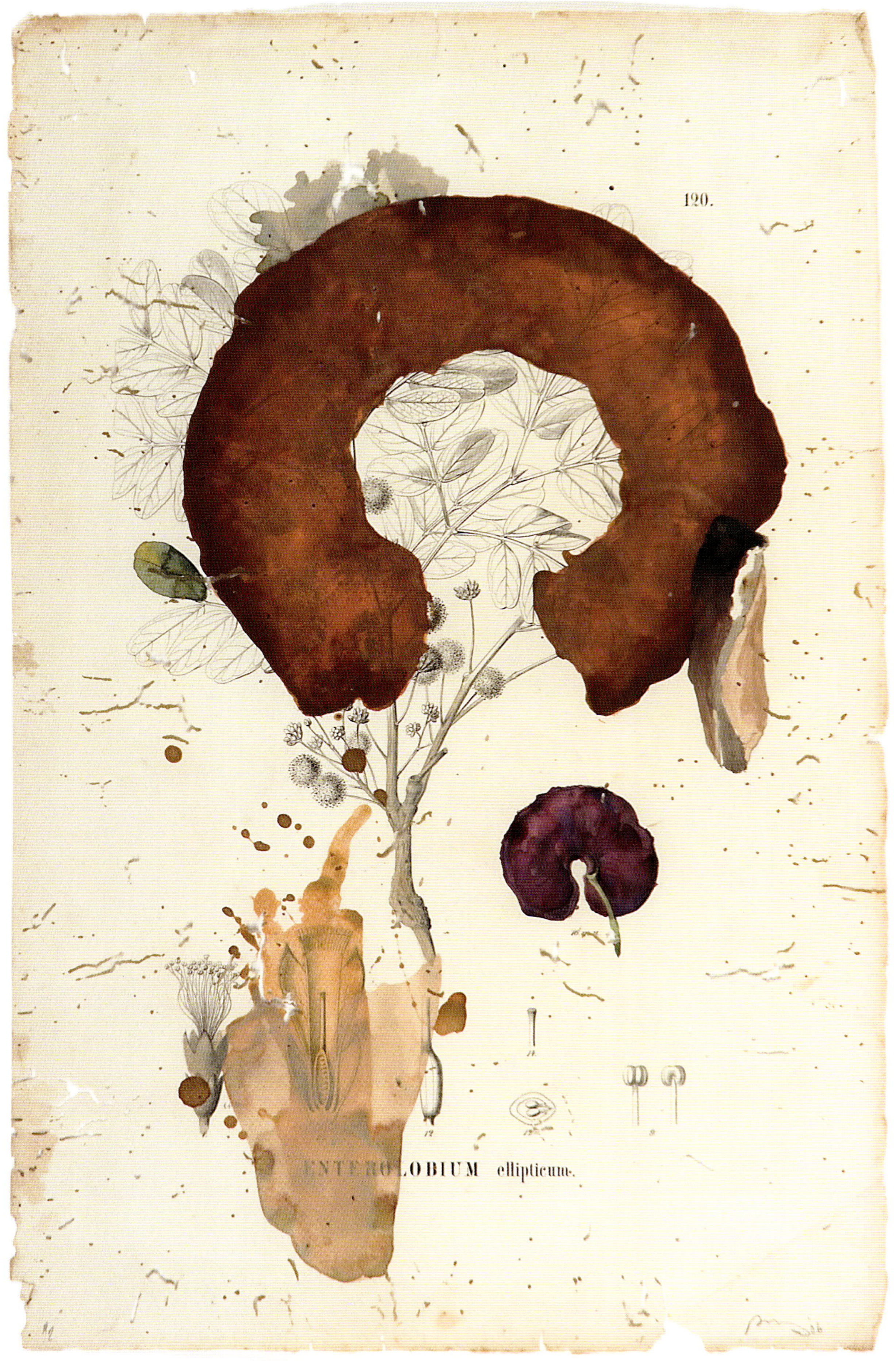


plate 44. *Flora Brasiliensis #2*, 2006 | figura 44. *Flora Brasiliensis no. 2*, 2006

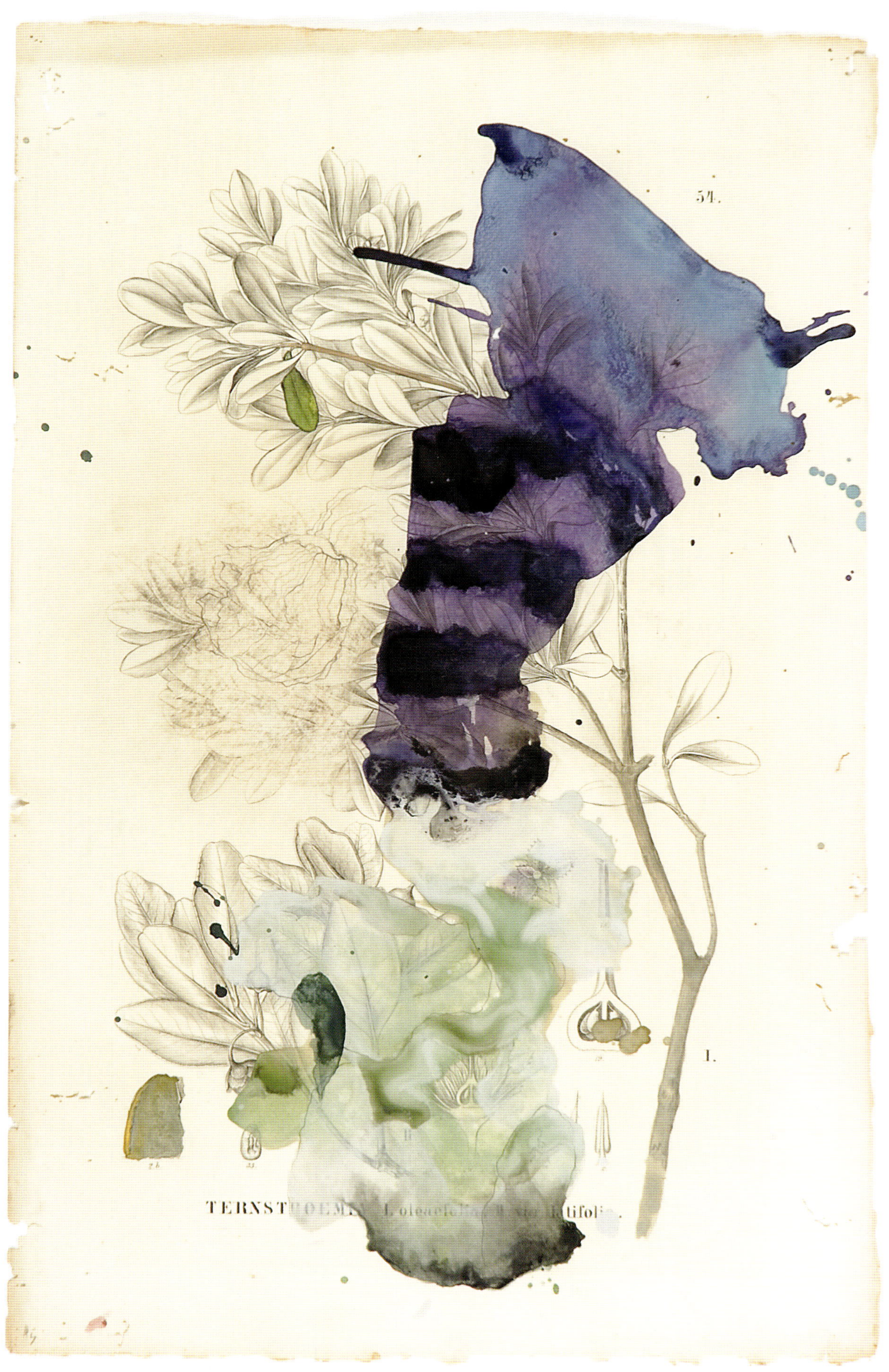

plate 45. *Flora Brasiliensis #5*, 2006 | figura 45. *Flora Brasiliensis no. 5*, 2006

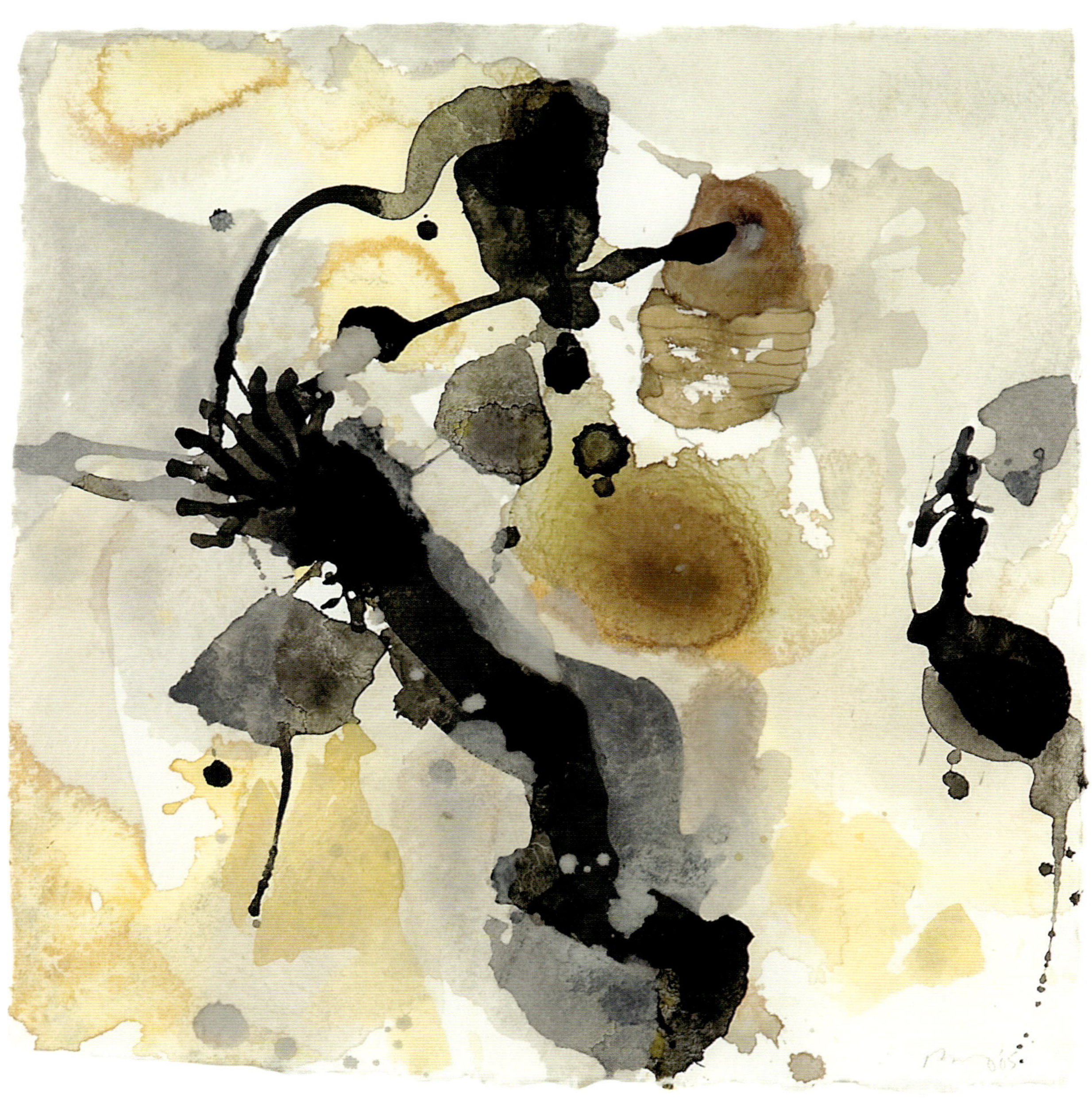



plate 46. *Misturado #8*, 2005 | figura 46. *Misturado no. 8*, 2005

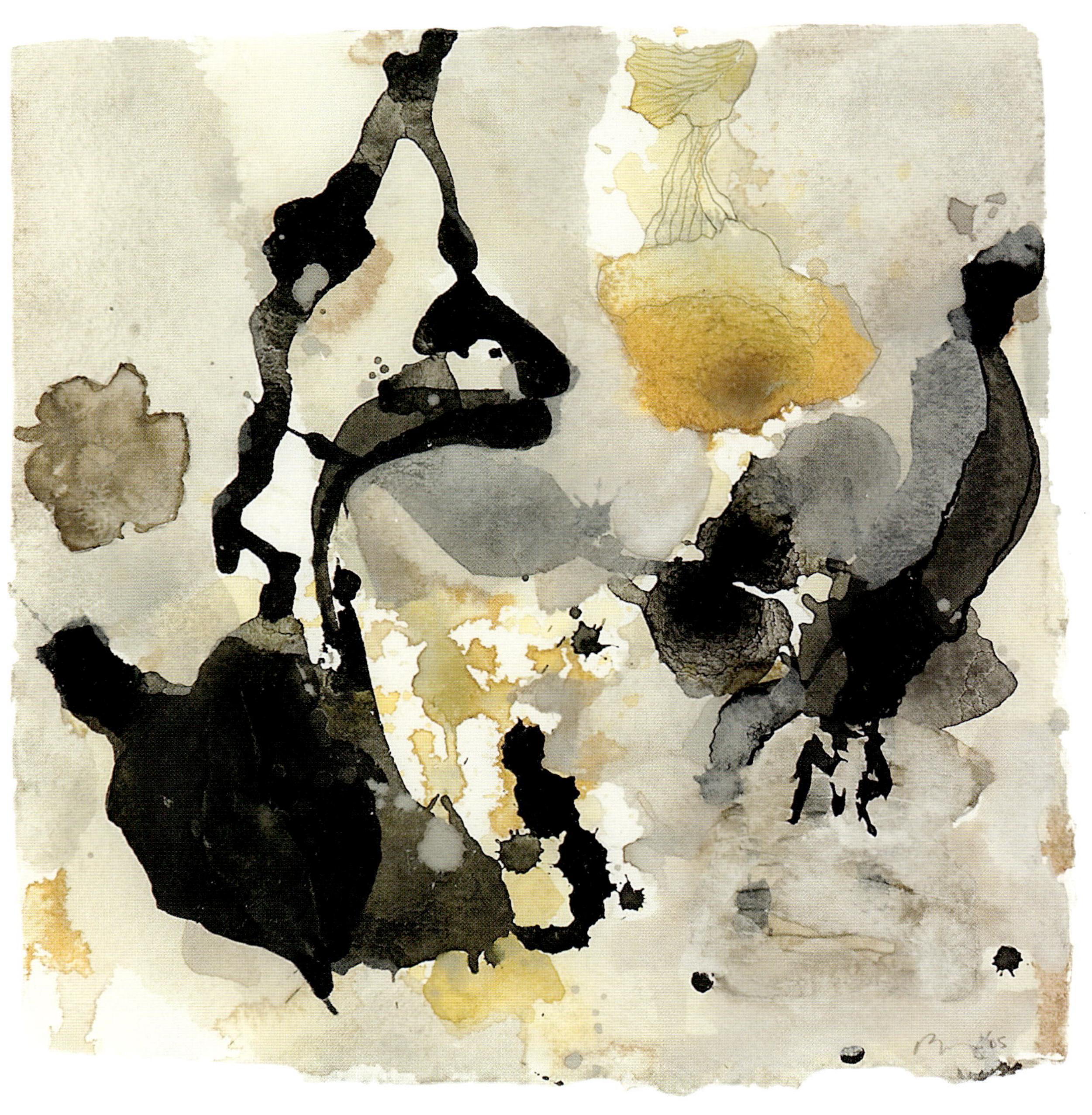

plate 47. *Misturado #12*, 2005 | figura 47. *Misturado no. 12*, 2005

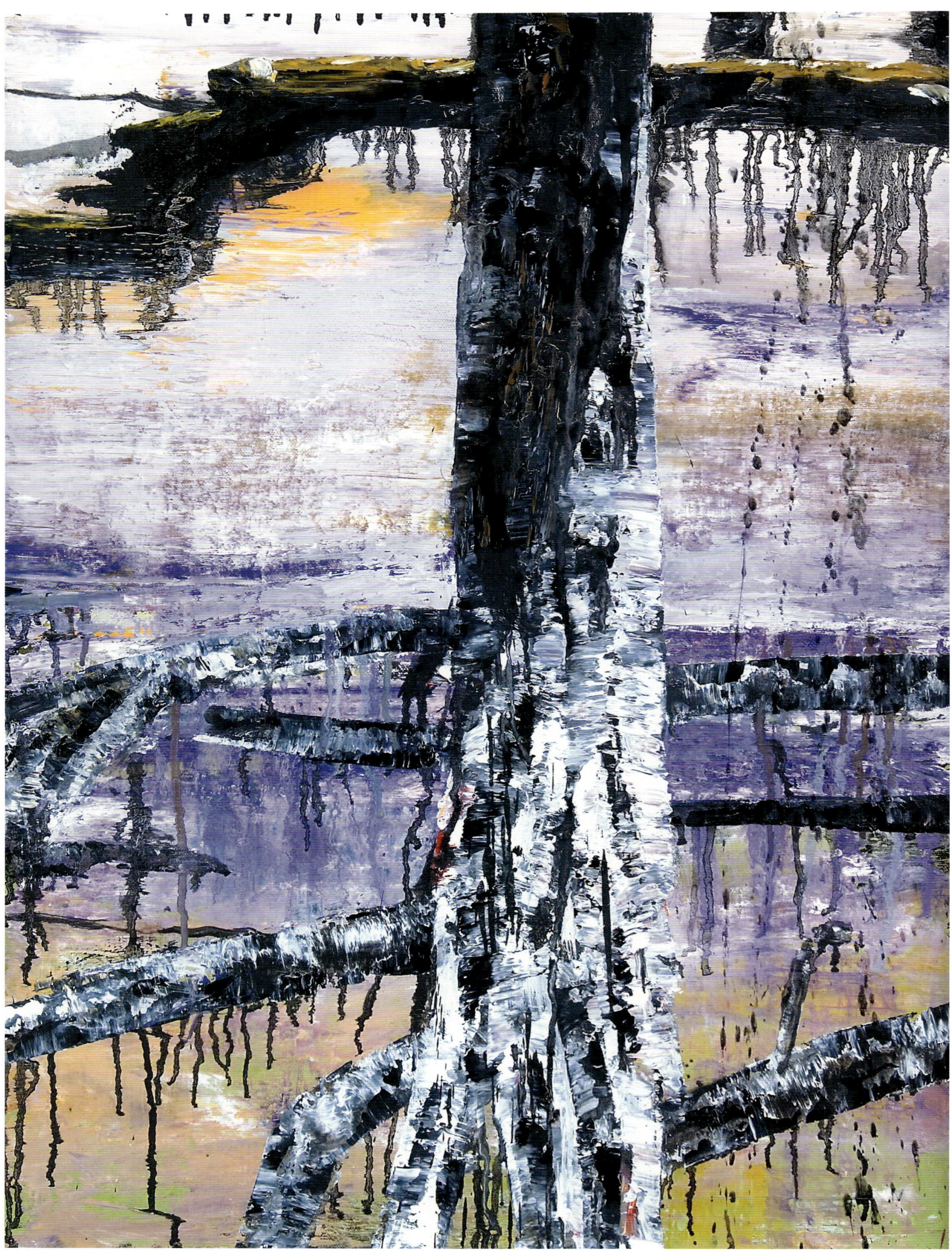

plate 48. *Cepo*, 2001 | figura 48. *Cepo*, 2001

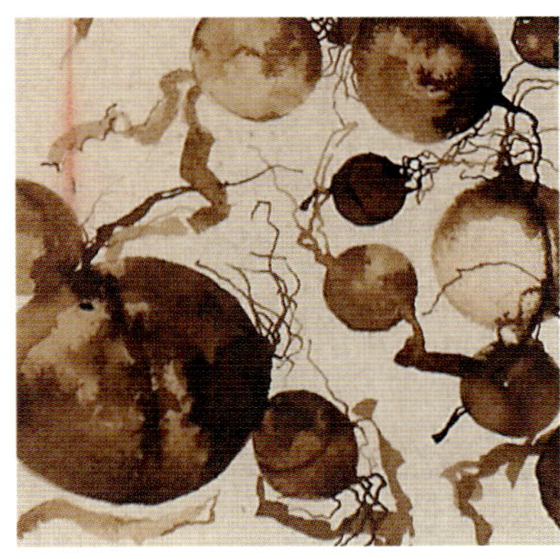

# Paintings | Pinturas

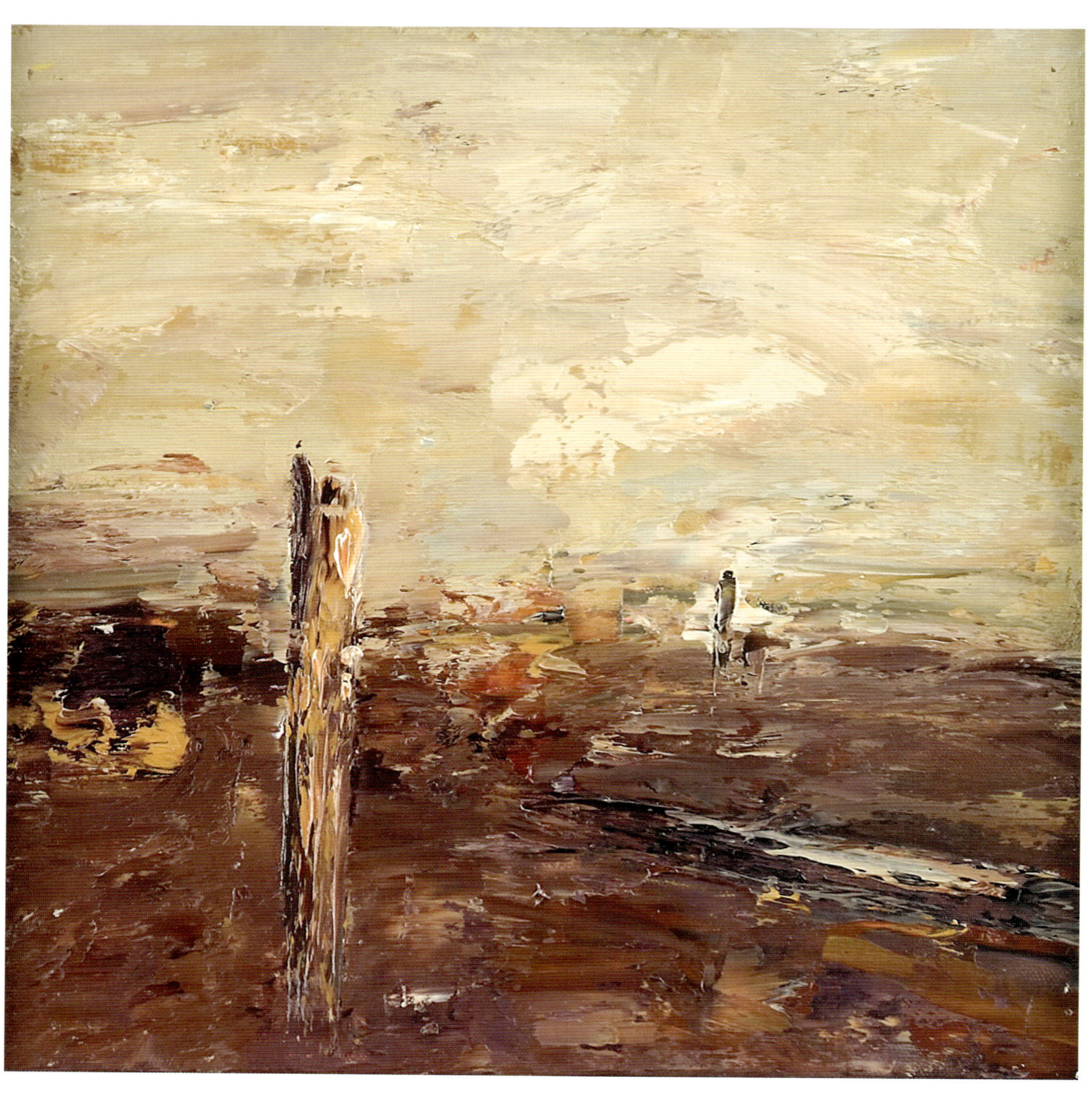



plate 49. *Untitled*, 2001 | figura 49. *Sem título*, 2001

# The Essence of Reality: The Paintings of Bob Nugent

# A Essência da Realidade: As Pinturas de Bob Nugent

PRESTON METCALF

Bob Nugent is an unlikely realist. As a painter he employs the vocabulary of abstraction. His canvases are rich and painterly; a visual dance that sometimes belies an intricate substructure of recognizable imagery and content.

Reality is a slippery thing. Are we seeing what we are seeing or do our senses deceive? Is the straight branch submerged partway in water really jutting at a new sharp angle or is it an illusion played upon our optic senses? Is the façade of a building truly changing hues, or, as explored and rendered by artists such as Monet, is it an effect of light and time?

And is the subject we are gazing upon really projecting the emotions we feel, or are we, as viewers, filtering a neutral or contrary expression through our own complex psychologies?

Questions such as these have intrigued artists throughout time and their inquiries have generated multiple trends in art. Questions such as these are intrinsic in the art of Bob Nugent.

For some, the *depiction* of reality—that is, the attempt to faithfully render what the eye sees—was considered to be the primary focus of art. The unflinching realism of portrait busts during the Roman era, the exquisitely detailed city-scapes of Vermeer, and the hyper-real imagery of the Photorealists are but a few of the major trends in this direction.

Bob Nugent é um artista improvável. Como pintor, ele emprega o vocabulário da abstração. Suas telas são ricas e plenas de elementos pictóricos; uma dança visual que às vezes esconde uma subestrutura intrincada de imagens e conteúdo reconhecíveis.

A realidade é algo que engana. Estamos vendo o que vemos, ou nossos sentidos nos enganam? Será que o galho reto parcialmente submerso em água está realmente se projetando num novo ângulo agudo, ou é apenas uma ilusão que mexe com nosso senso de visão? Será que a fachada de um edifício está realmente mudando de coloração, ou, quando explorada e representada por artistas como Monet, trata-se de um efeito de luz e tempo?

E será que o assunto sobre o qual nosso olhar repousa realmente projeta as emoções que sentimos, ou nós, como observadores, filtramos uma expressão neutra ou contrária através de nossas próprias e complexas psicologias?

Questões como essas têm intrigado artistas através do tempo, e suas indagações têm gerado diversas tendências artísticas. Questões como essas são intrínsecas à arte de Bob Nugent.

Para alguns, o retrato da realidade—ou seja, a tentativa de representar fielmente o que o olho vê—era considerado o foco principal da arte. O realismo resoluto dos retratos em forma de bustos na era romana, os magníficos detalhes das

The underlying *message* of reality is another major trend in art. Political, social, and religious messages have often been the artist's intent. Sometimes "realism" is employed as a means to convey the message, while at others "realism" is subverted in order to convey a reality beyond that which we can see. Medieval artists, for instance, abstracted, fractured, and exaggerated the figure in an effort to depict the unseen and undepictable spiritual reality, which they saw as surpassing our terrestrial experience.

For some artists it is the *essence* of reality they have sought to depict, and it is this trend in art that presents the most difficulties for viewers—and often the greatest insights into the world around us. It is the essence of reality that Bob Nugent portrays.

By the beginnings of the Twentieth Century, a revolution in the way we see the world was well underway. Technological advances codified and in some ways presented new realities. The camera enabled us to capture an instant likeness, albeit a tonal representation, with the click of a button. The growing employment of Wilhelm Röentgen's x-ray machine made the surface reality transparent and offered up new images of a reality previously unseen.

The intellectual musings of physicists shattered the Euclidian geometries of the past and posited alternate interpretations of reality, and the advent of psychology in the works of Freud, Jung, Rank and others lead to a reinterpretation of the inner workings of what can be known. These and other advances became a springboard for the flowering of abstraction and provide a basis for the "magic realism" of Bob Nugent.

In his latest body of work, Nugent's painting addresses and pays homage to most of the Twentieth and now Twenty-first Century's revolutionary art explorations.

*Canoa* can work for the viewer as an effort of pure abstraction, but that would be to deny the depth of content this painting possesses. Impasto applications of paint build strong masses of color and shapes that seem suggestive, though we are not immediately aware of what that suggestion implies. It is not until one realizes that the abstracted imagery is inspired of a real location, a true setting that one

paisagens urbanas de Vermeer, e as imagens hiper-realistas dos Foto-realistas são apenas alguns dos principais exemplos nessa direção.

A *mensagem* subjacente é outra importante tendência artística. Mensagens de cunho político, social e religioso têm sido com freqüência o objetivo do artista. Às vezes o "realismo" é empregado como forma de transmitir a mensagem, enquanto em outras o "realismo" é subvertido para transmitir uma realidade além do que podemos ver. Artistas medievais, por exemplo, tornaram a figura abstrata, fraturada e exagerada na tentativa de representar a realidade espiritual não-visível e não-representável, que eles percebiam como algo além da nossa experiência terrestre.

Para alguns artistas, é a *essência* da realidade que eles buscam representar, e é essa tendência artística que apresenta a maior dificuldade para quem observa—e frequentemente proporciona também momentos únicos de compreensão do mundo à nossa volta. É a essência da realidade que Bob Nugent retrata.

Nos primórdios do Século XX, uma revolução na maneira como vemos o mundo já seguia adiantada. Avanços tecnológicos codificavam, e de certa forma nos apresentavam, novas realidades. A câmera nos permitia capturar uma reprodução momentânea, ainda que numa representação tonal, com o apertar de um botão. O crescimento do uso da máquina de Raios-X de Wilhelm Röentgen tornou transparente a superfície da realidade e ofereceu novas imagens de uma realidade nunca vista até então.

As reflexões intelectuais dos físicos despedaçaram as geometrias euclidianas do passado e apresentaram interpretações alternativas da realidade. E o advento da psicologia nos trabalhos de Freud, Jung, Rank e outros, levou à reinterpretação dos processos internos do que pode ser sabido. Estes e outros avanços tornaram-se o trampolim para o florescimento da abstração, e oferece a base do "realismo mágico" de Bob Nugent.

Em seu último conjunto de trabalhos, as pinturas de Nugent se referem e prestam homenagem à maior parte do Século XX e agora às explorações da arte revolucionária do Século XXI.

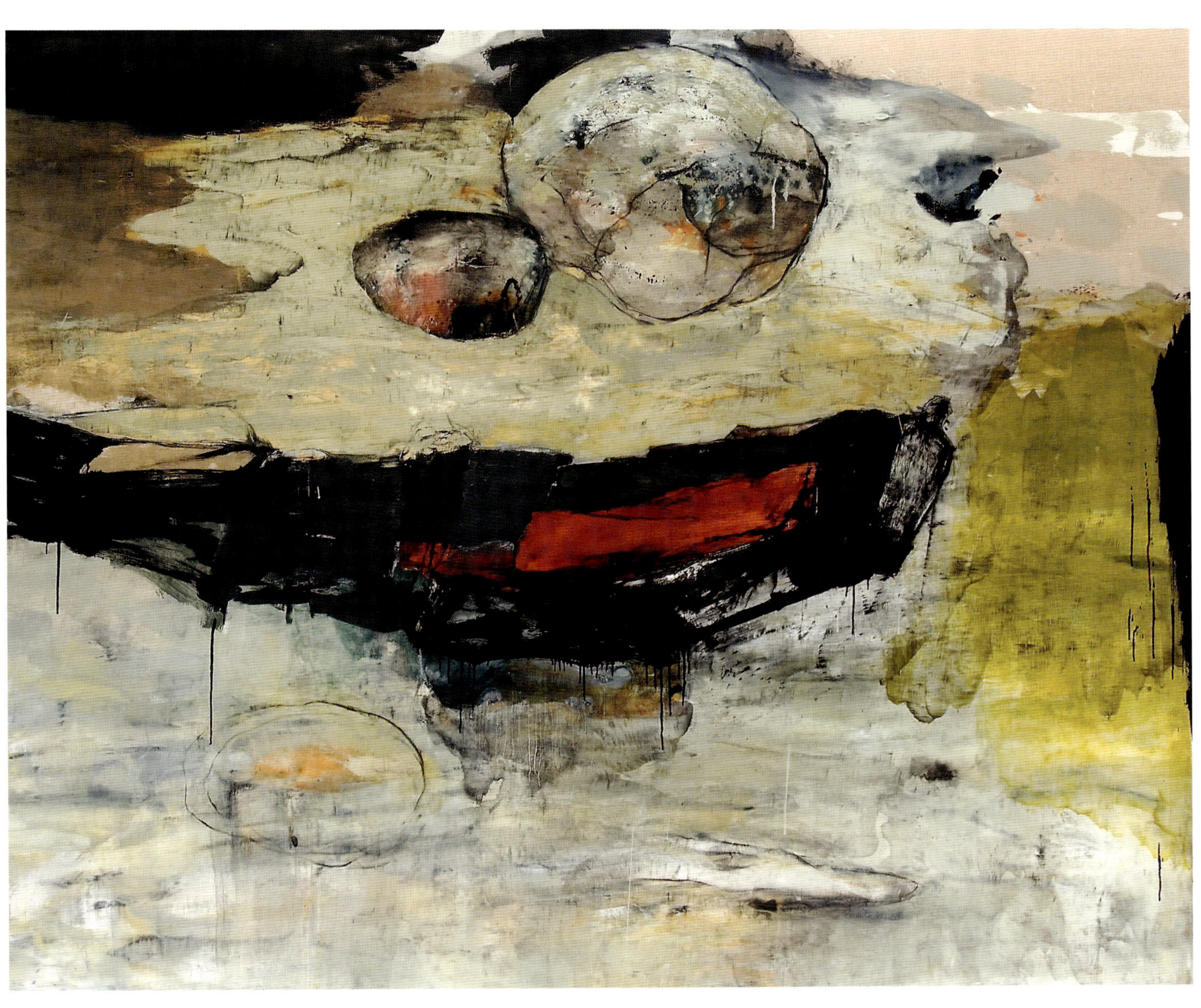

plate 50. *Canoa*, 2006 | figura 50. *Canoa*, 2006

can begin to unravel the message.

Strong horizontal bifurcations of pigment hint at a horizon, though much obscured by the nearly savage applications over it. With this as a starting point, we can begin layering our perceptions of natural forms on top. Circles become spheres and spheres become rocks on a watery seashore. Bold slashes of black and red take on geometric precision than can only posit man-made objects, in this case—in keeping with the rocky shore we now intuit—the end of a boat.

From these extrapolations we are not, however, to recognize this as a specific boat on a specific shore, but rather as the essence of "boat" and "shore." It is more than a reality seen and instantly recognized, it is the essence of a reality felt and identified by our soul. It is an exploration Nugent's artistic forebears would have called "magic realism."

In the era immediately following World War I, artists such as Max Ernst, André Masson, and Yves Tanguy adopted a stylistic branch of Surrealism, which they dubbed "magic realism." Natural and biomorphic images were isolated, distorted, and transformed from their immediately recognizable forms to manifestations of life. Rather than the likeness of an object, they sought to convey the soul and psychology of the object. The everyday became abstracted and, in consequence revealed the reality beyond the surface.

Islands of the recognizable spot Nugent's *Raízes* but they are out of context. Leaves, vegetation, and shell forms suspend on the surface. A clump of roots dangles to the side. The suggestions of life—ripe, falling, and uprooted—are all images of contemplation with correlations of mortality in our own lives. These are not intended to be specific items we may want to pluck or plant, but visual springboards into the true nature of these objects and the implications their essence may have in our own lives.

It is not by accident that faint gridlines delineate the background of the work, as if the objects sprang out of a world of Euclidian geometric precision, a world of height, depth, and width. But these objects are no longer part of that grid, they are apart and we are intended to see beyond their physical dimensionality and into their very nature.

Canoa pode parecer ao observafor um trabalho de pura abstração, mas isso significaria refutar a profundidade de conteúdo que esta pintura possui. Aplicações sucessivas de camadas de tinta constroem fortes massas de cor e formas que parecem sugestivas, embora não saibamos imediatamente em que implicam essas sugestões. Só após percebermos que as imagens abstratas são inspiradas num lugar real, num cenário que de fato existe, é que conseguimos desvendar a mensagem.

Fortes bifurcações horizontais de pigmentos sugerem um horizonte, bastante obscurecido pelas quase que ferozes aplicações sobre ele. Partindo daí, podemos começar a criar sobre ele nossas camadas de percepção de formas naturais. Círculos se tornam esferas, e esferas se tornam pedras numa costa aquosa. Cortes audaciosos de preto e vermelho assumem uma precisão geométrica que só podem significar objetos feitos pelo homem, neste caso—compondo com a costa rochosa que já intuímos—a ponta de um barco.

Dessas extrapolações não reconhecemos, no entanto, um barco específico numa costa específica, mas a essência de um "barco" e de uma "costa". É mais que uma realidade vista e instantaneamente reconhecida, é a essência da realidade sentida e identificada por nossa alma. É uma exploração que os predecessores artísticos de Nugent teriam chamado de "realismo mágico".

No período imediatamente após a I Guerra Mundial, artistas como Max Ernst, André Masson, e Yves Tanguy adotaram uma ramificação estilística do Surrealismo, que eles denominaram "realismo mágico". Imagens naturais e biomórficas foram isoladas, distorcidas e transformadas de suas forma imediatamente reconhecíveis para manifestações da vida. Ao invés da reprodução do objeto, eles buscaram transmitir a alma e a psicologia do objeto. O dia-a-dia se tornou abstrato e, em conseqüência, revelou a realidade além da superfície.

Ilhas do reconhecível estão presentes na obra *Raízes* de Nugent, mas estão fora de contexto. Folhas, vegetação e formas de conchas estão suspensas na superfície. Um emaranhado de raízes pende para o lado. As sugestões de vida —maduras, cadentes e desenraizadas—são imagens de contemplação com correlações da mortalidade em nossas

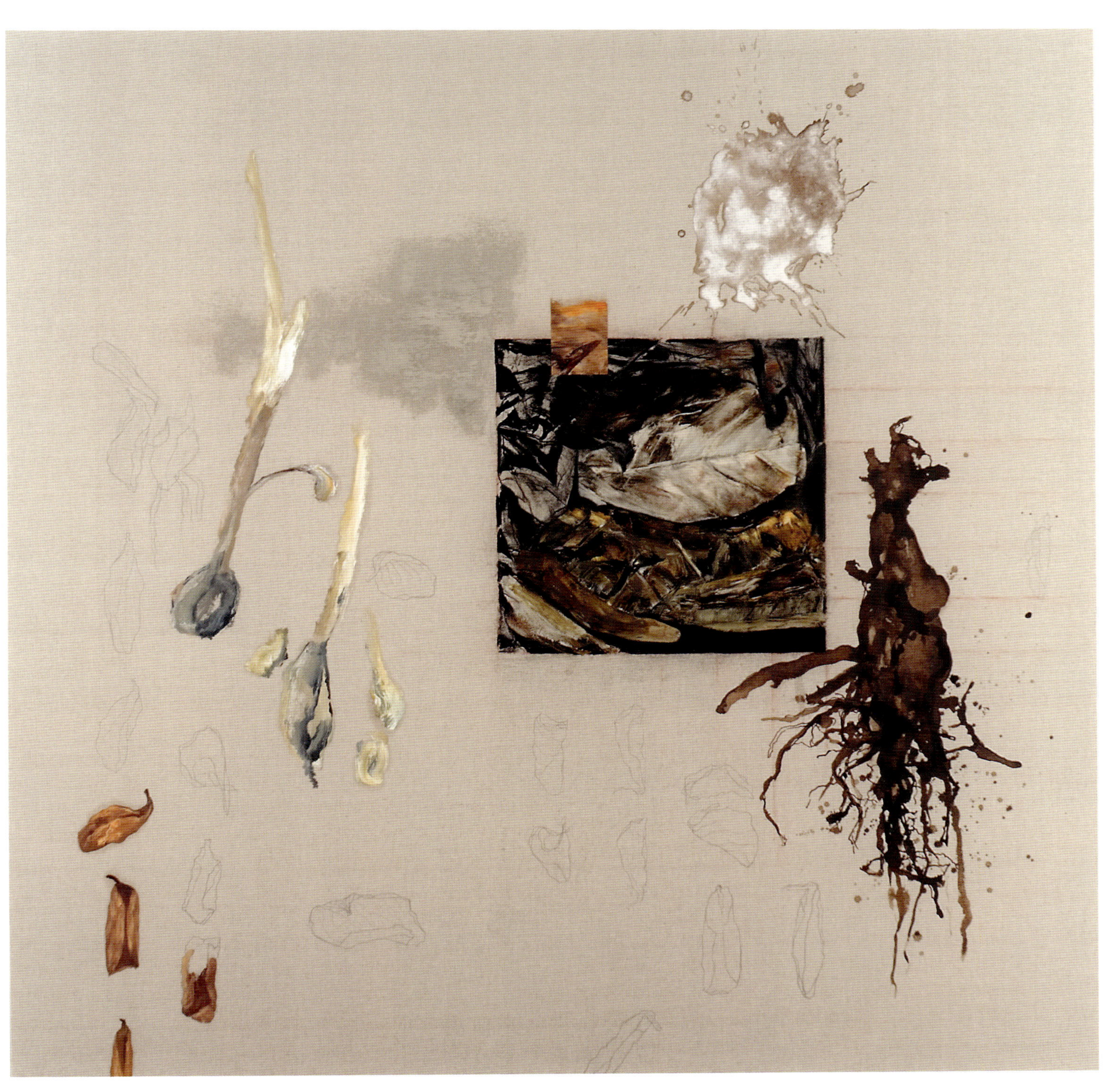

plate 51. *Raízes*, 2006 | figura 51. *Raízes*, 2006

Much of Nugent's work is inspired by his sojourns in Brazil and other locations throughout the world, some of which are still more closely aligned with nature than the massively developed region he calls home. Part of that nature relation comes through in the traditions of these destinations of artistic inspiration.

Shamanism is often a part of the belief systems in these locals and this too is in keeping with the investigations of the essence of objects rather than the objects themselves. It is the shaman's role to act as a conduit between the seen and the unseen, to interpret the hidden, and to guide one along his or her own path towards the discovery of the ultimate reality: that I and the world are one.

It is through understanding the essence of the real that we come to that realization and Bob Nugent is the artistic shaman guiding our way.

próprias vidas. Não pretendem ser itens específicos que possamos desejar colher ou plantar, mas trampolins visuais para a verdadeira natureza desses objetos, e para as implicações que sua essência possa ter em nossas próprias vidas.

Não é por acidente que uma grade esmaecida delineie o segundo plano da obra, como se os objetos saltassem fora de um mundo com precisão euclidiana, um mundo de altura, profundidade e largura. Mas esses objetos não fazem mais parte da grade de linhas, estão livres, e espera-se que vejamos além de sua dimensão física e penetremos em sua verdadeira natureza.

Muito do trabalho de Nugent é inspirado por suas estadias no Brasil e outros lugares ao redor do mundo, alguns dos quais ainda estão miraculosamente mais alinhados com a natureza que a região maciçamente desenvolvida que ele chama de lar. Parte dessa relação com a natureza vem através das tradições desses destinos de inspiração artística.

O Xamanismo é comumente parte do sistema de crenças desses locais, e isso também se encaixa na investigação sobre a essência dos objetos, em lugar deles próprios. O papel do xamã é atuar como ligação entre o visível e o invisível, interpretar o oculto, e guiar-nos através de nossa trilha em direção à descoberta realidade definitiva: que eu e o mundo somos um.

É através do entendimento da essência do real que nos damos conta de que Bob Nugent é o xamã artístico que guia o nosso caminho.

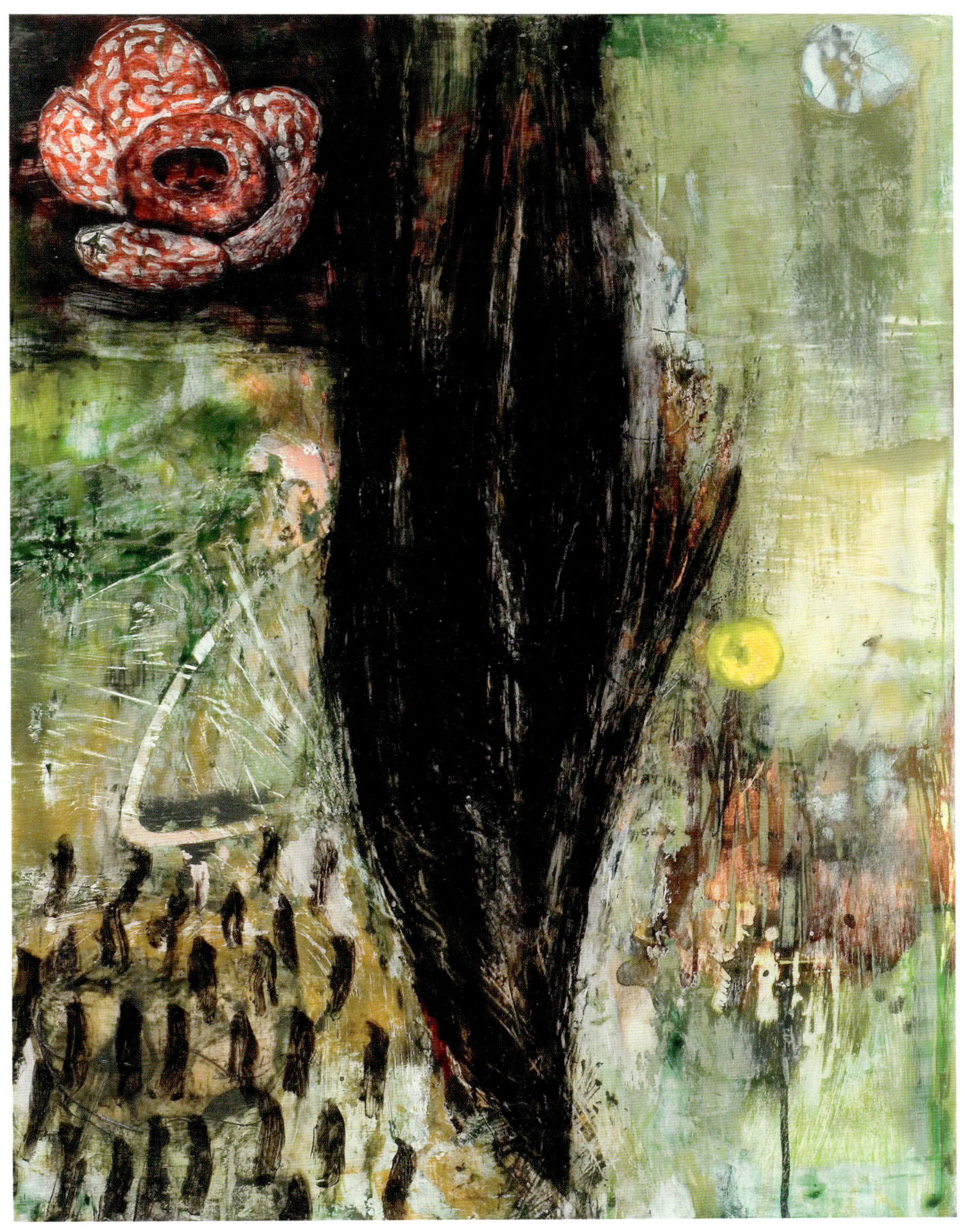

plate 52. *Pássaro*, 1994 | figura 52. *Pássaro*, 1994

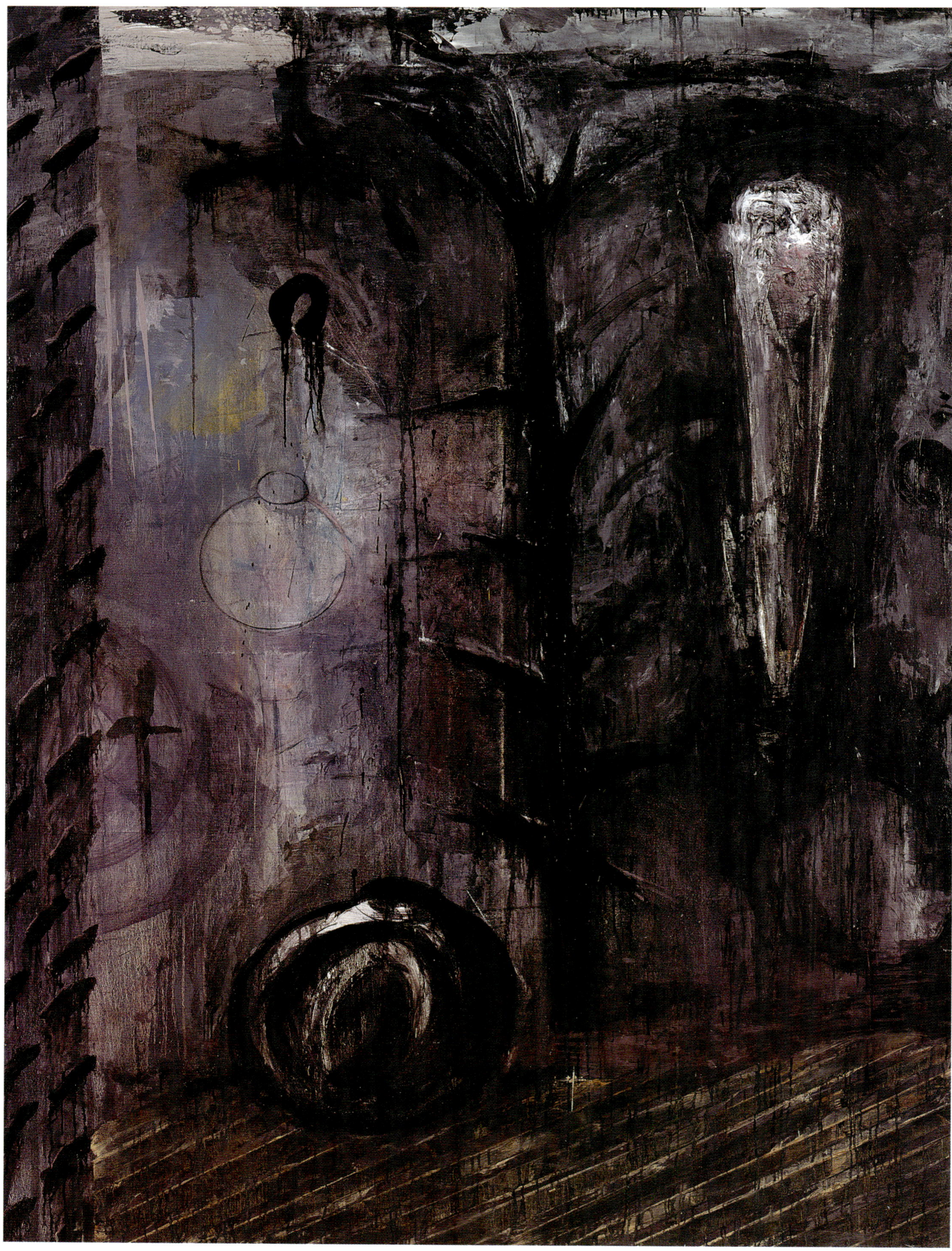



plate 53. *Cinza*, 1989 | figura 53. *Cinza*, 1989

# Artist's Statement | Declaração do Artista

BOB NUGENT, 2007

Brazil and the Amazon River Basin have been the subject and inspiration for my work for more than twenty-two years. Naturalistic forms resembling beehives, vertebrae, cocoons, anthills, plant forms and insects are spread across the surface of the work. The Amazon River is an apt metaphor for the act of churning up remembered objects and sights, gathered while traveling along its rough course.

The work transcribes a memory of these objects and impressions of what was seen and felt. In its flow, the river boils an object to the surface only to swallow it up again to resurface later. My palette is often subdued beneath a layer of darkness, suggesting mystery. These impressions are a memory of the river bound on both sides by a high, dark jungle; foreboding and beautiful. When the jungle takes you in, it takes you in whole.

In visiting the region three or four times a year I find that the landscape has many moods. These new paintings show the contrast and conflict between the beauty of the Amazon and its continued destruction. Modern man sees the rainforest as a tremendous resource and at the same time we are in the process of depleting it. Although the indigenous groups have lived harmoniously in that environment for generations, we cannot yet find the balance needed to protect this resource for the future.

O Brasil e a Bacia do Rio Amazonas têm sido o objeto e a inspiração do meu trabalho por mais de vinte e dois anos. Formas naturalistas semelhantes a colméias, vértebras, casulos, formigueiros, formas de plantas e insetos estão dispersas na superfície do meu trabalho. O Rio Amazonas é uma metáfora apropriada para o ato de desenterrar memórias de objetos e visões, colhidos em viagens através de seu curso acidentado.

Meu trabalho transcreve a memória desses objetos e as impressões do que foi visto e sentido. No seu fluir, o rio traz um objeto para a superfície, para em seguida engoli-lo novamente e fazê-lo ressurgir mais à frente. Minha palheta fica muitas vezes tolhida sob uma camada de escuridão, sugerindo mistério. Estas impressões constituem a memória de um rio contido em ambas os lados por uma floresta alta e escura; intimidante e linda. Quando a floresta abraça você, ela o abraça como um todo.

Visitando a região três ou quatro vezes por ano, constato que a paisagem tem diversos humores. Estas novas pinturas mostram o contraste e o conflito entre a beleza da Amazônia e sua permanente destruição. O homem moderno vê a floresta como uma enorme riqueza—mas ao mesmo tempo testemunhamos seu esgotamento. Diferentemente dos grupos indígenas, que ali vivem em harmonia há gerações, nós ainda não conseguimos encontrar o equilíbrio necessário que proteja esta riqueza para o futuro.

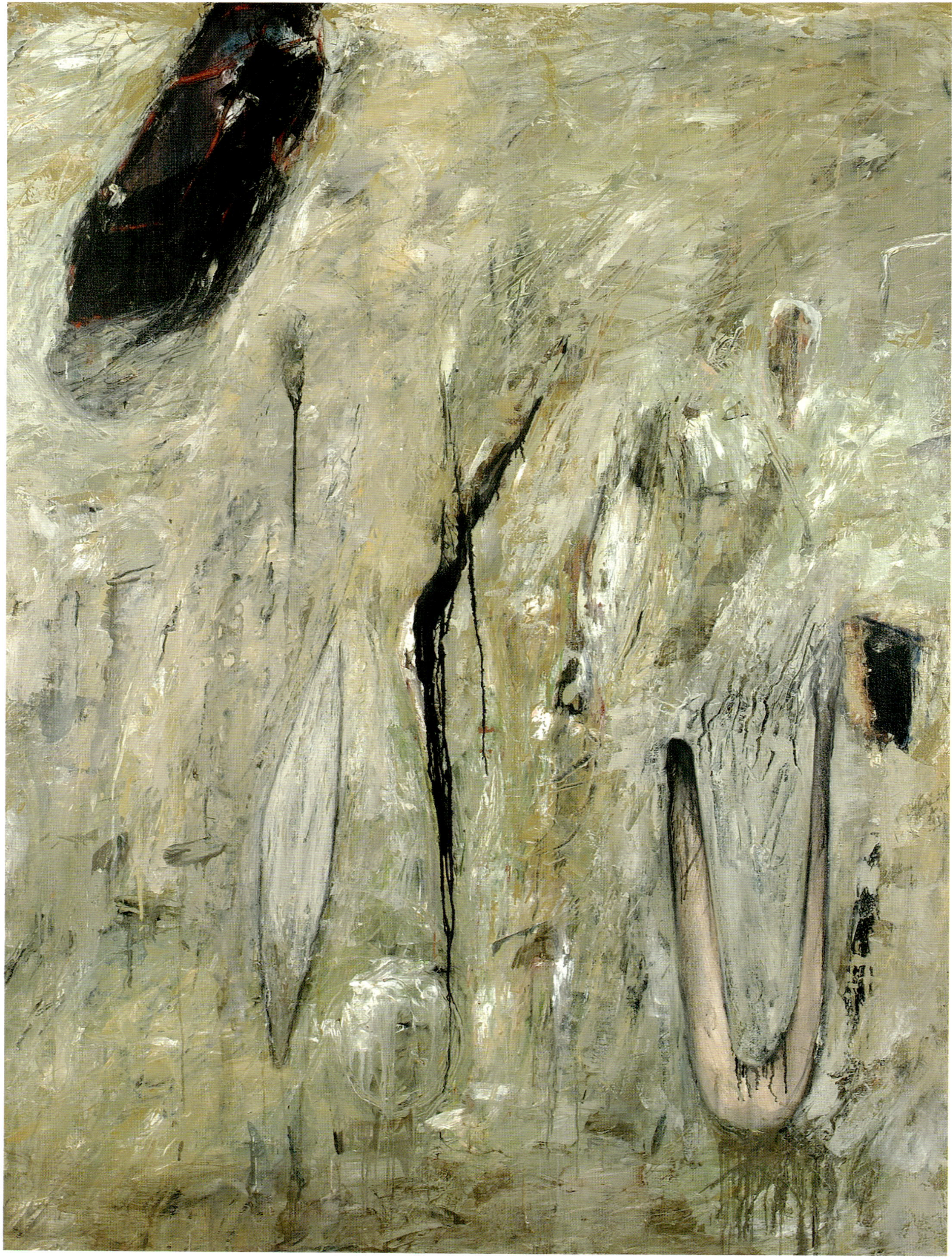

plate 54. *Amazonas, Madrugada*, 1989 | figura 54. *Amazonas, Madrugada*, 1989

## Paintings | Pinturas

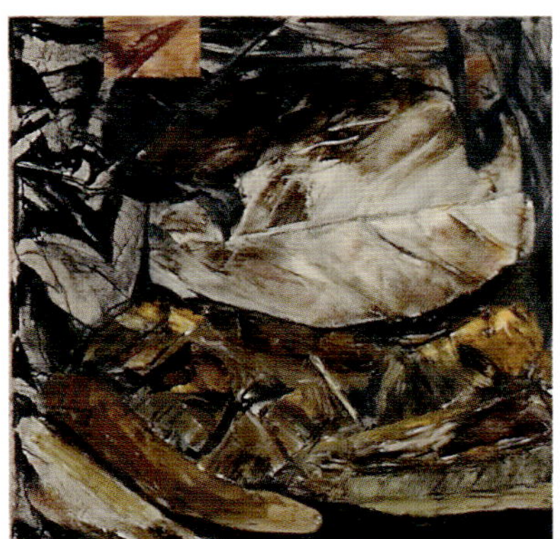

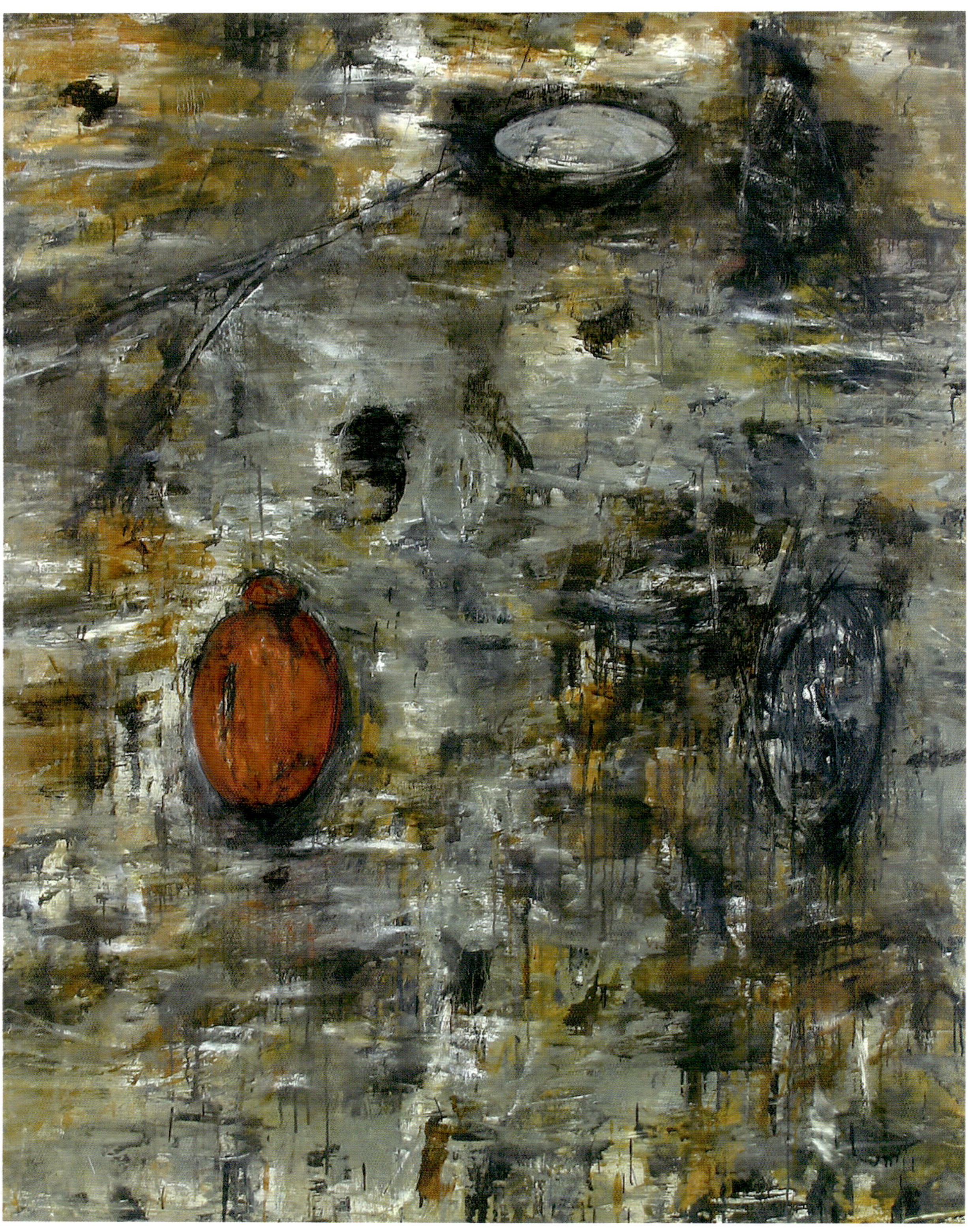



plate 55. *Enchente III*, 1989 | figura 55. *Enchente III*, 1989

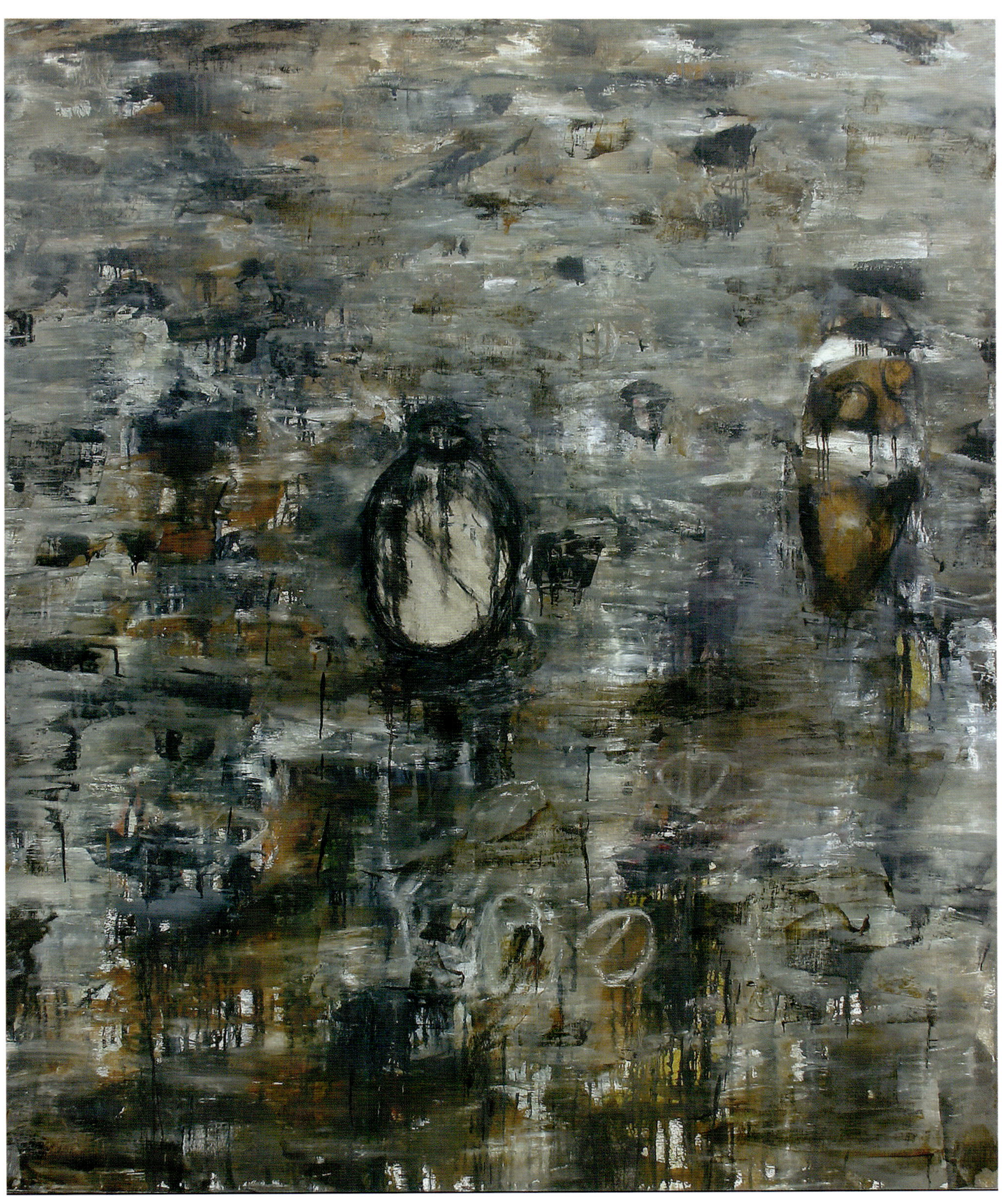

plate 56. *Enchente IV*, 1989 | figura 56. *Enchente IV*, 1989

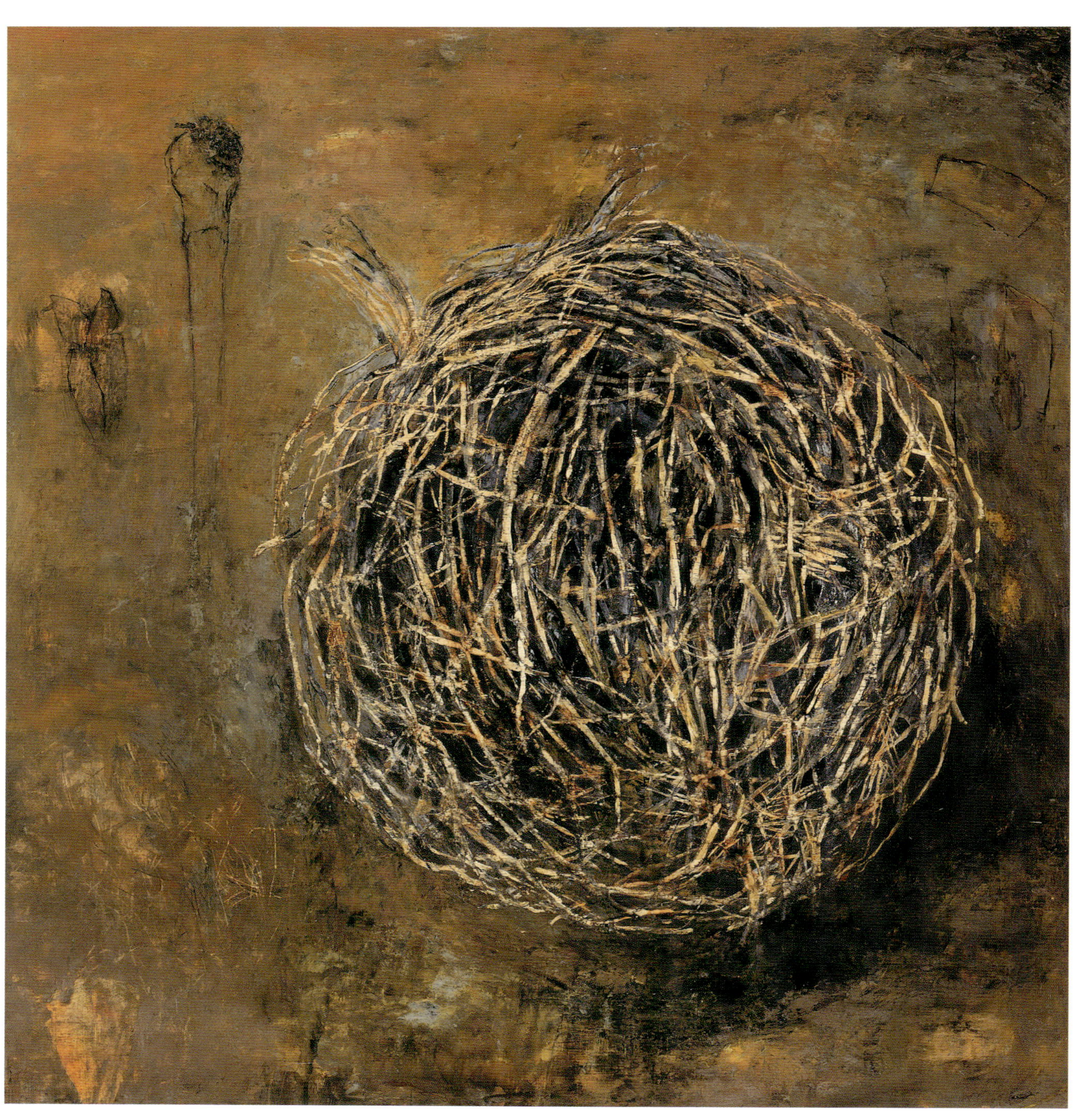

plate 57. *Rootball*, 1997 | figura 57. *Bola de Raízes*, 1997

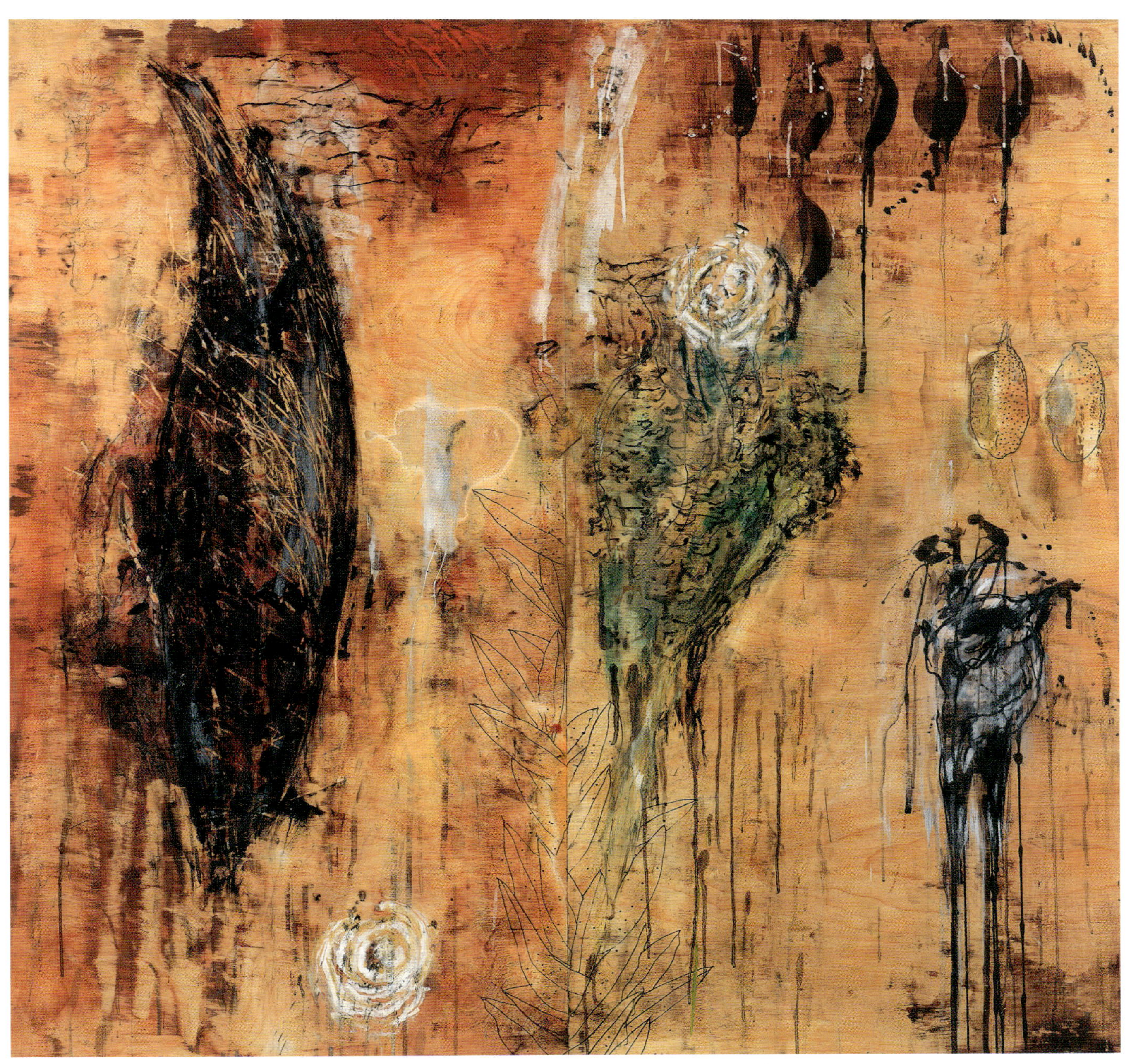

plate 58. *Urucu*, 1993 | figura 58. *Urucu*, 1993

plate 59. *Tsitsica*, 1993 | figura 59. *Tsitsica*, 1993

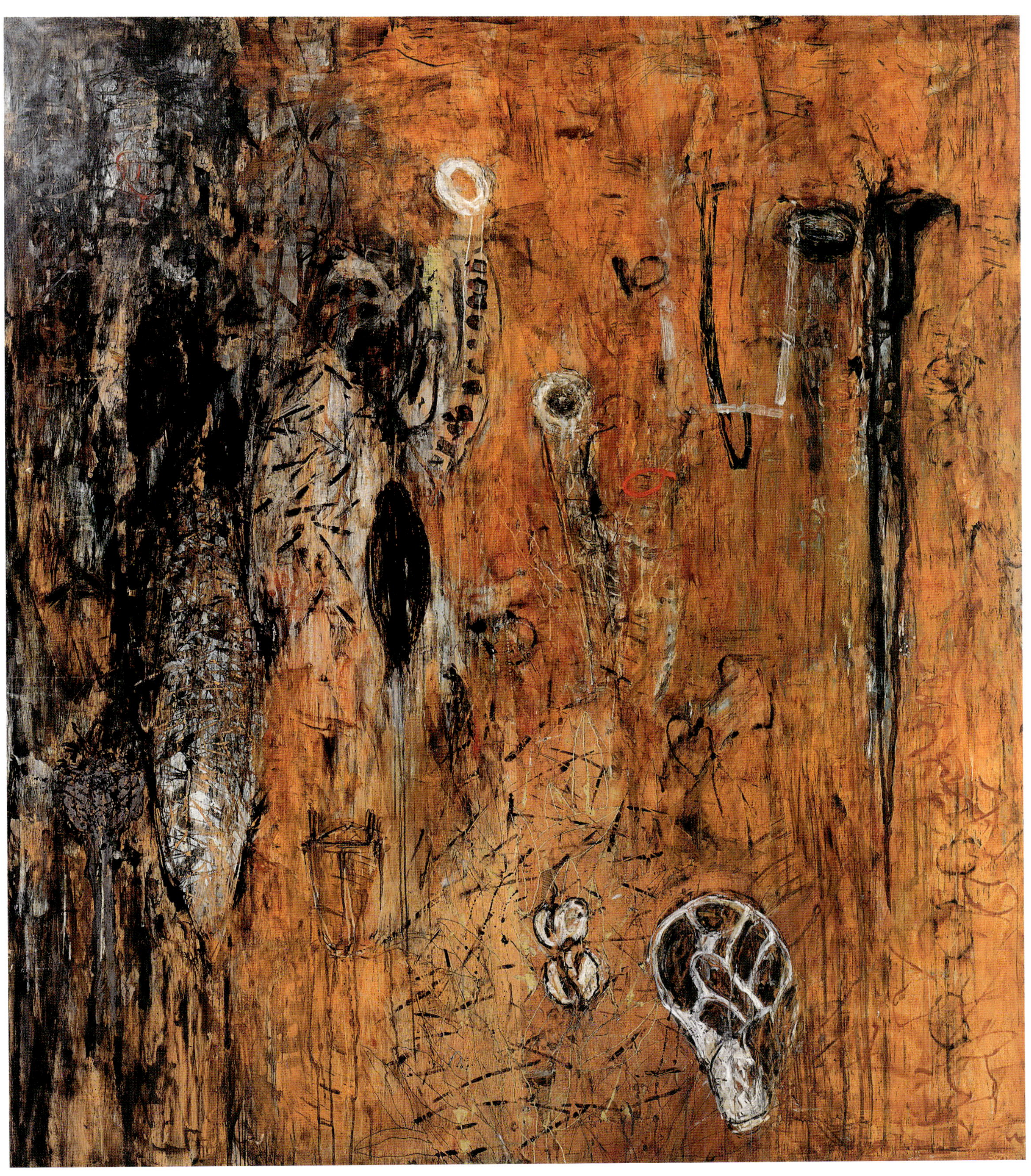

plate 60. *Botão*, 2000 | figura 60. *Botão*, 2000

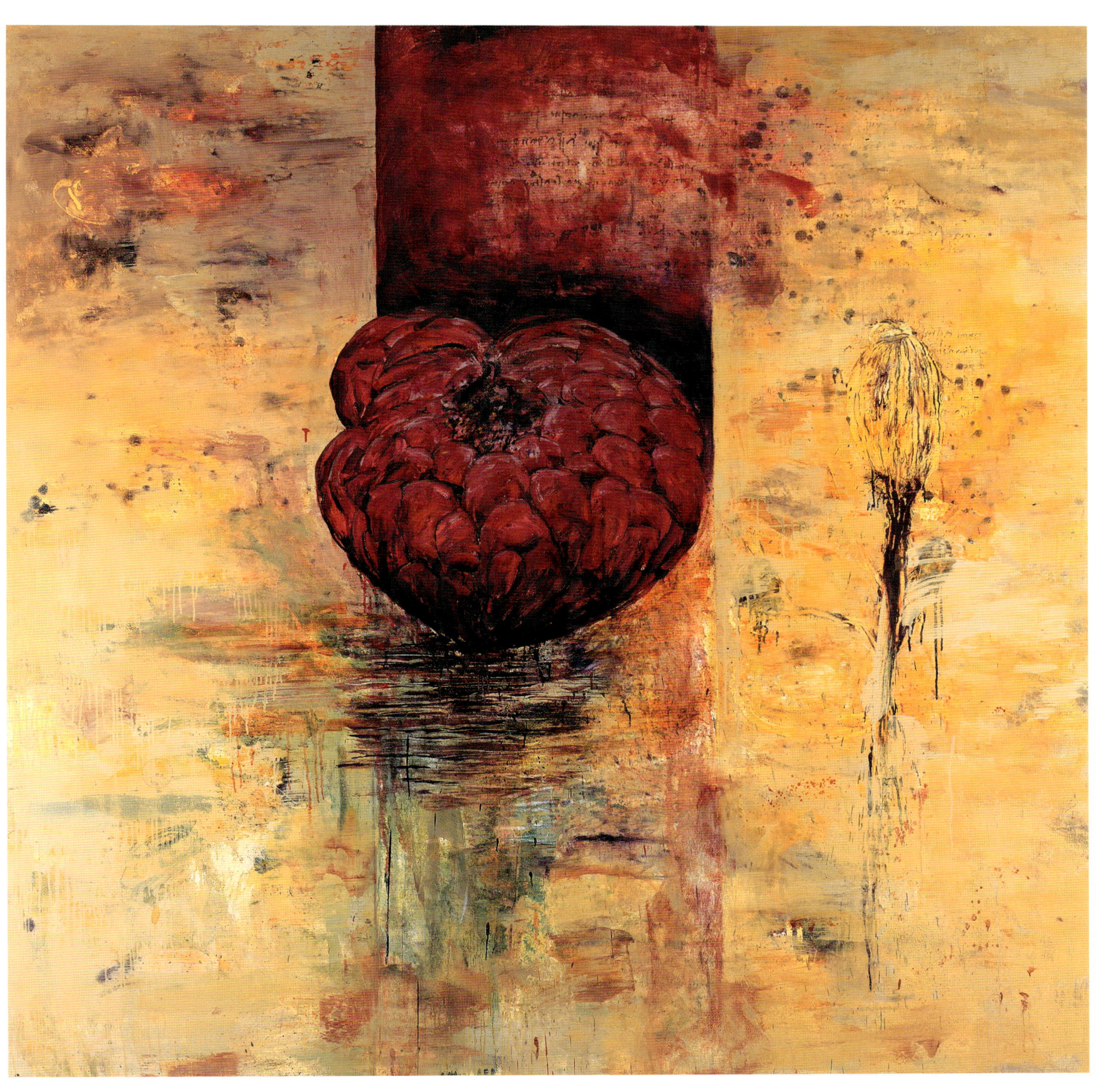

plate 61. *Romaria*, 2001 | figura 61. *Romaria*, 2001

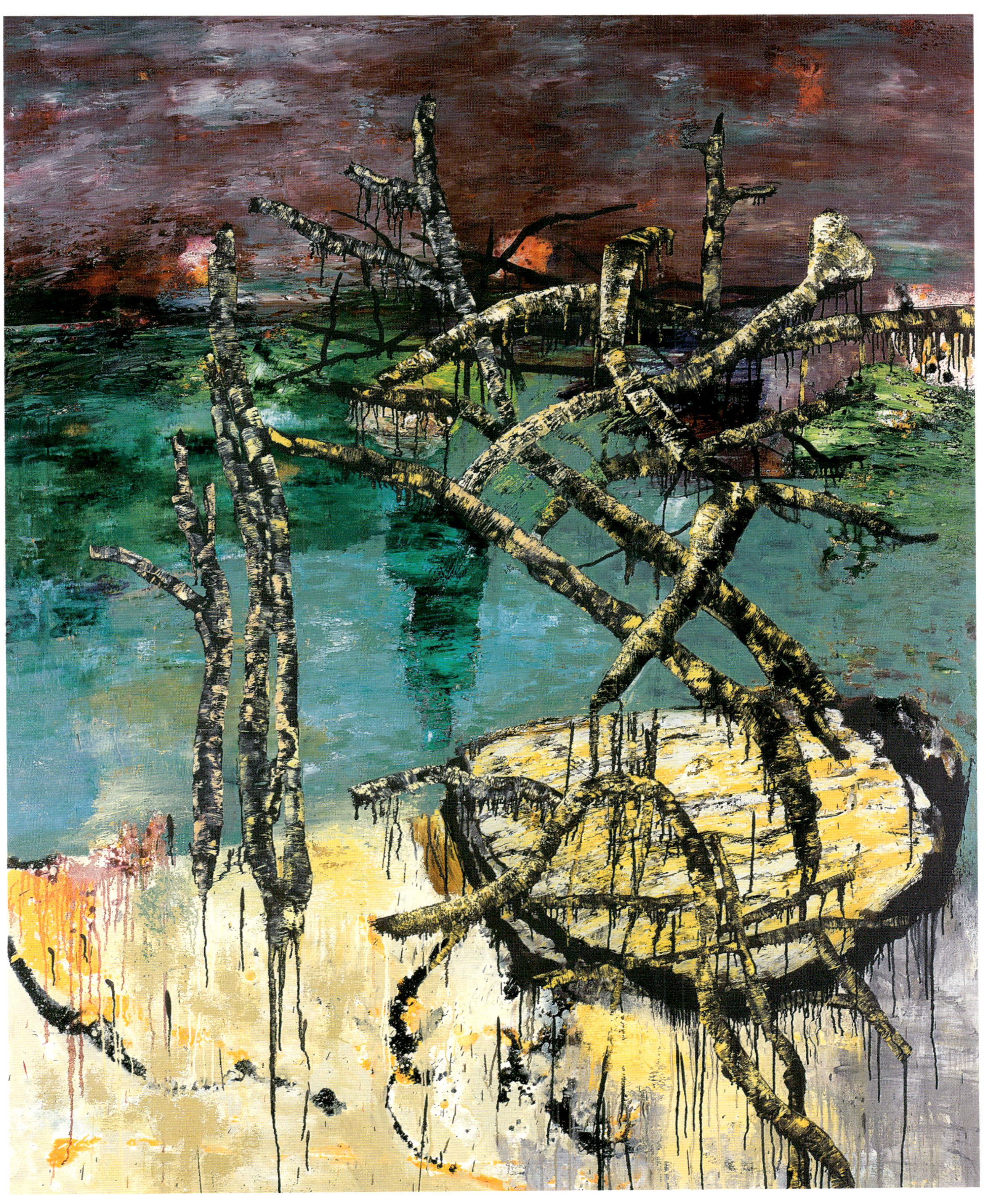

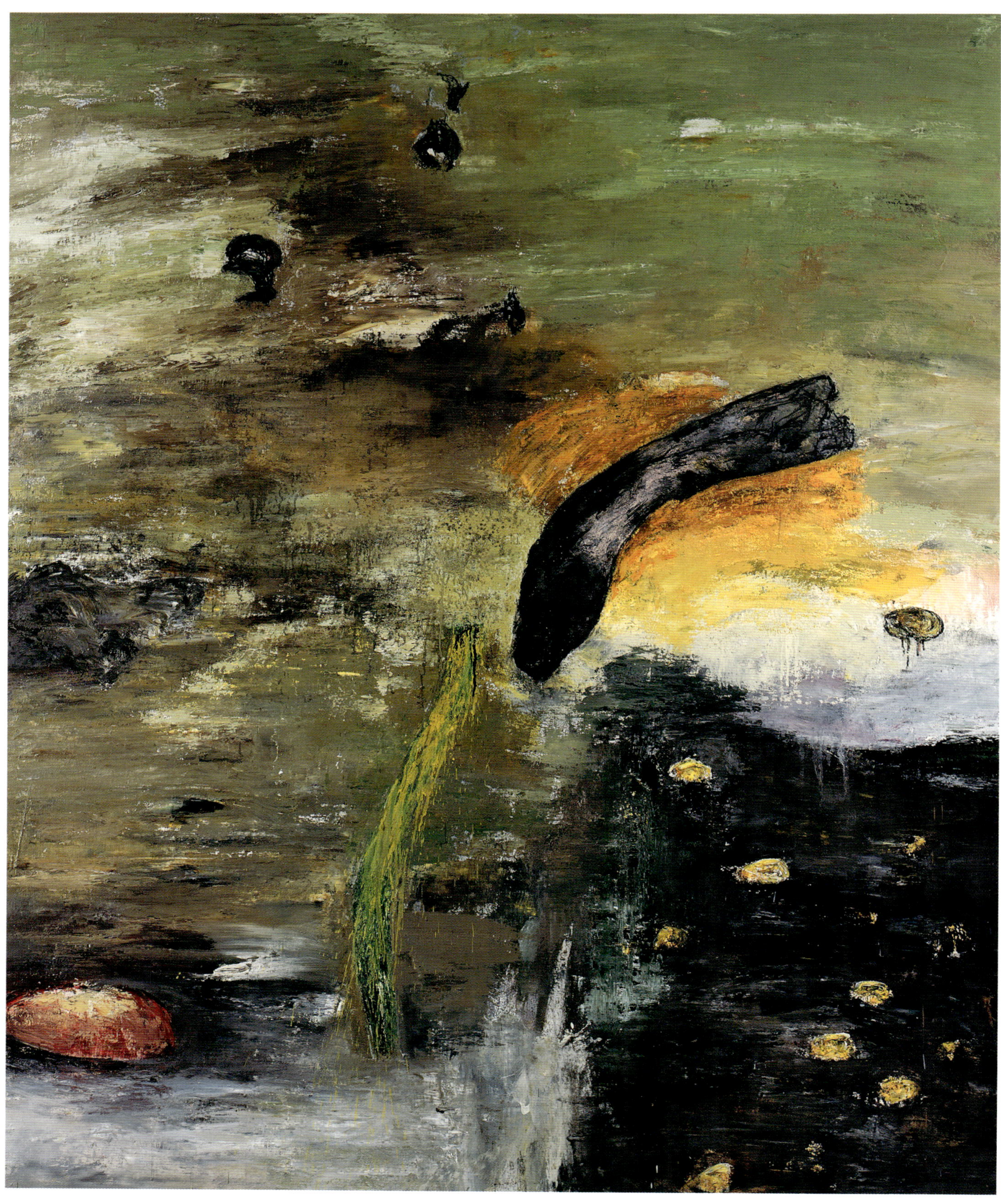

plate 62. *Inundação*, 2000 | figura 62. *Inundação*, 2000

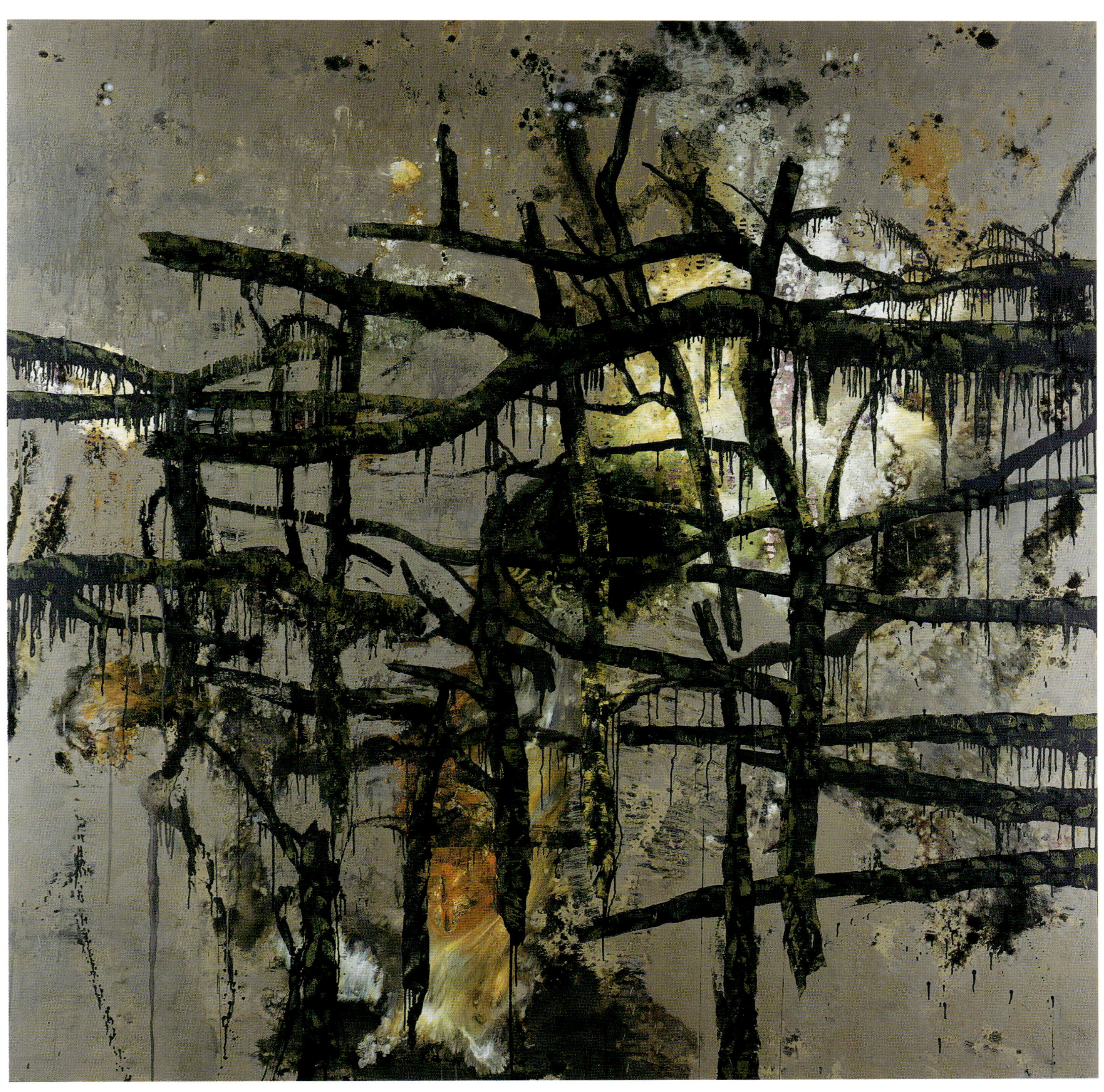

plate 63. *Tolbido*, 2001 | figura 63. *Tolbido*, 2001

plate 64. *Trançado,* 2000 | figura 64. *Trançado,* 2000

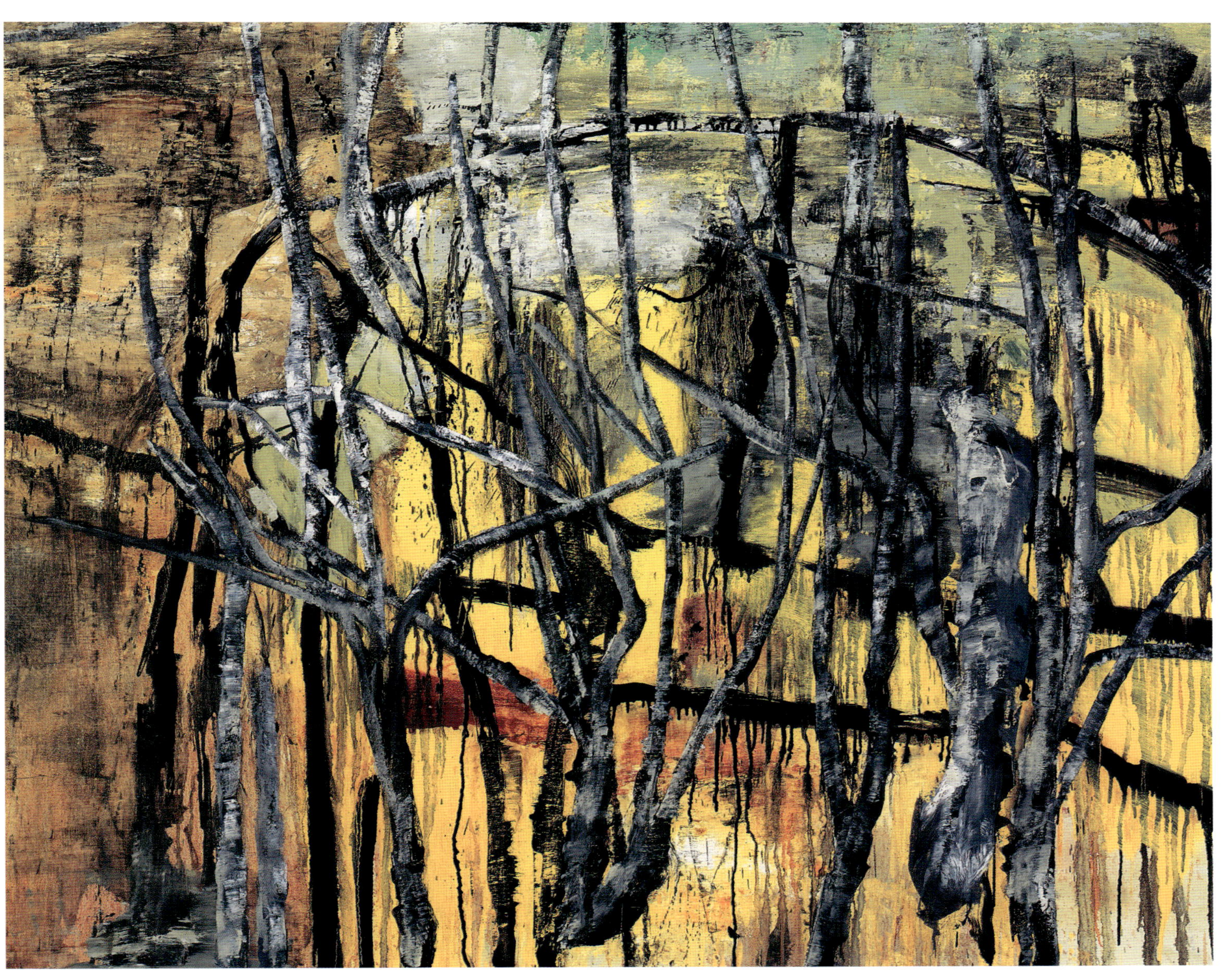

plate 65. *Névoa*, 2002 | figura 65. *Névoa*, 2002

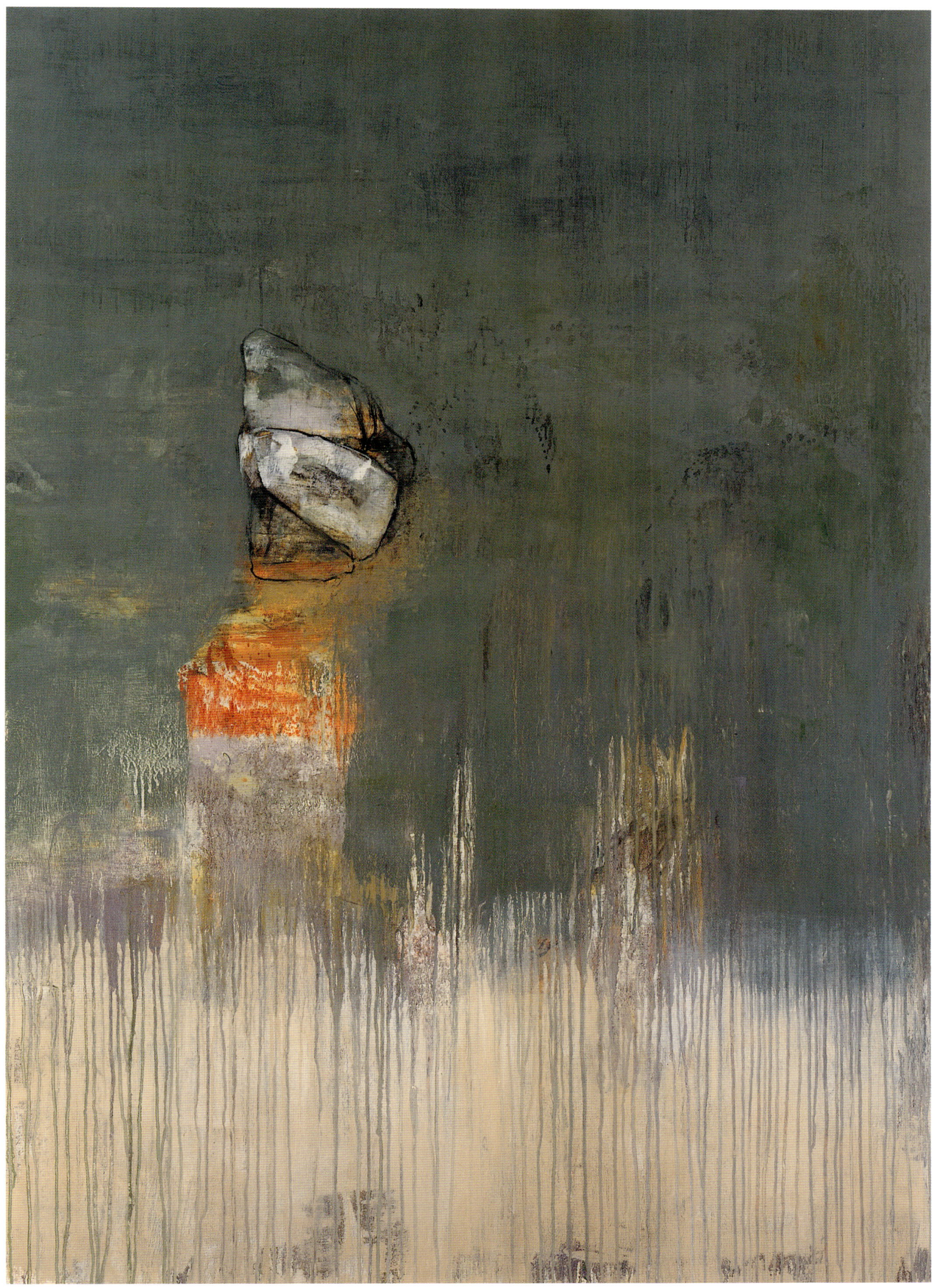

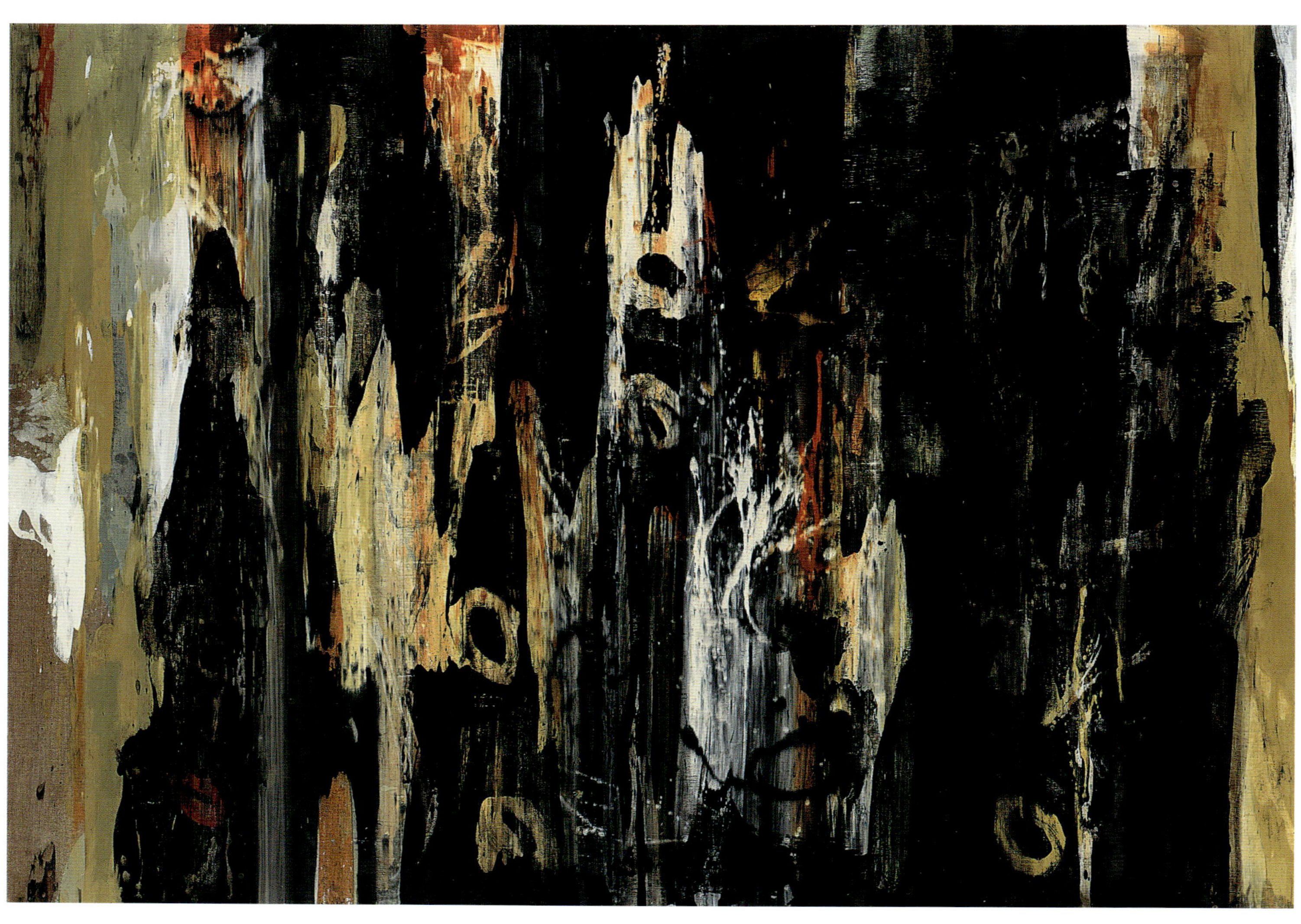



plate 66. *Mágico*, 2002 | figura 66. *Mágico*, 2002

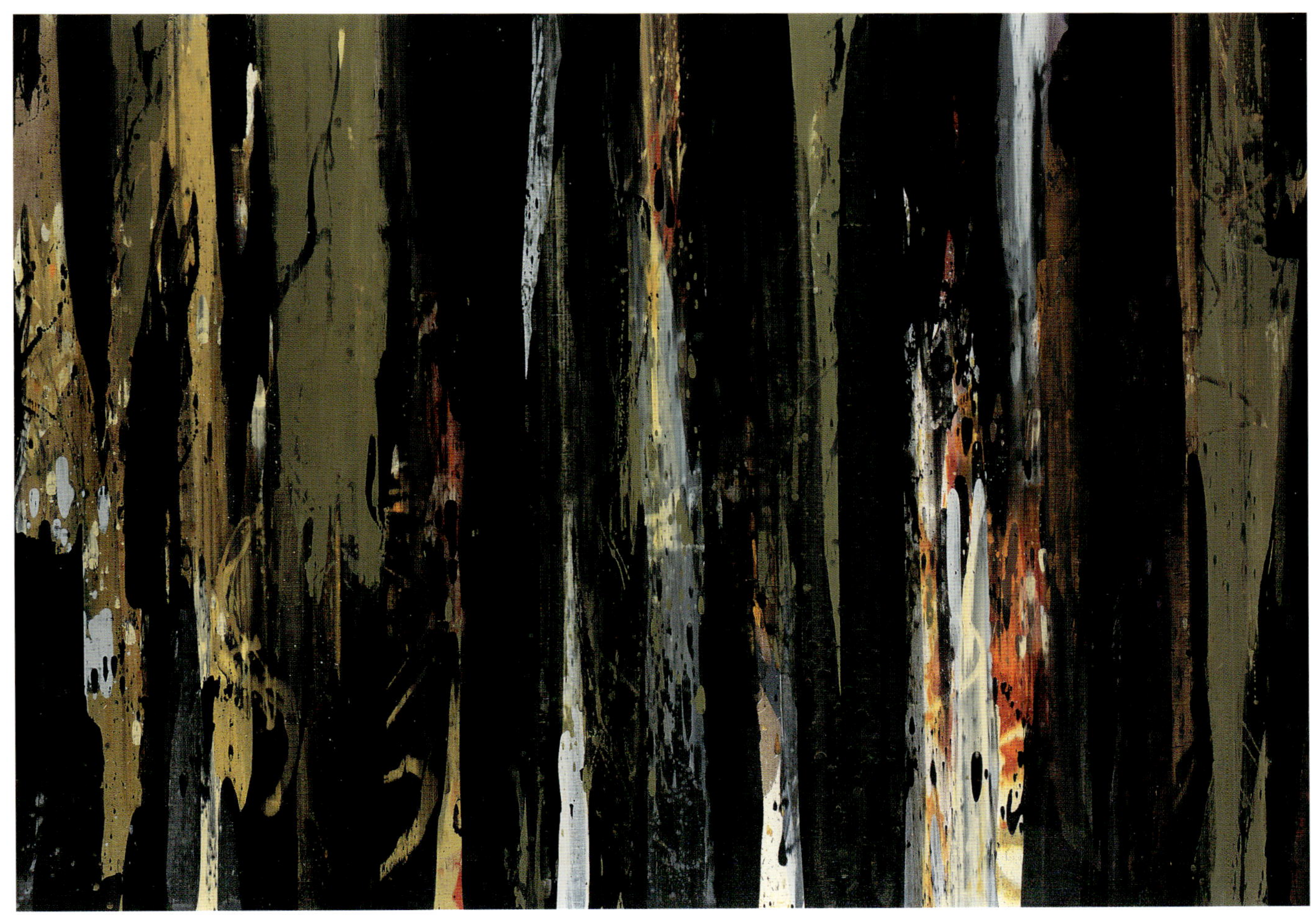

plate 67. *Pica Pau*, 2002 | figura 67. *Pica Pau*, 2002

plate 68. *Enchente*, 2000 | figura 68. *Enchente*, 2000

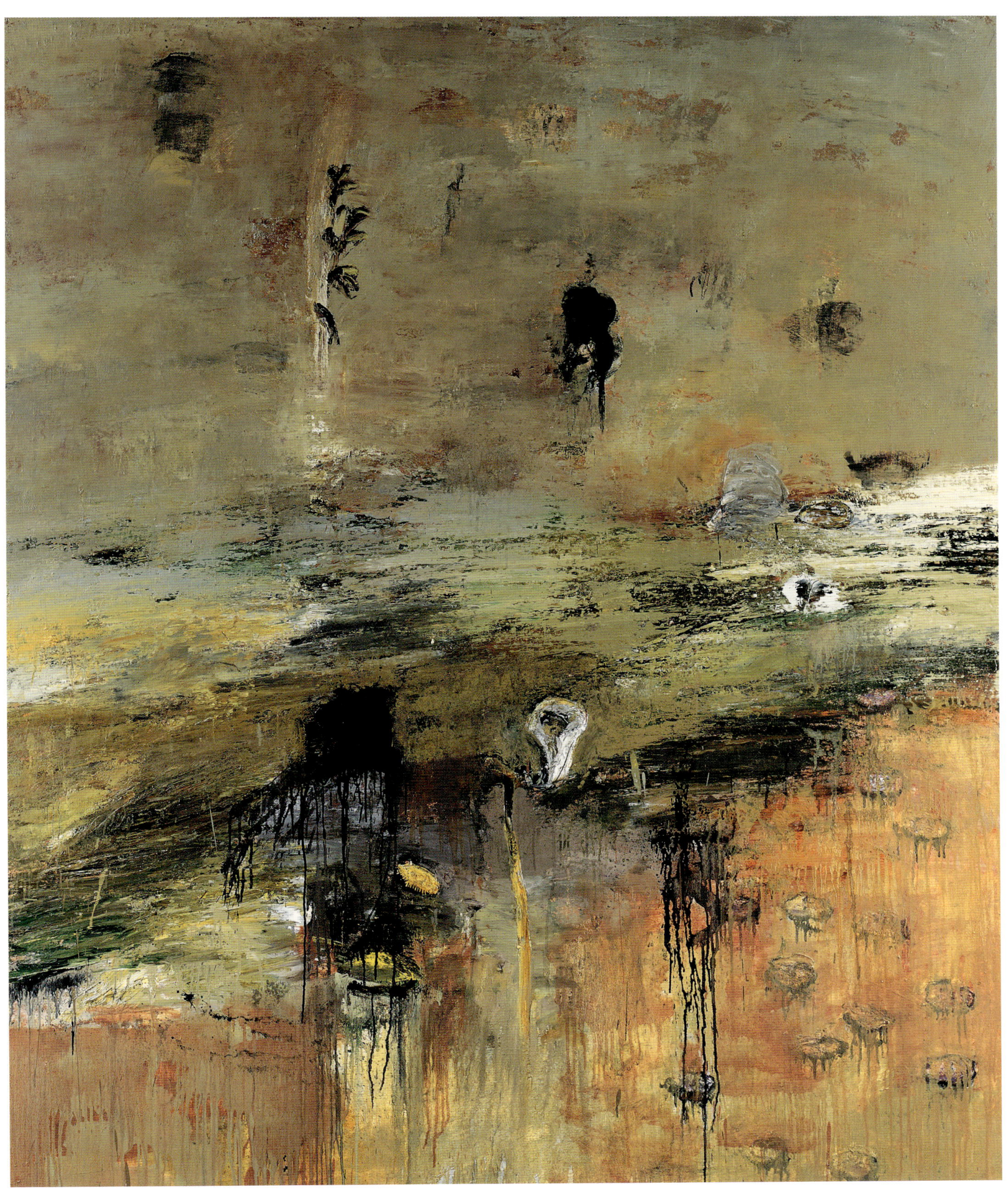

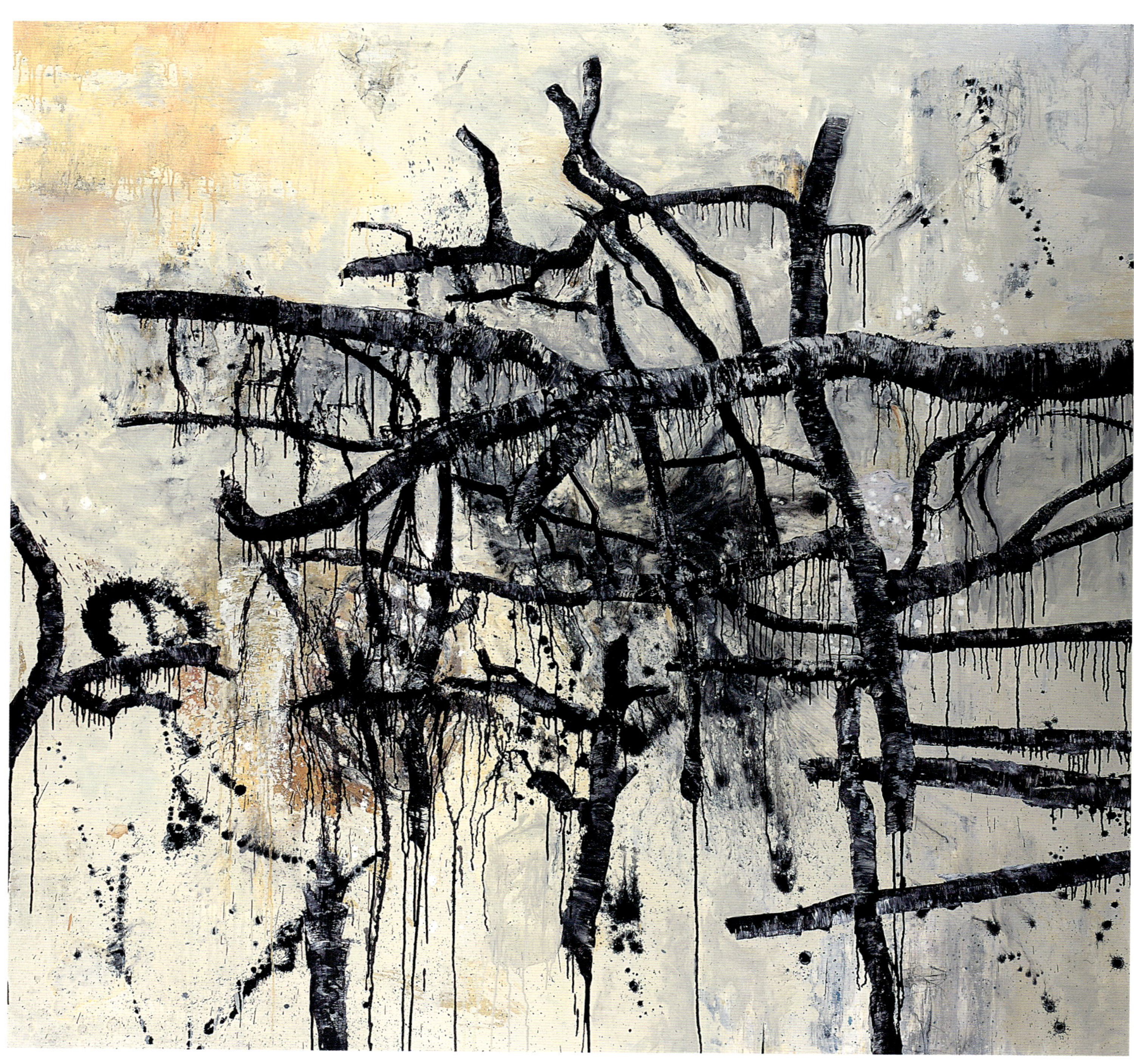

plate 69. *Obstante*, 2001 | figura 69. *Obstante*, 2001

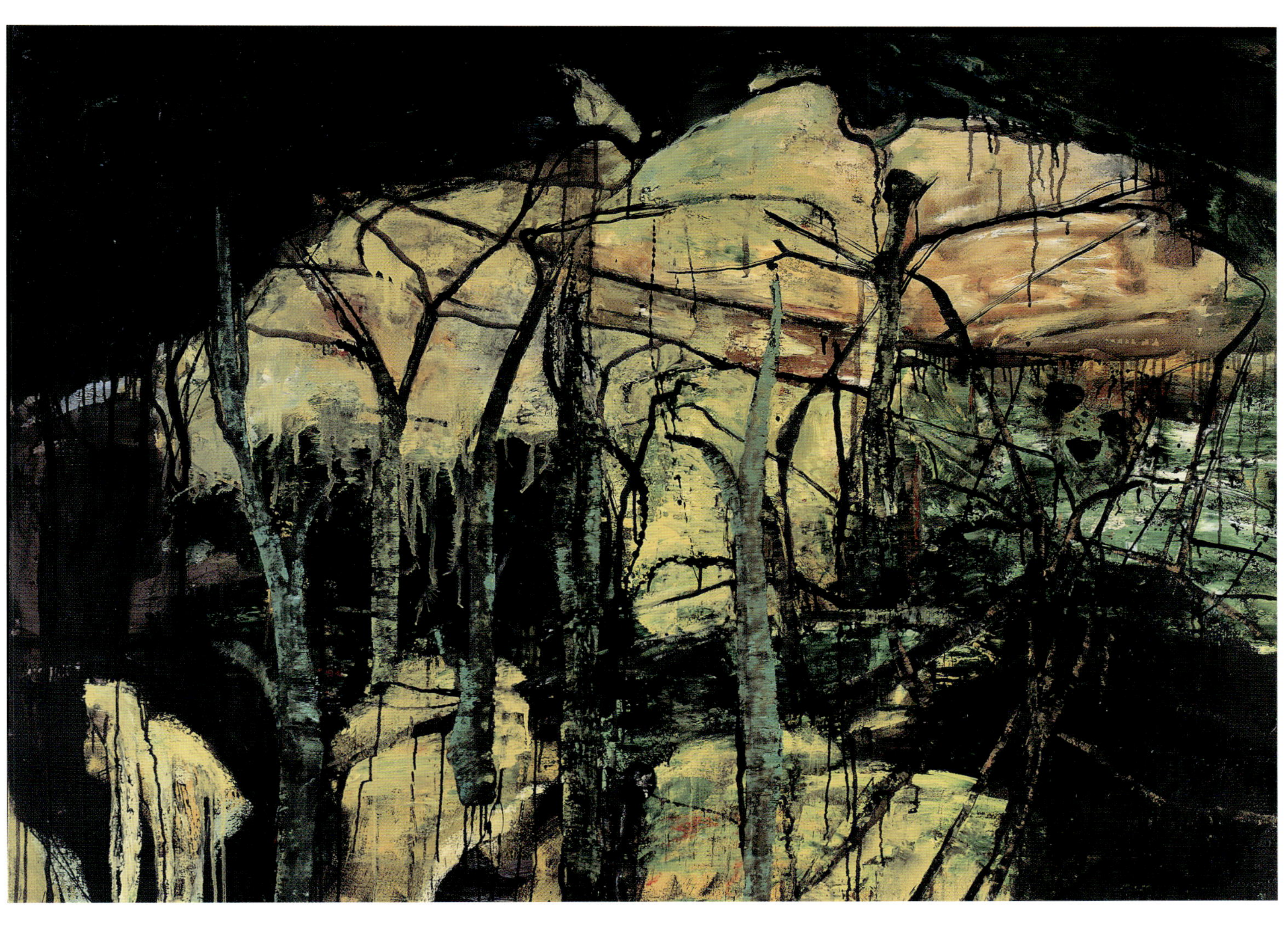

plate 70. *Abrigo*, 2001 | figura 70. *Abrigo*, 2001

plate 71. *Ilhéus*, 2003 | figura 71. *Ilhéus*, 2003

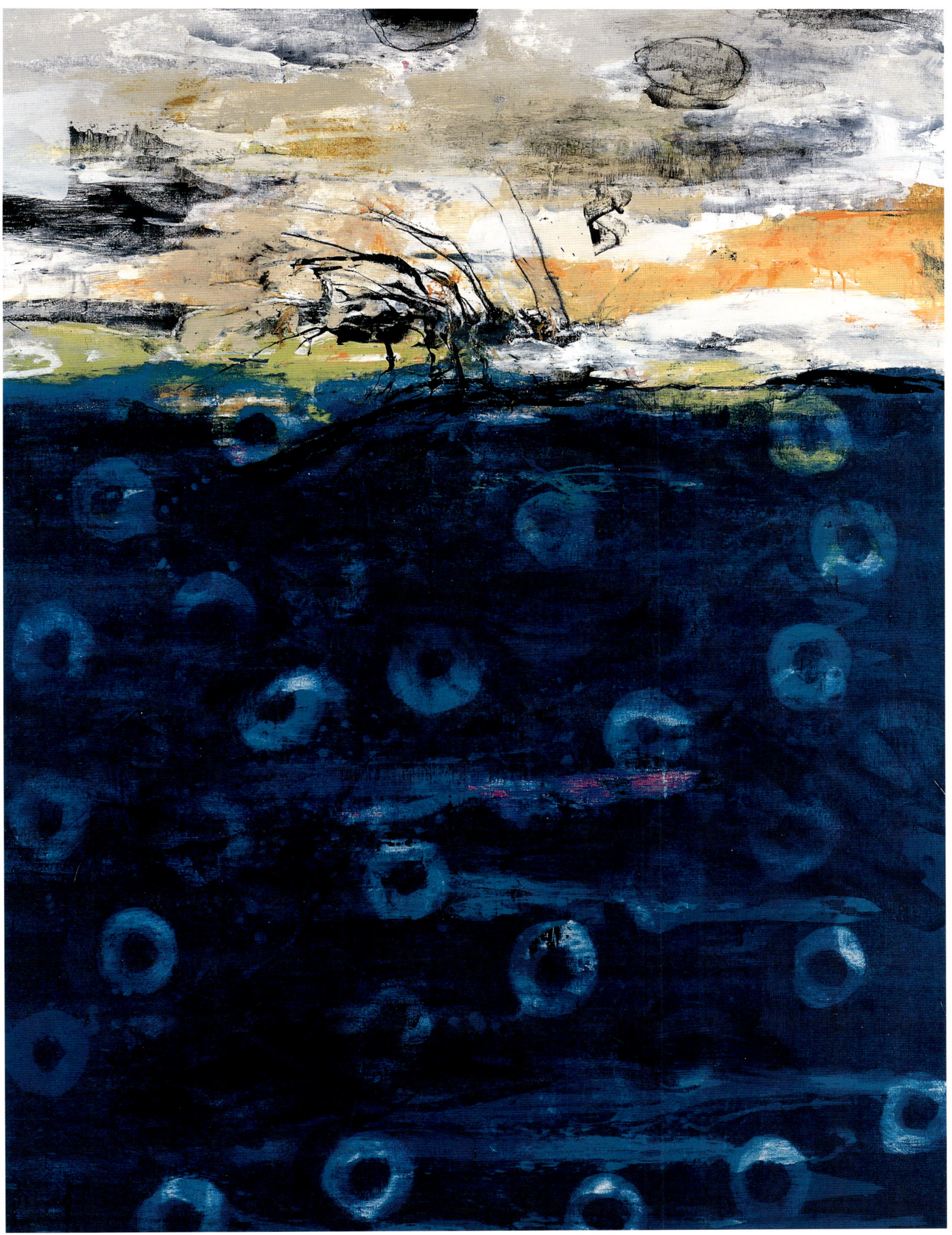

plate 72. *Lameiro*, 2002 | figura 72. *Lameiro*, 2002

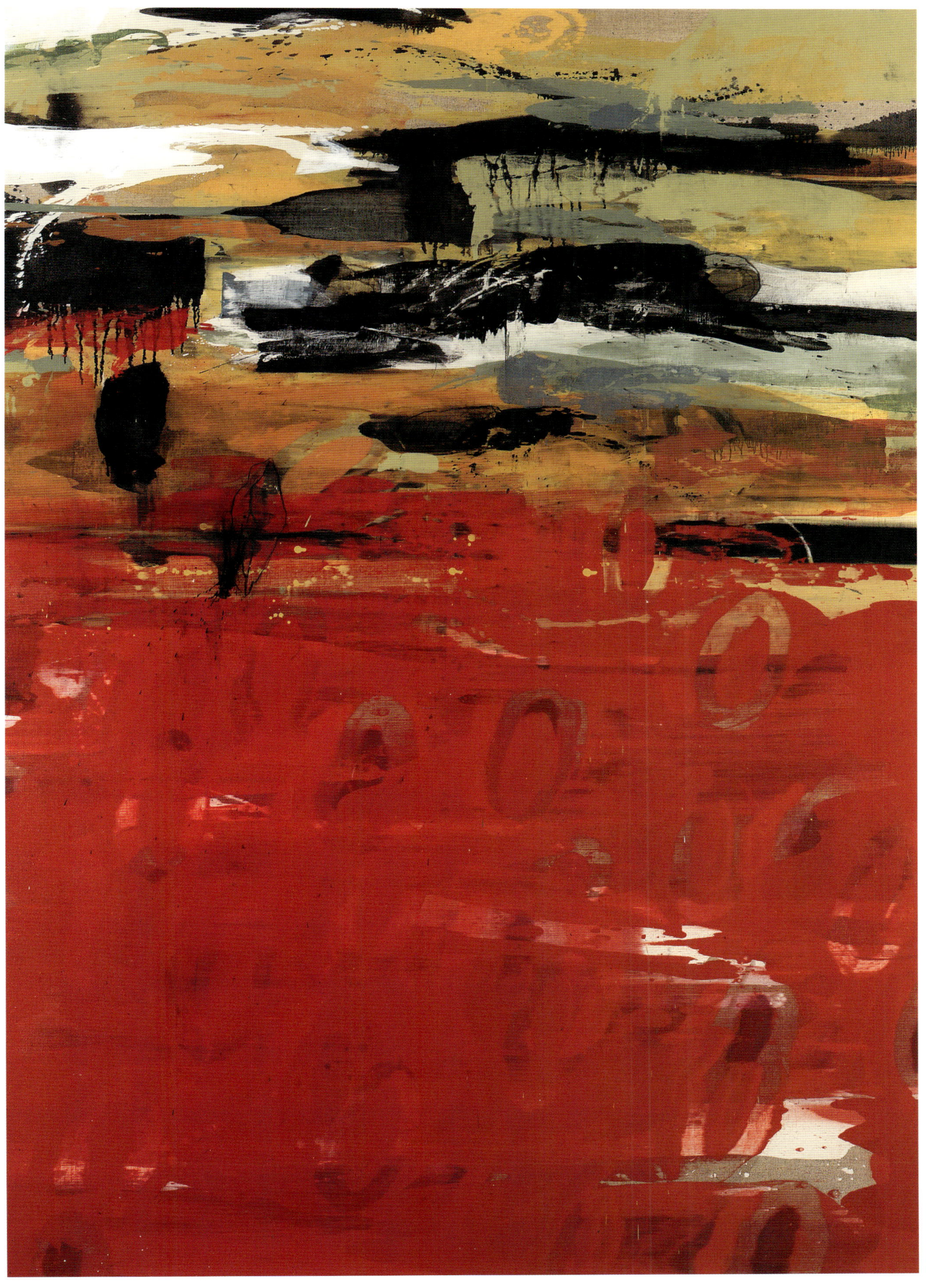

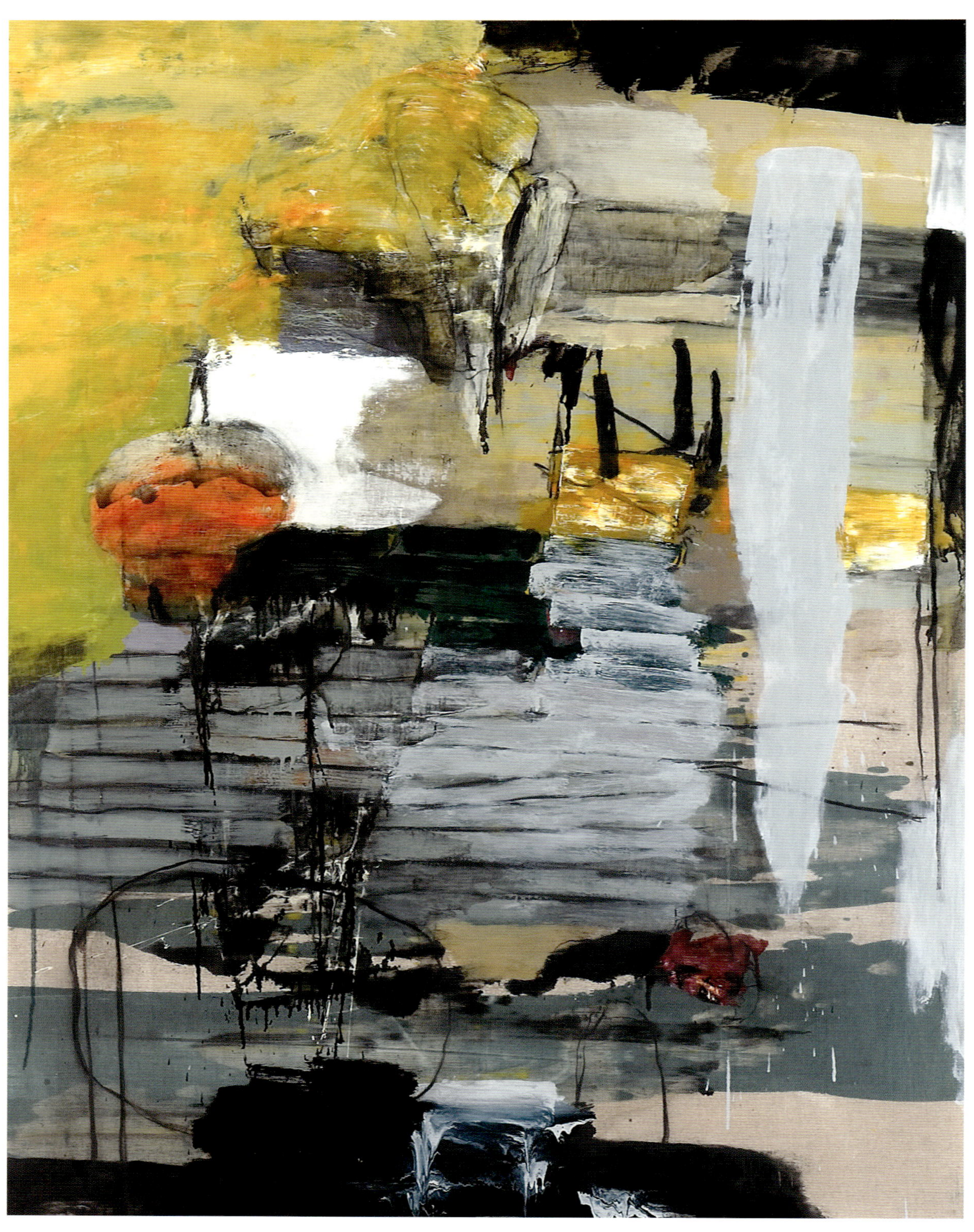

plate 73. *Waipa*, 2004 | figura 73. *Waipa*, 2004

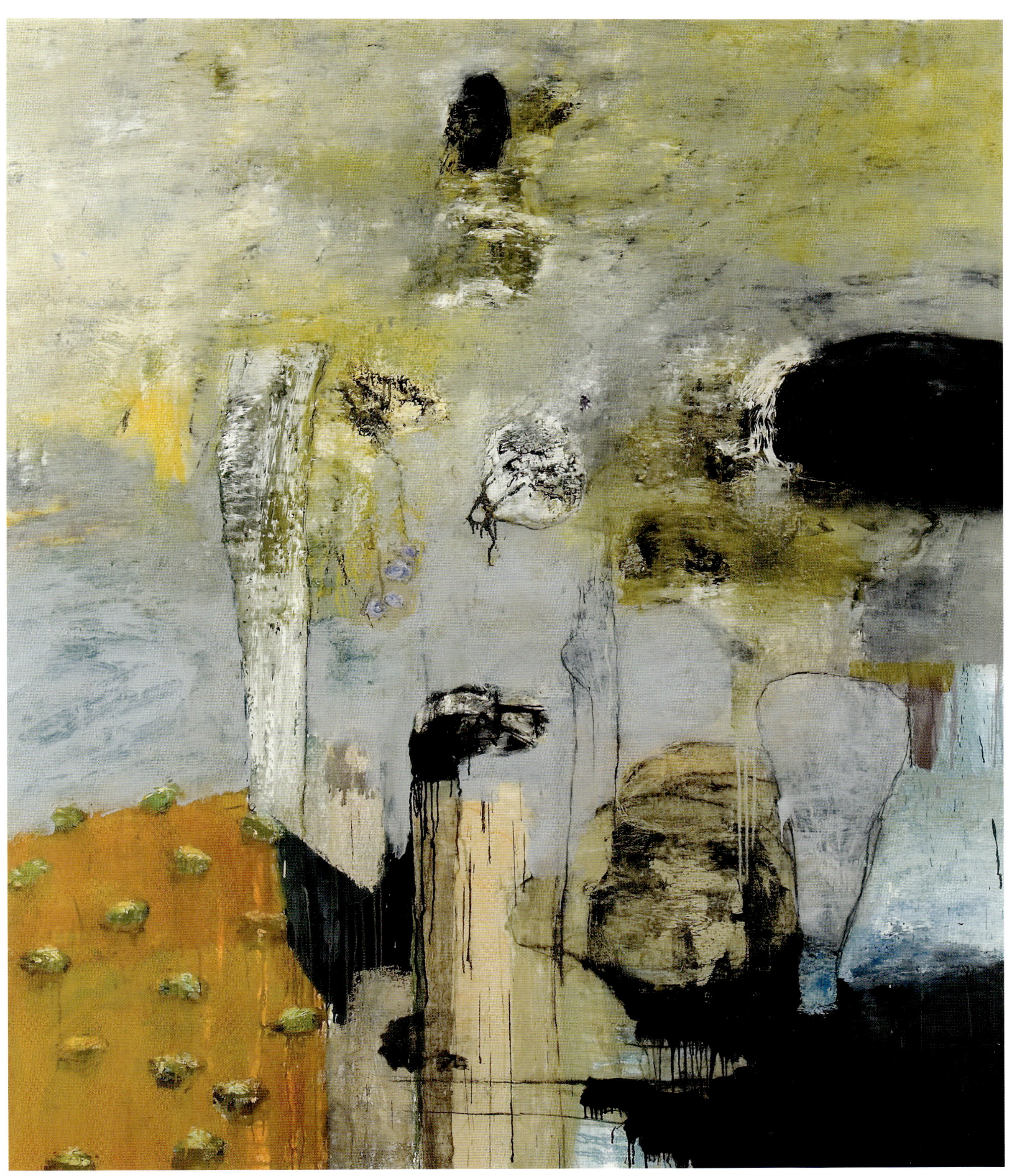

plate 74. *Sertão*, 2002 – 2004 | figura 74. *Sertão*, 2002 – 2004

plate 75. *Oeste*, 2002 – 2004 | figura 75. *Oeste*, 2002 – 2004

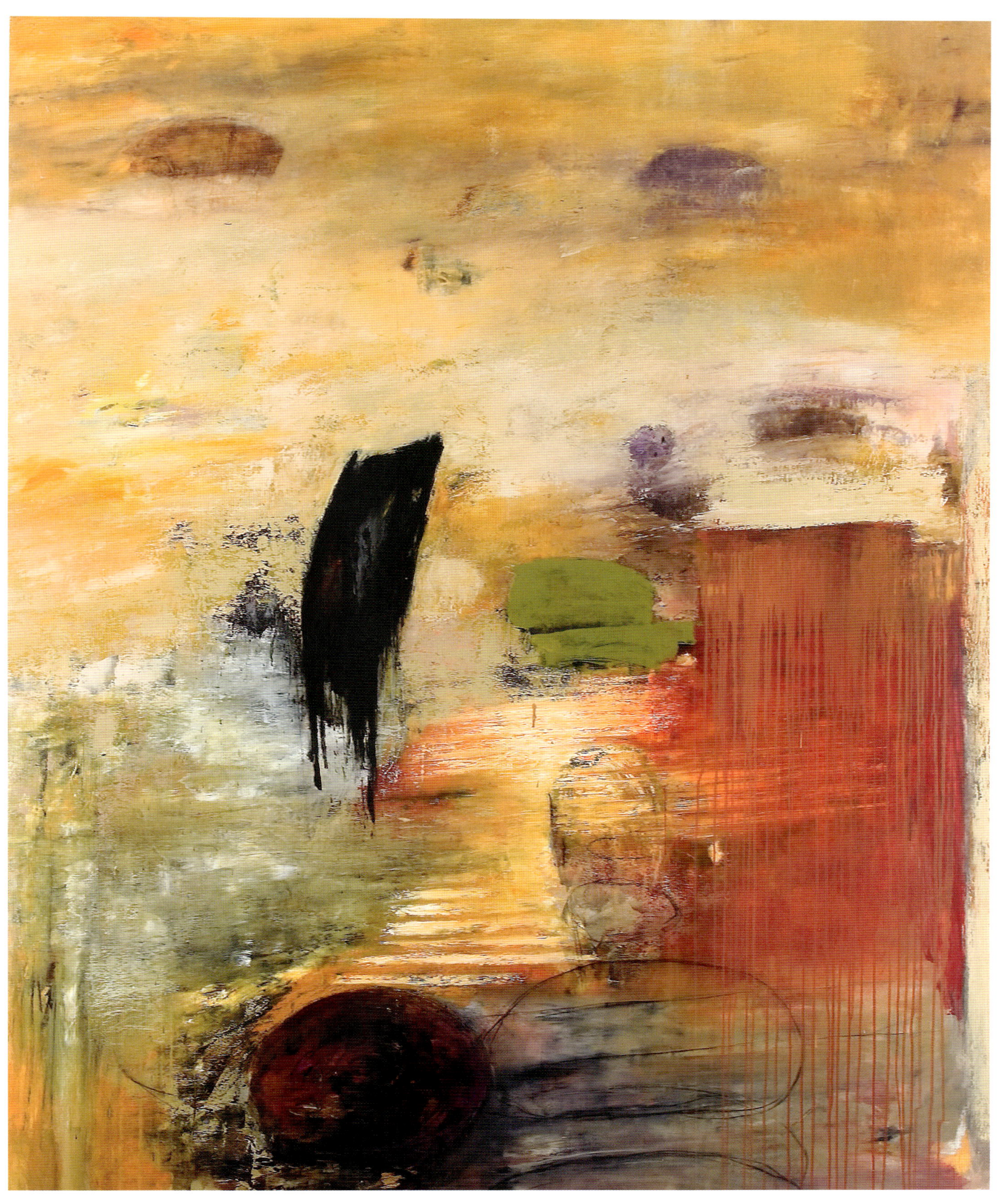

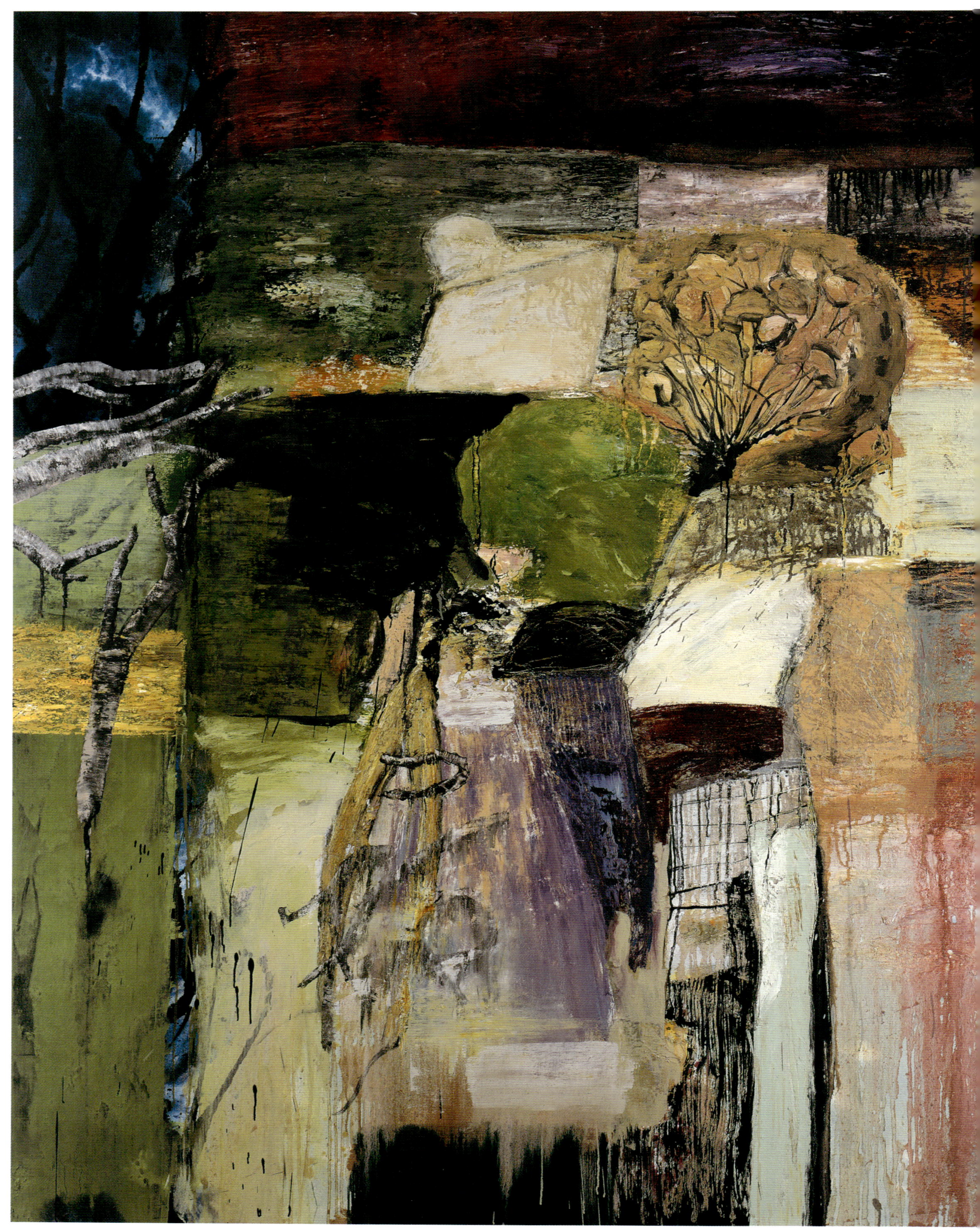

plate 76. *Quebra-Cabeça* (Diptych), 2002 | figura 76. *Quebra-Cabeça* (Díptico), 2002

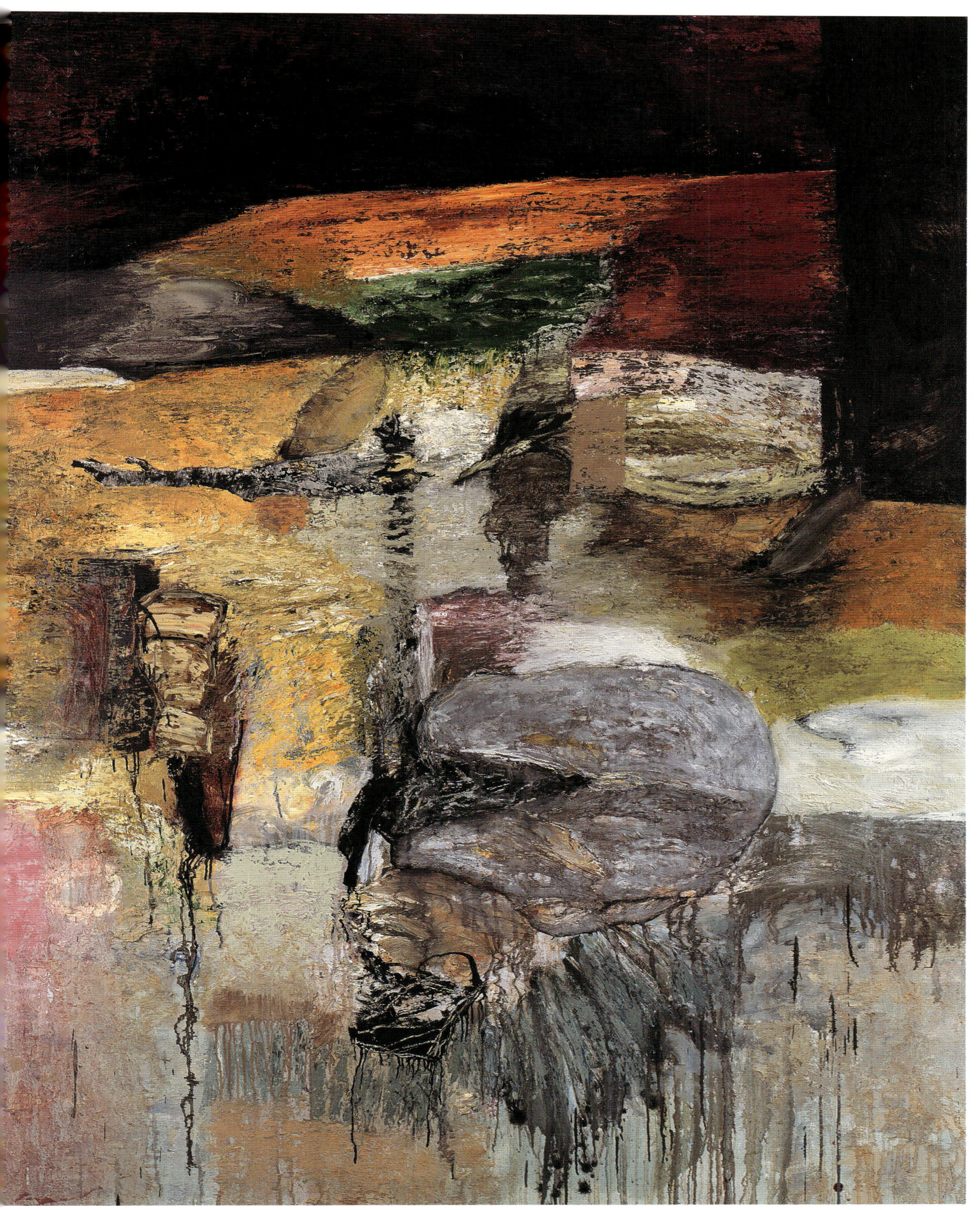

plate 77. *Partida*, 2001 | figura 77. *Partida*, 2001

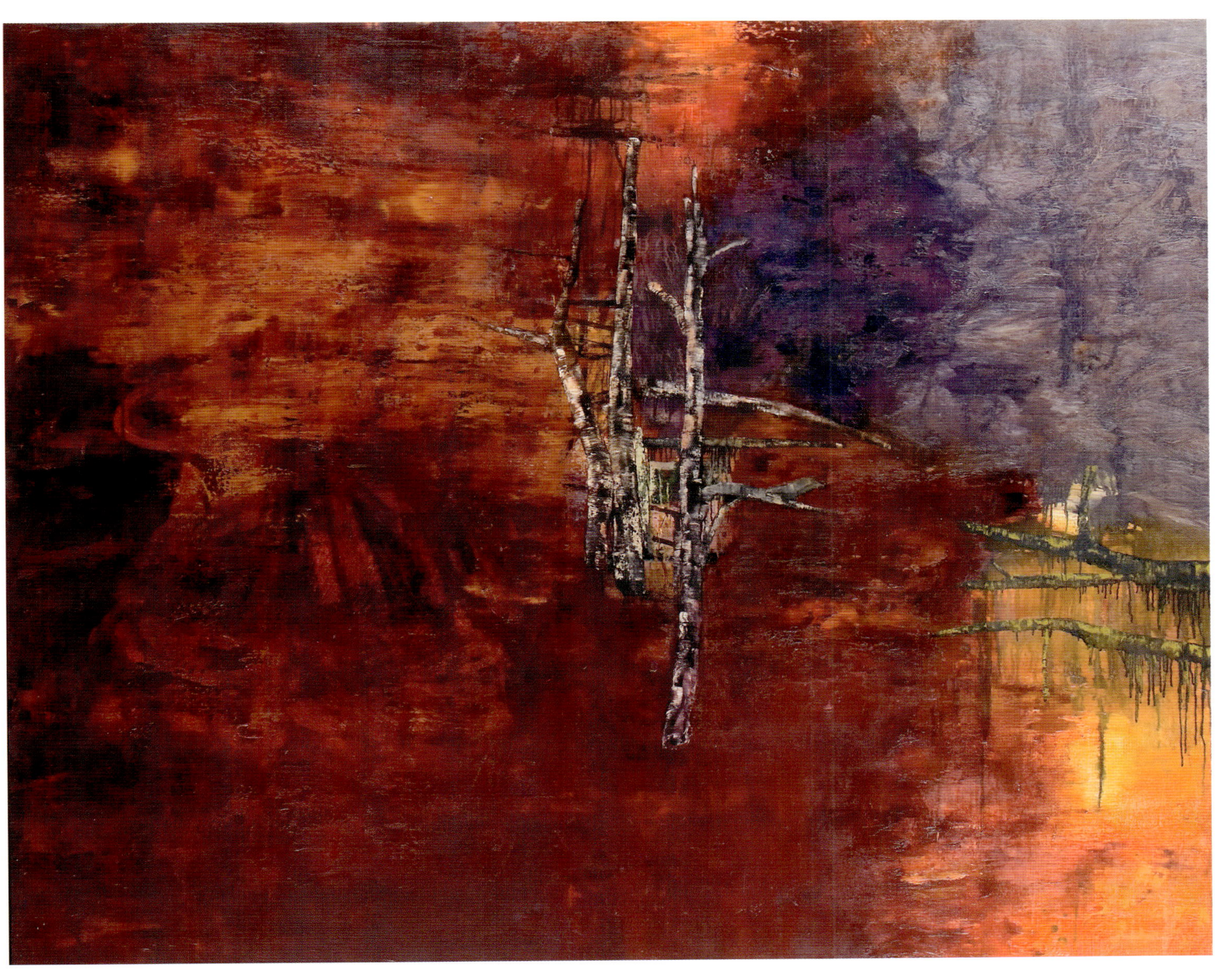

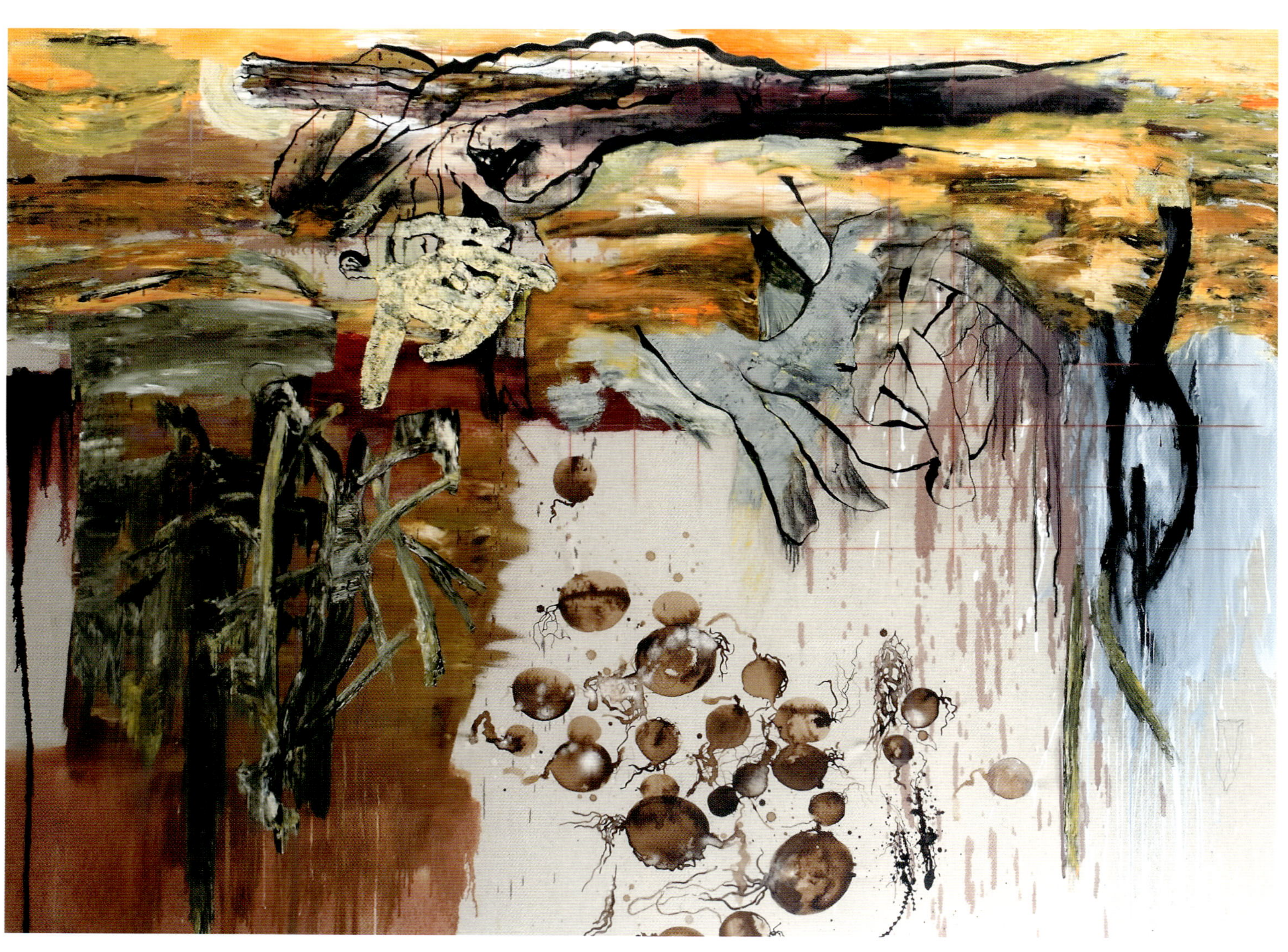

plate 78. *Marajó*, 2006 – 2007 | figura 78. *Marajó*, 2006 – 2007

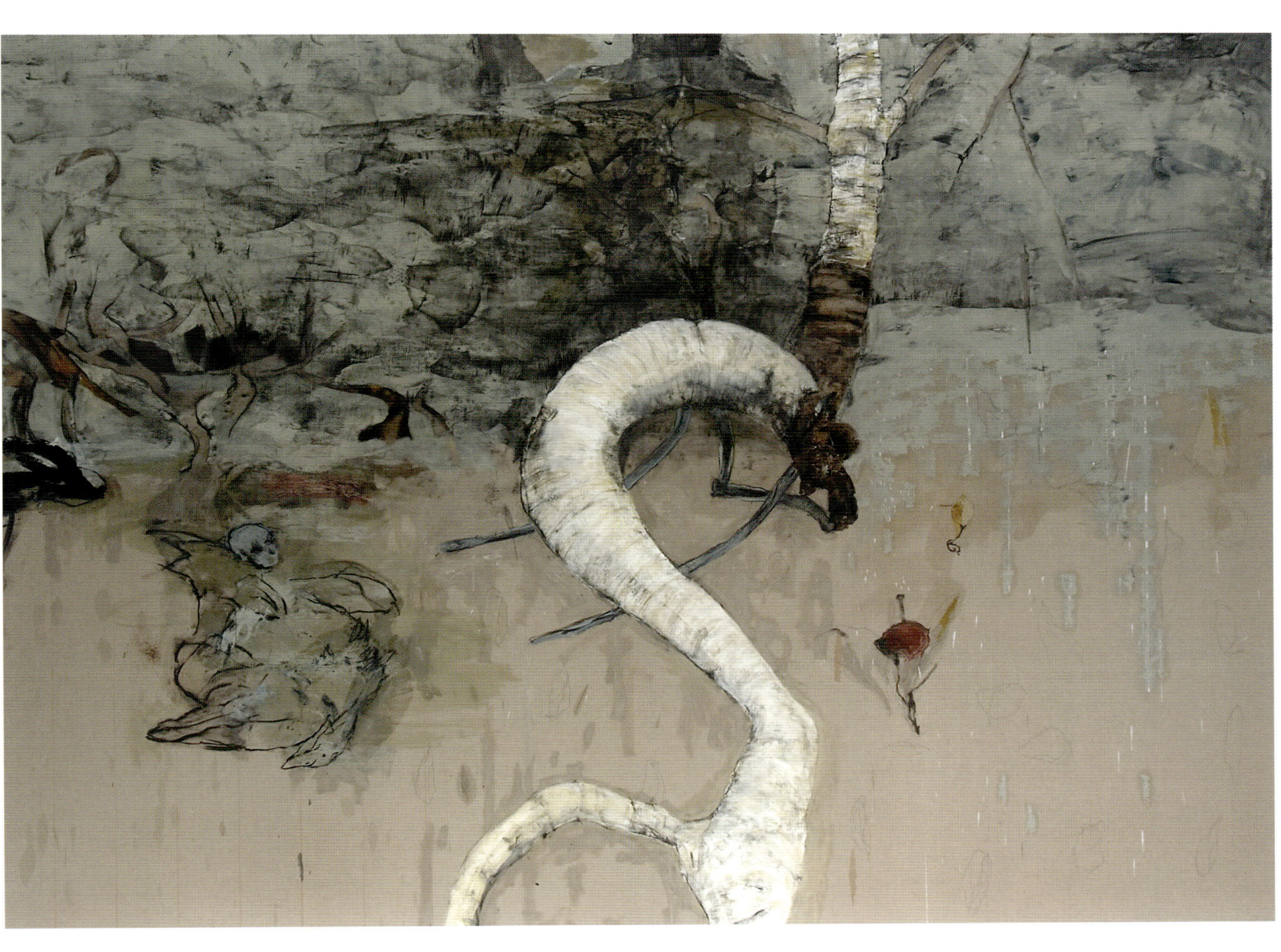

plate 79. *Cabeça de Macaco*, 2006 | figura 79. *Cabeça de Macaco*, 2006

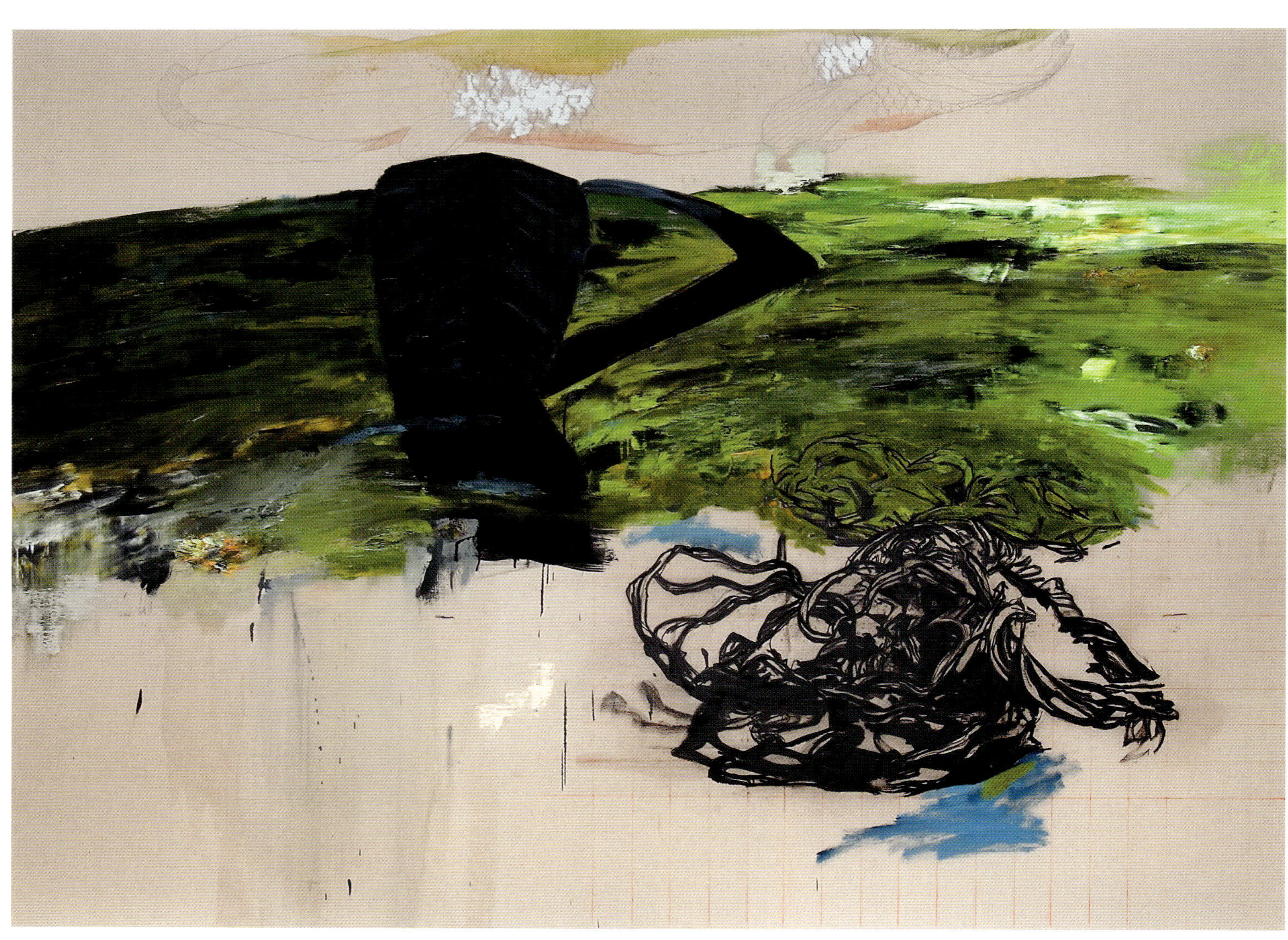



plate 80. *Pirarucu*, 2006 | figura 80. *Pirarucu*, 2006

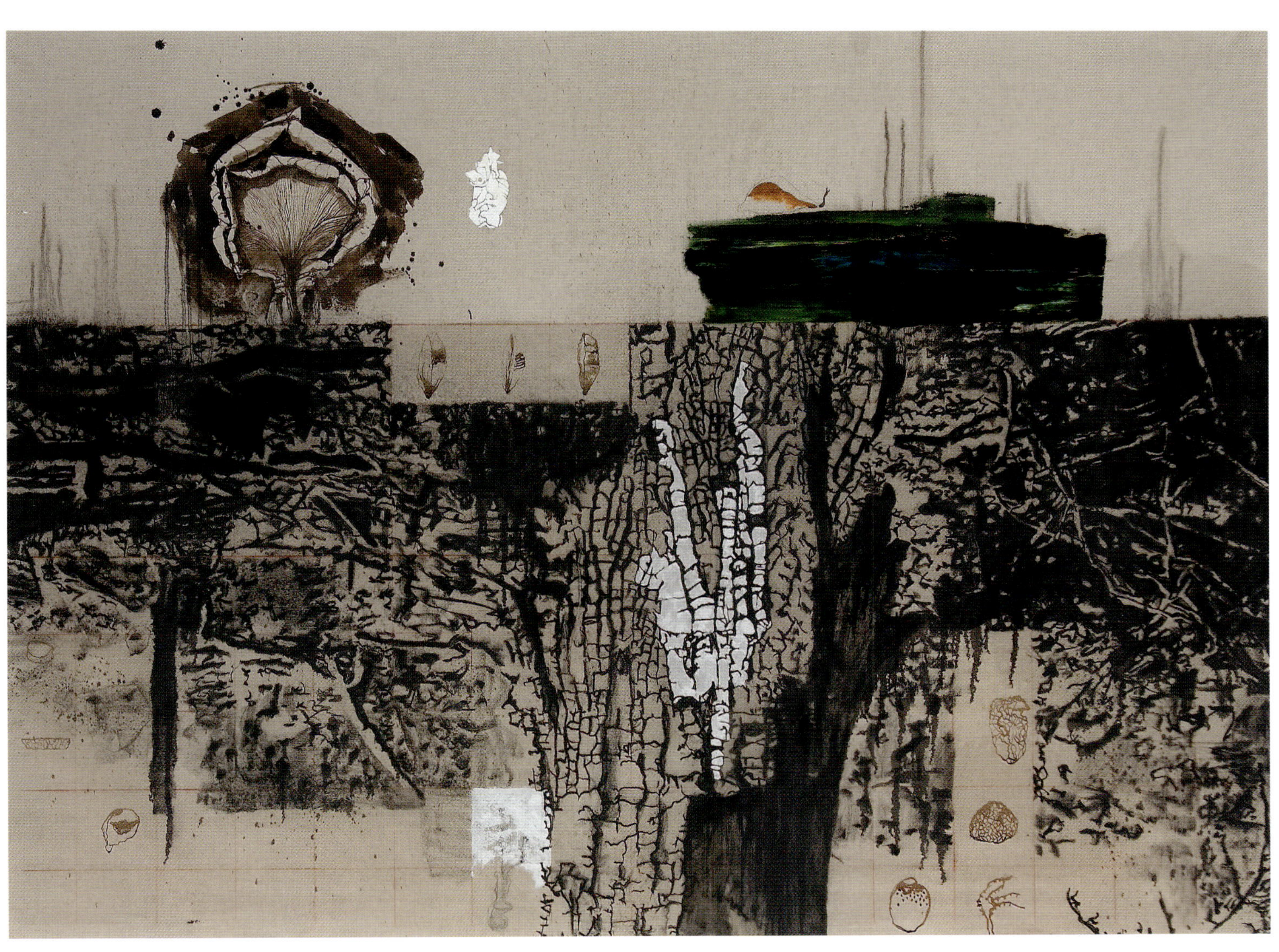

plate 81. *Floresta*, 2006 | figura 81. *Floresta*, 2006

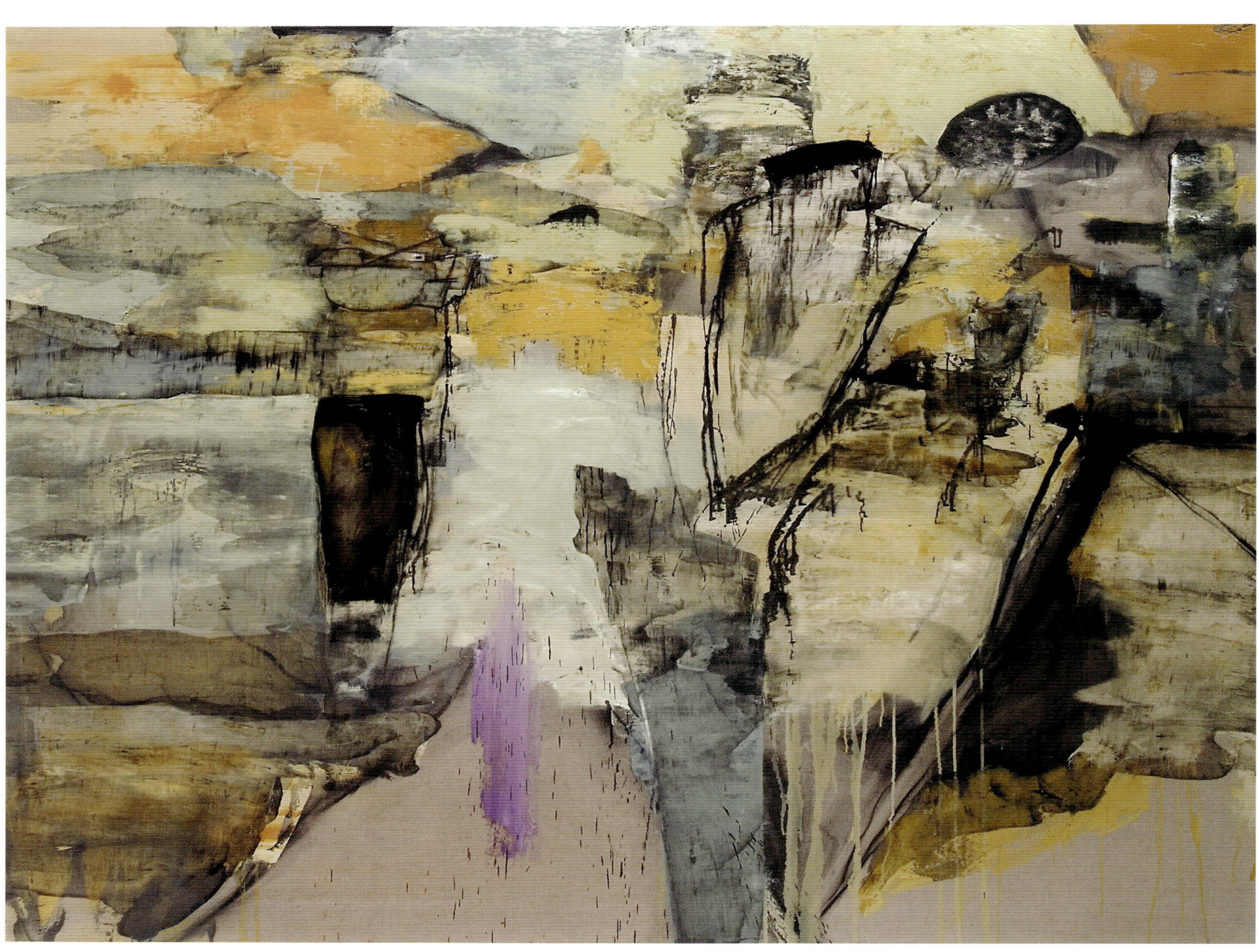

plate 82. *Coberto*, 2006 | figura 82. *Coberto*, 2006

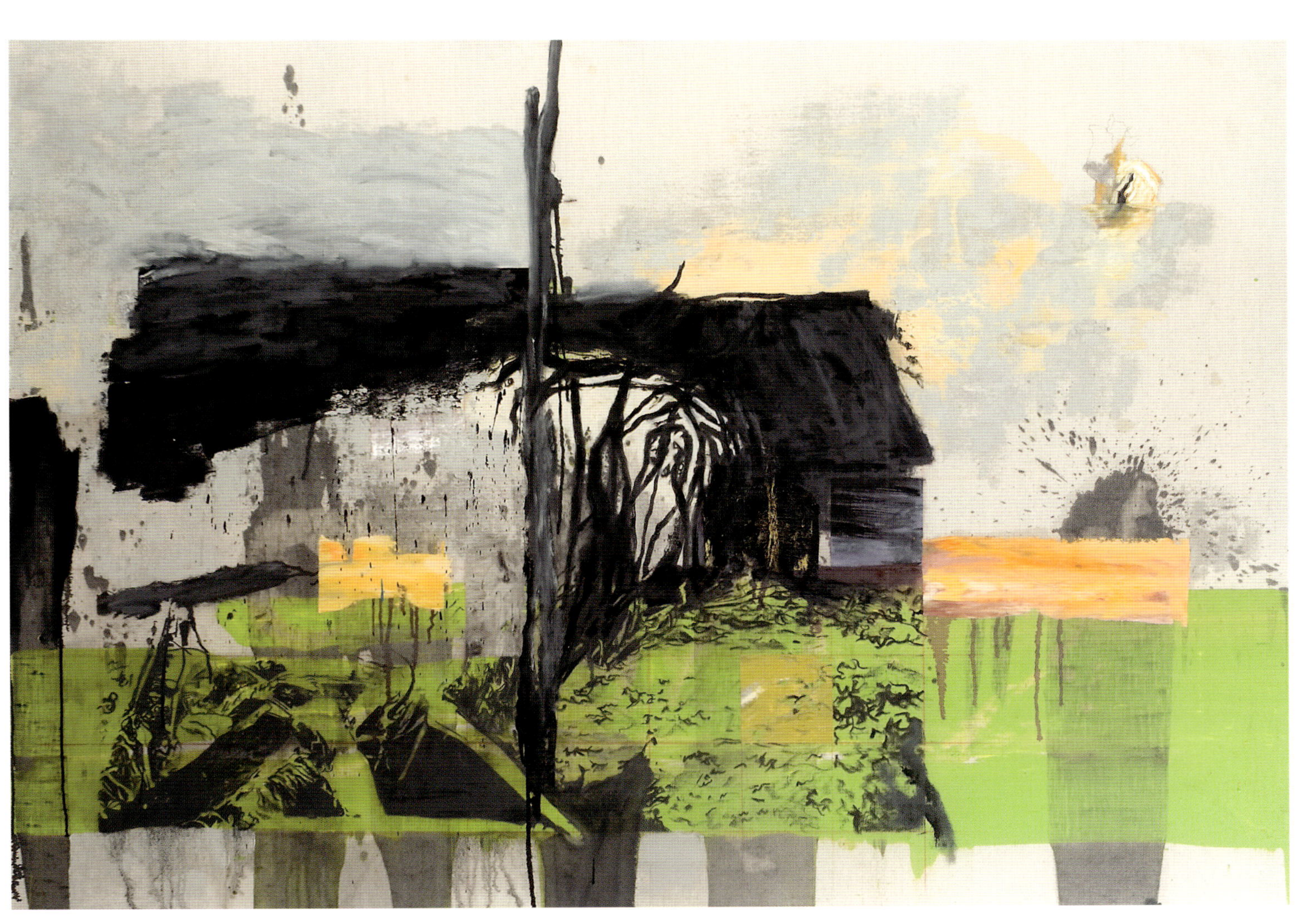

plate 83. *Abrigo*, 2006 | figura 83. *Abrigo*, 2006

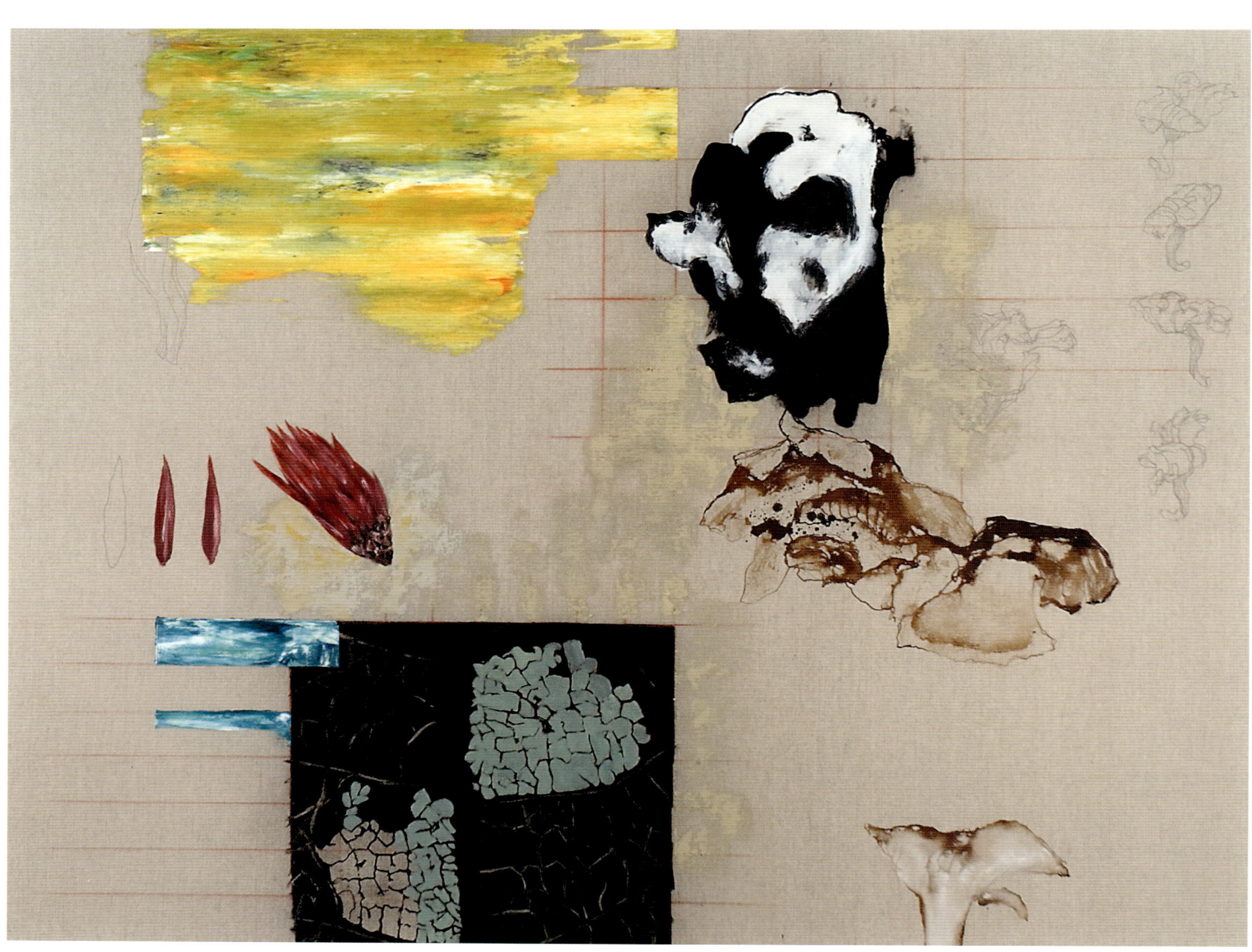



plate 84. *Cobrado*, 2006 | figura 84. *Cobrado*, 2006

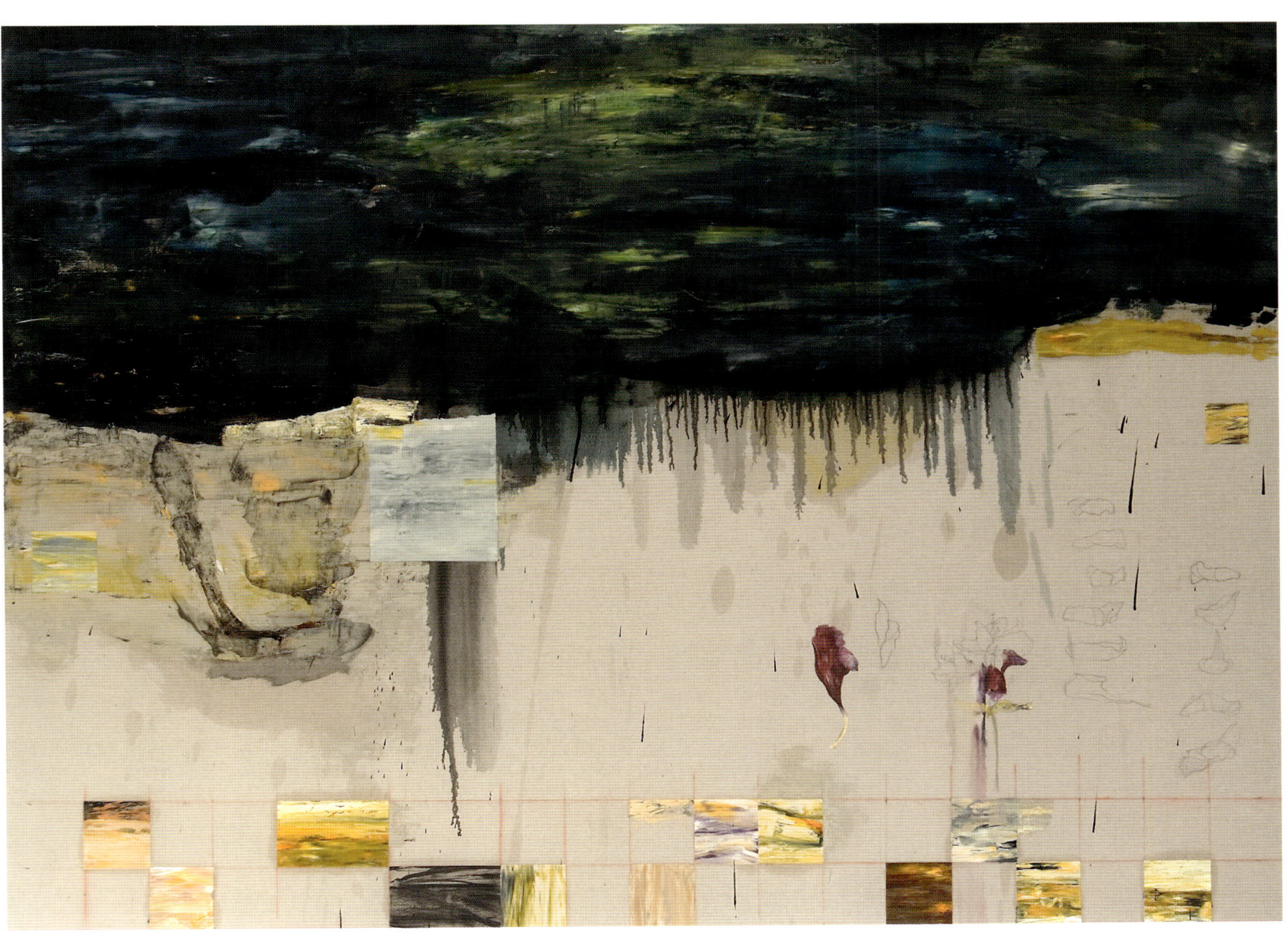

plate 85. *Brusco*, 2006 | figura 85. *Brusco*, 2006

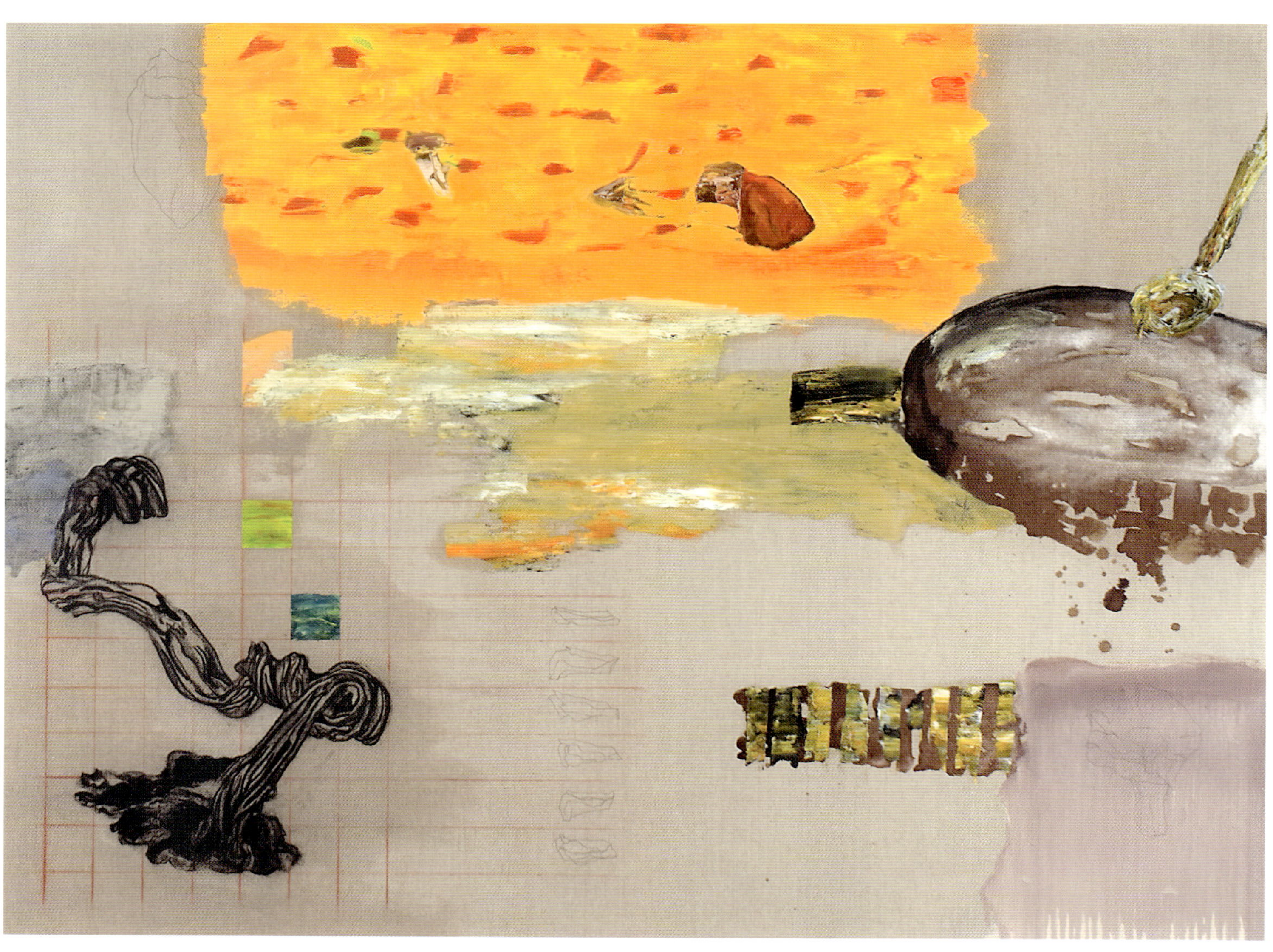

plate 86. *Lírio*, 2006 | figura 86. *Lírio*, 2006

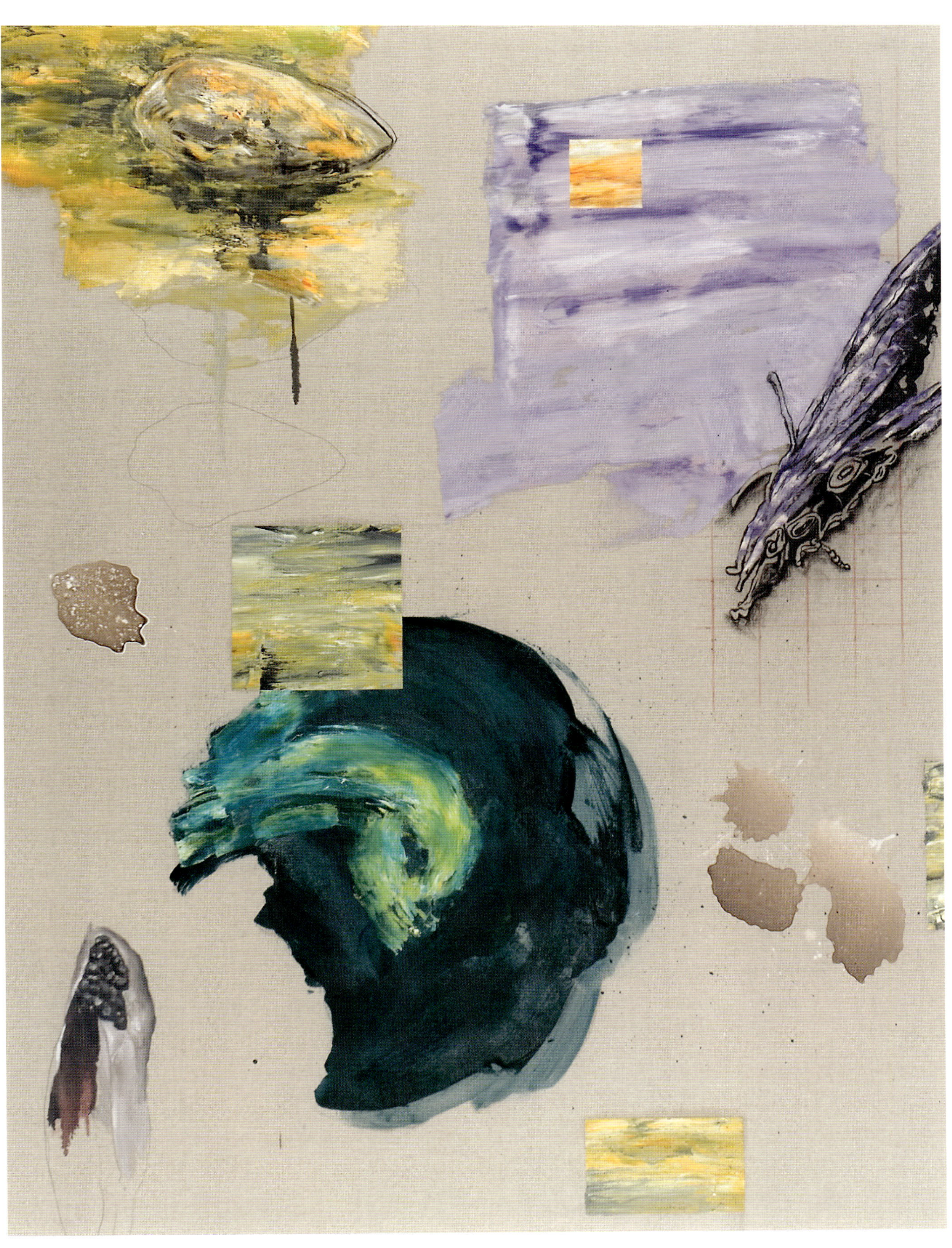

plate 87. *Borboleta*, 2006 | figura 87. *Borboleta*, 2006

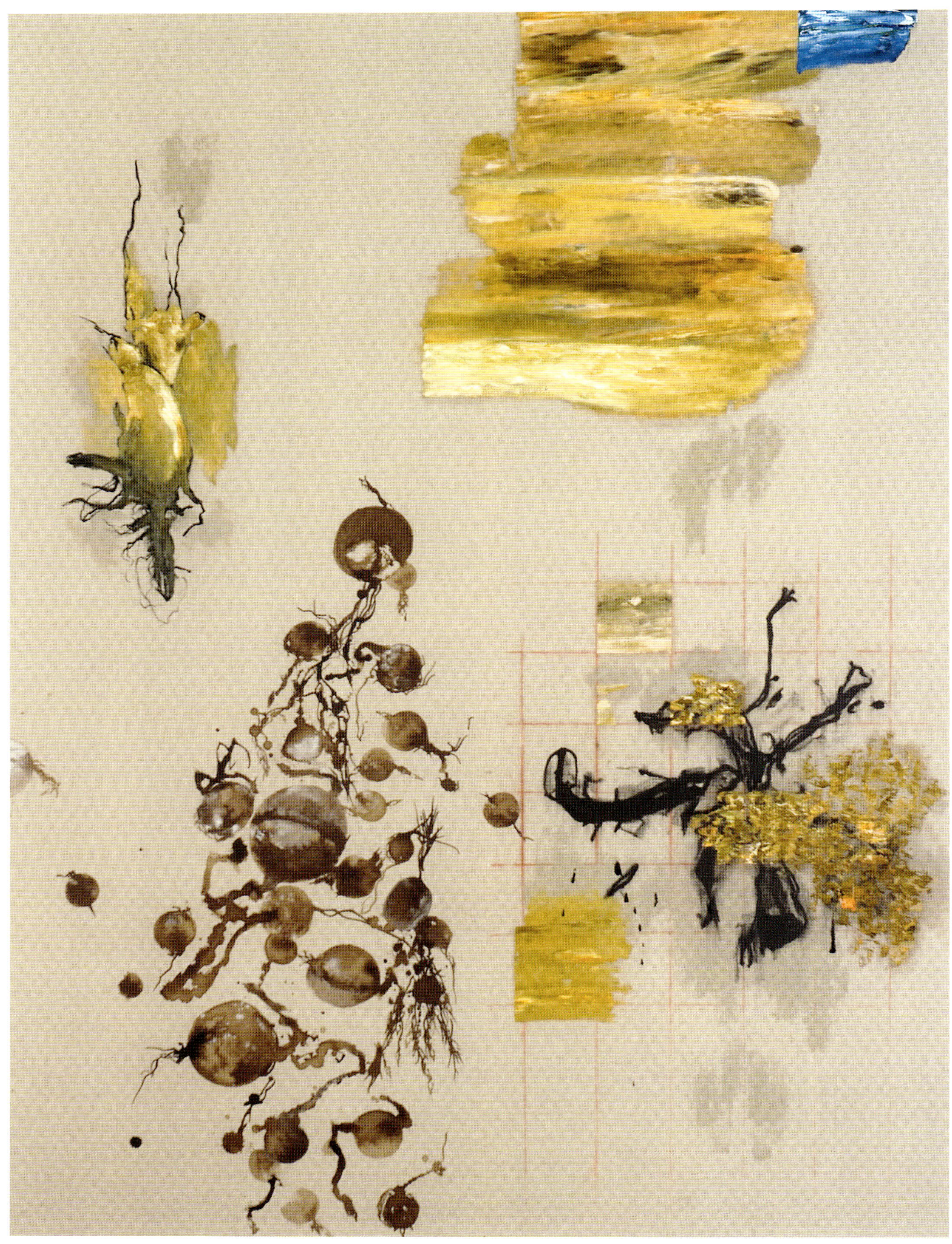



plate 88. *Intruso*, 2006 | figura 88. *Intruso*, 2006

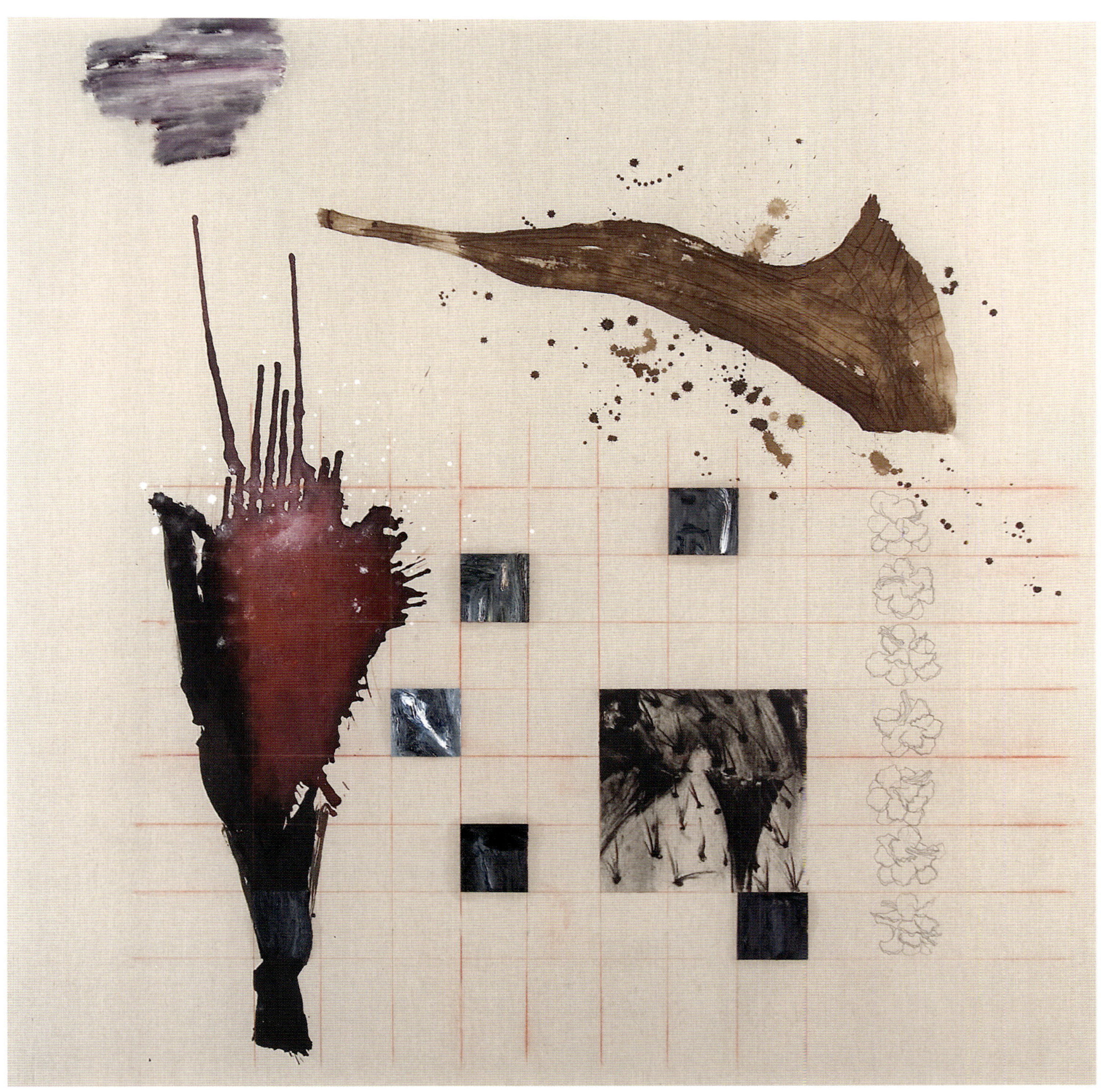

plate 89. *Enviado*, 2007 | figura 89. *Enviado*, 2007

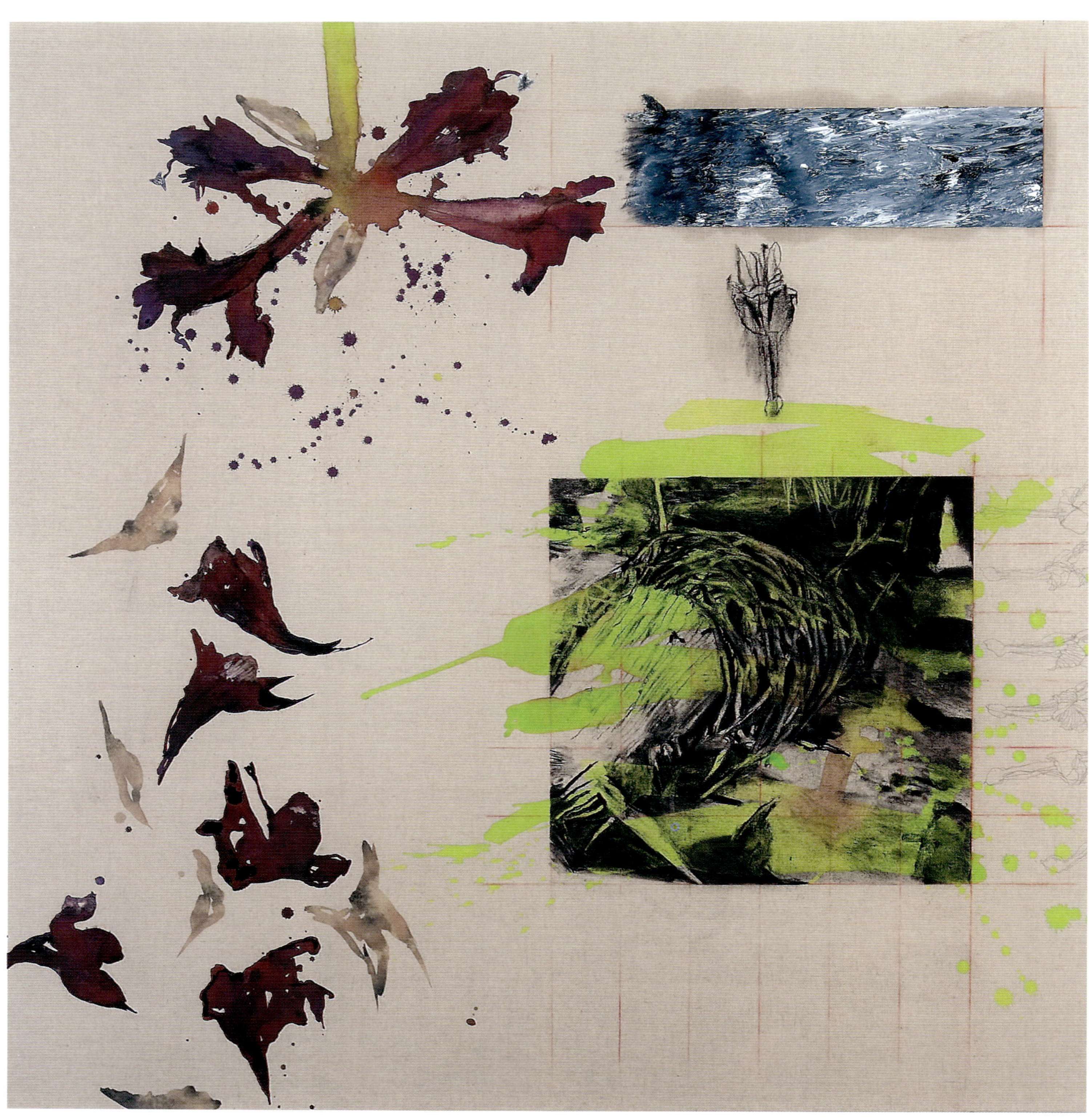



plate 90. *Rodopio*, 2007 | figura 90. *Rodopio*, 2007

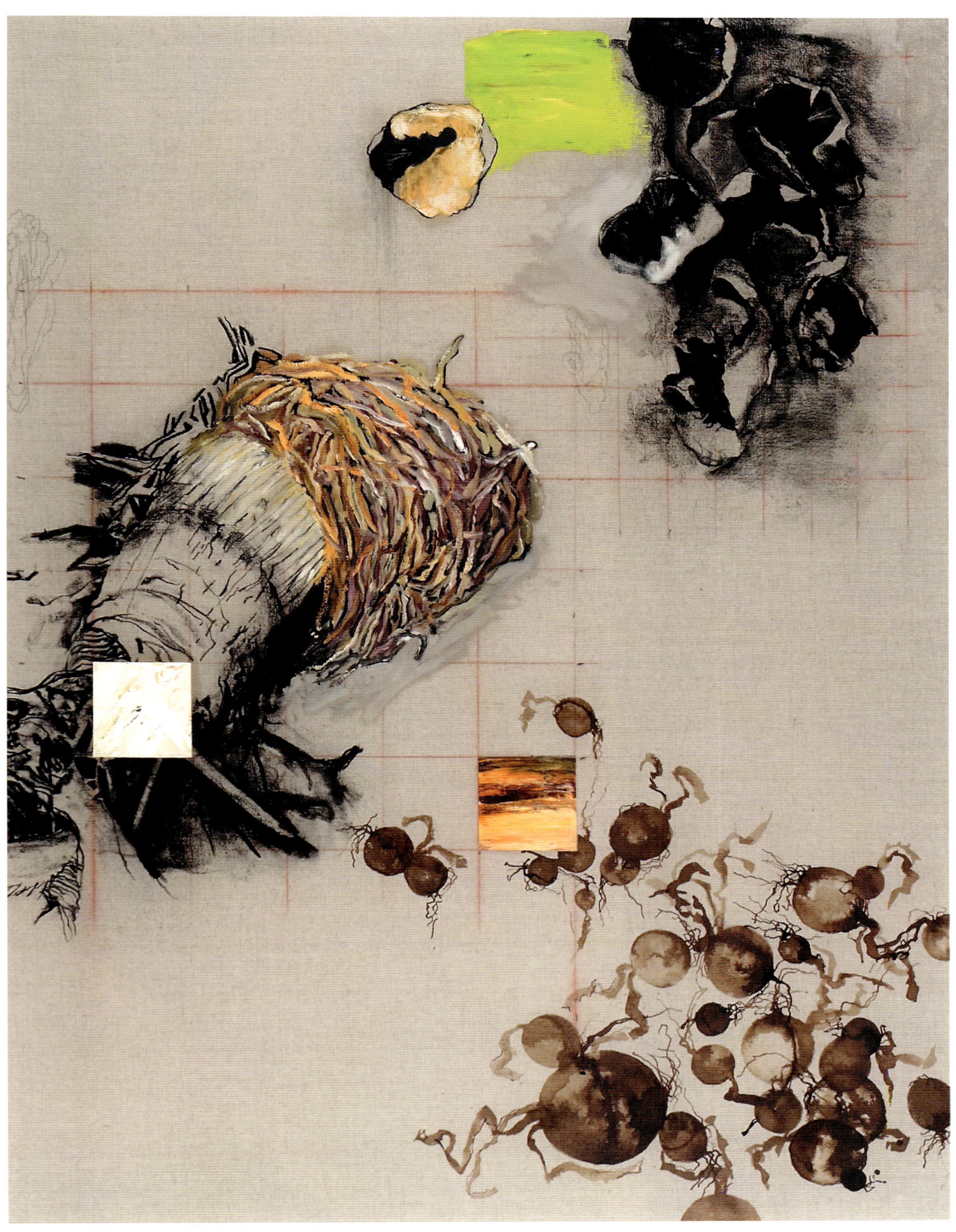

plate 91. *Palma*, 2006 | figura 91. *Palma*, 2006

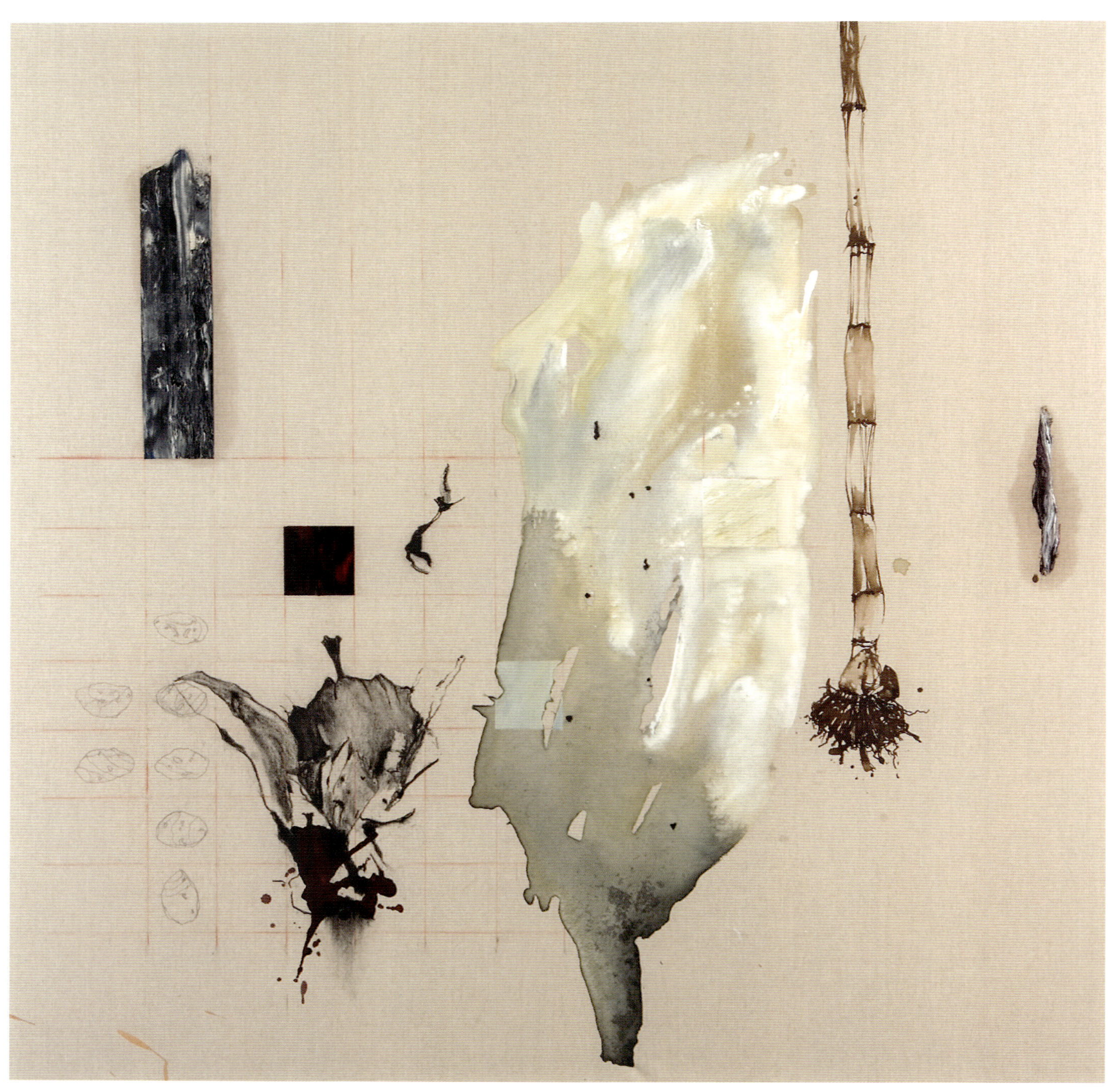

plate 92. *Santo*, 2007 | figura 92. *Santo*, 2007

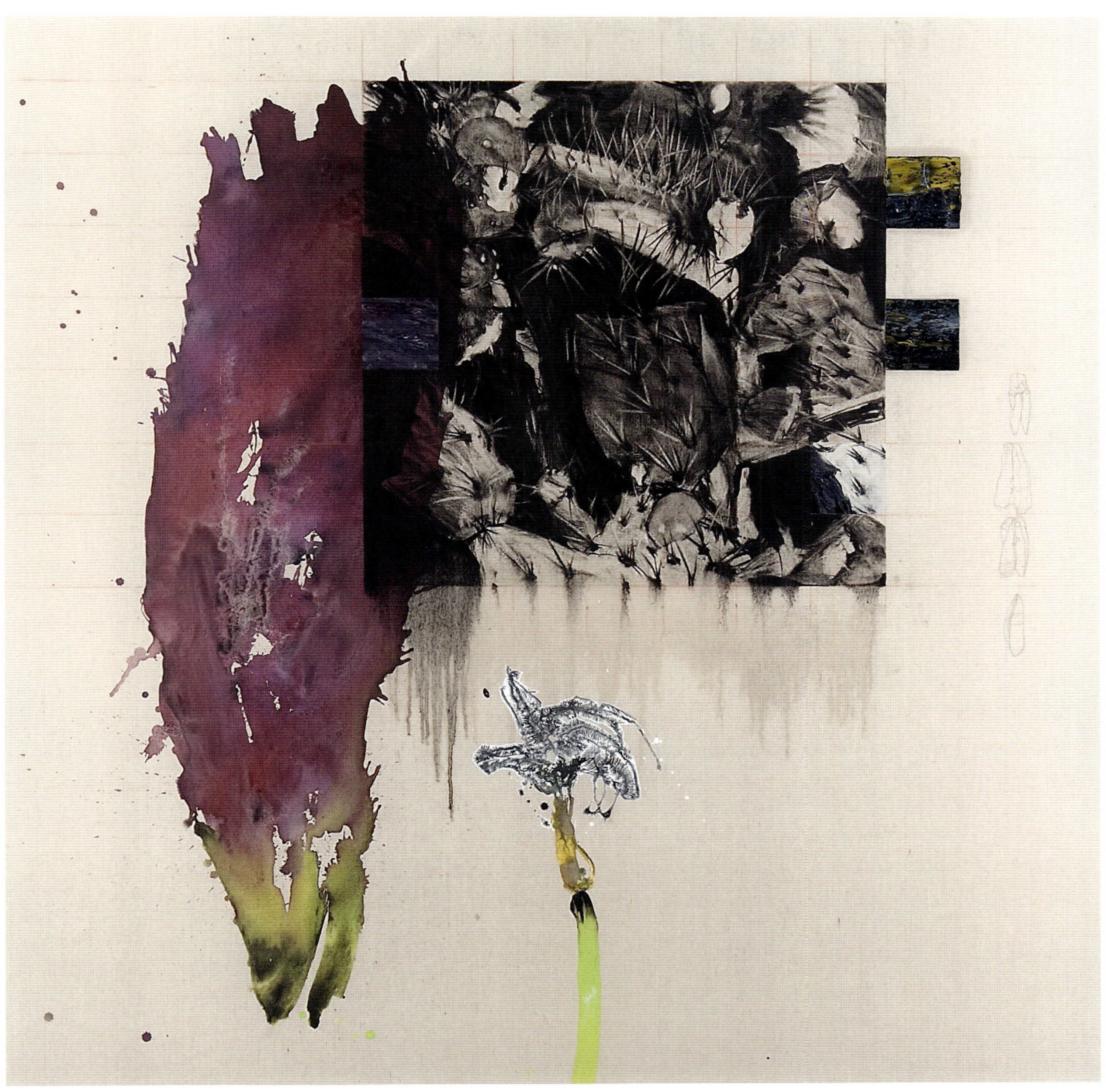

plate 93. *Alegria*, 2007 | figura 93. *Alegria*, 2007

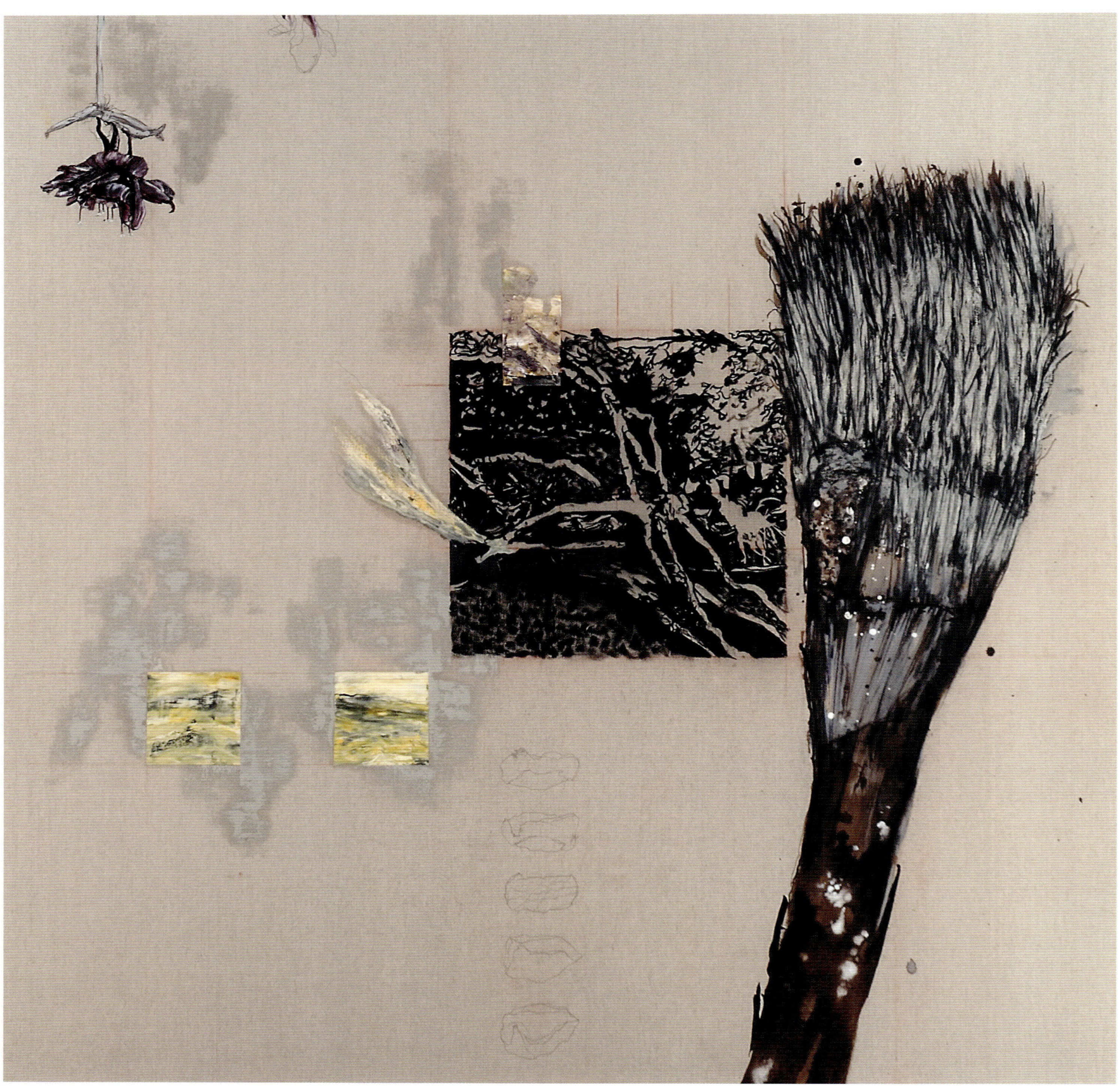



plate 94. *Agarrado*, 2006 | figura 94. *Agarrado*, 2006

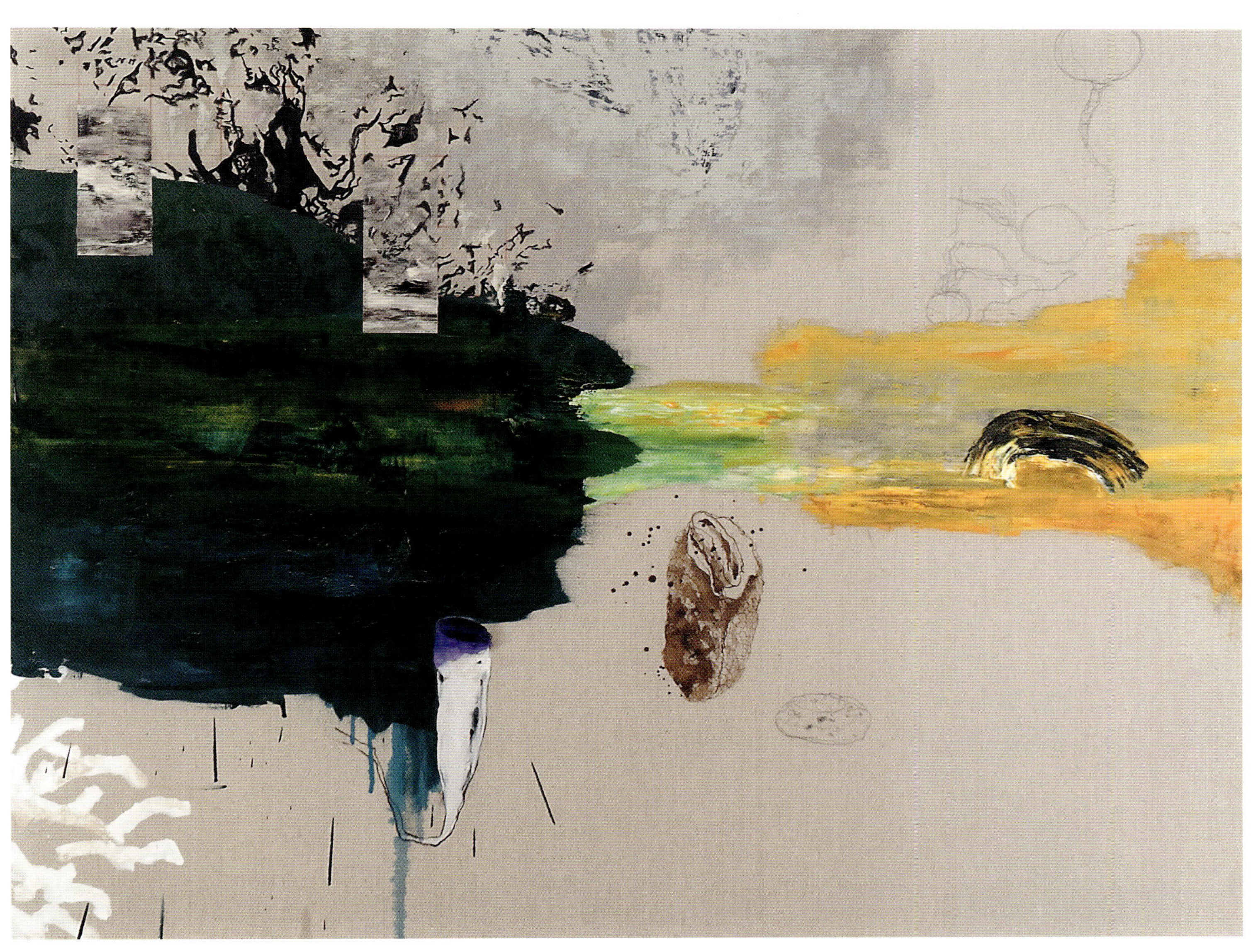

plate 95. *Comporta*, 2006 | figura 95. *Comporta*, 2006

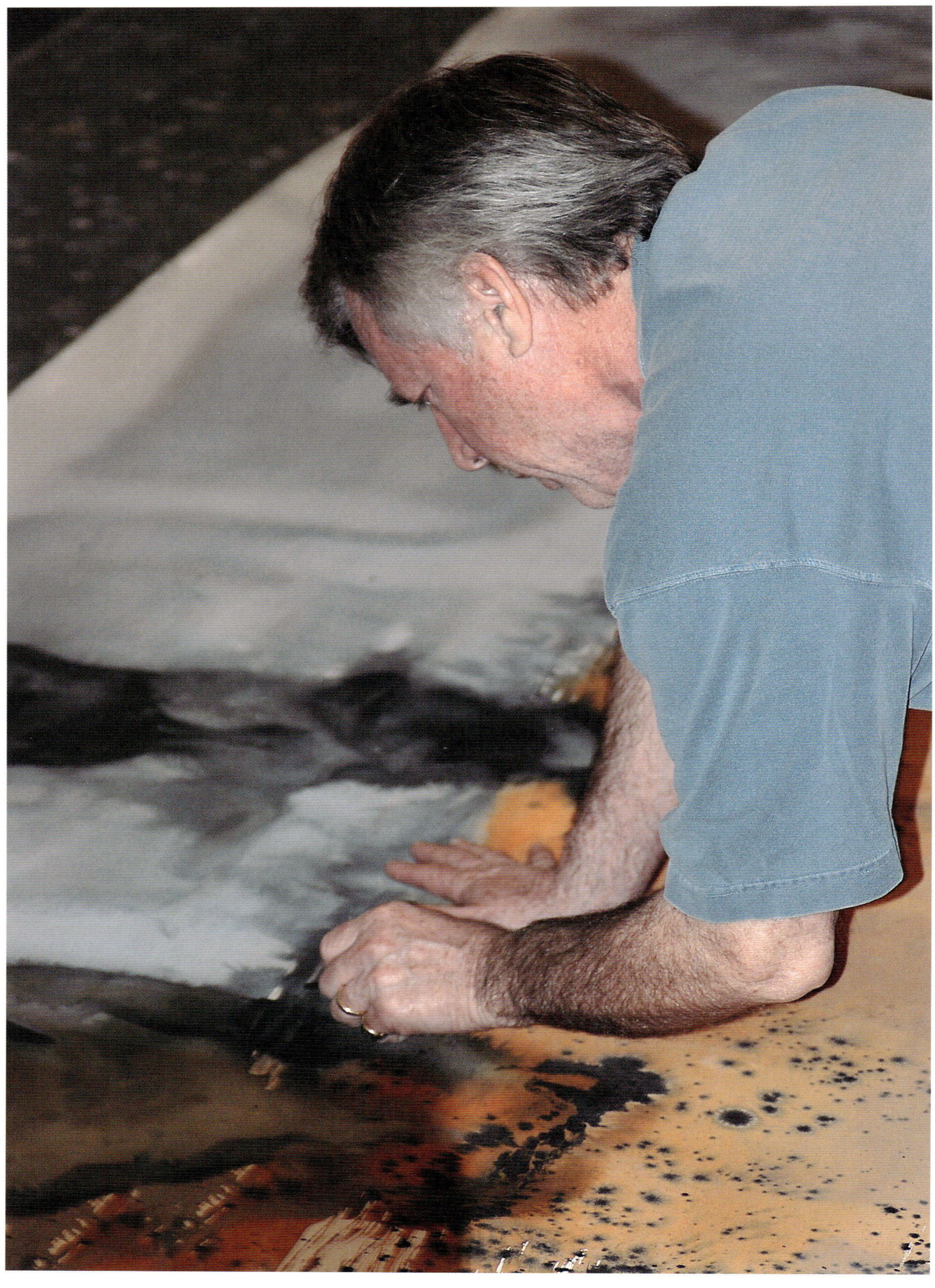

Working on the big drawing, Santa Rosa Studio, 2007 | Trabalhando no grande desenho, ateliê de Santa Rosa, 2007

# Amazônia, The Big Drawing
in progress

# Amazônia, o Grande Desenho
em andamento

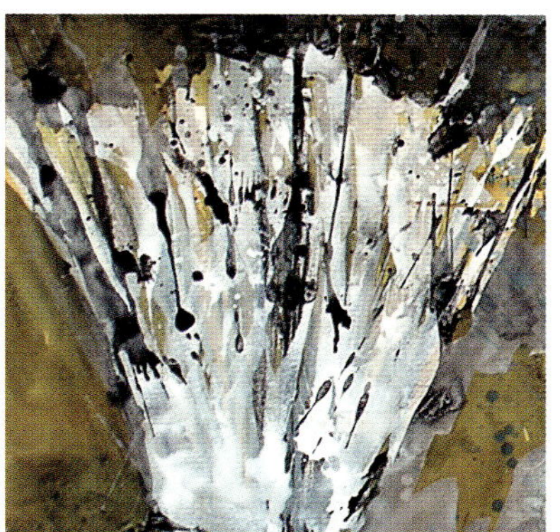

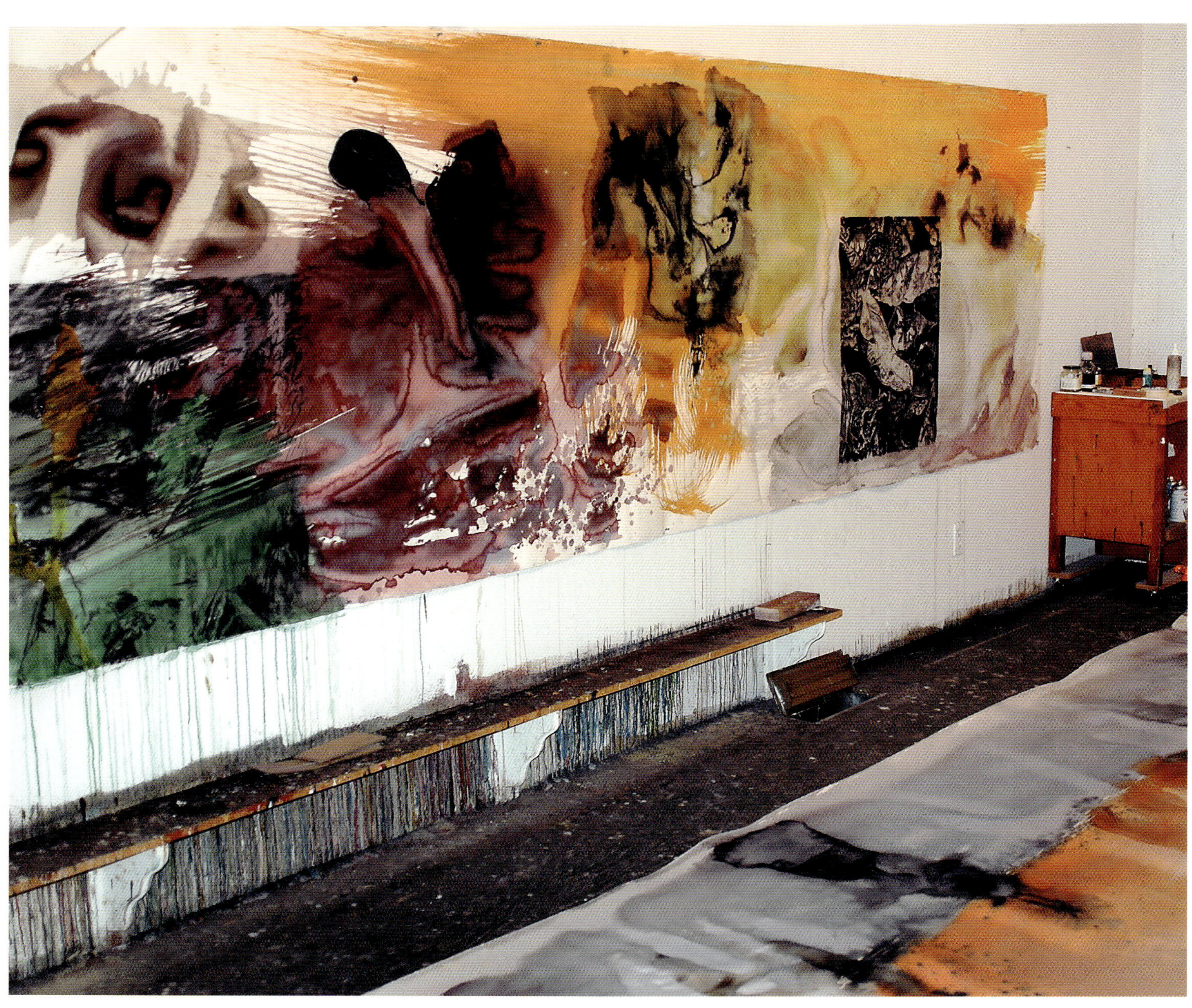



*Amazônia, The Big Drawing* in Progress | *Amazônia, o Grande Desenho* em andamento

# The River's Third Margin

# A Terceira Margem Dos Rios

AGNALDO FARIAS

Thirteen years after his first trip to the Amazon Rainforest, embedding himself in the liquid web of its rivers and capillary veins, probing deeper into the heart of wildlife, where man's footsteps are quickly erased by the dazzling dynamic of dense vegetation, which grows in tune with the alternated rhythm of daily storms and scorching sun, and whose immediate result is the humidity that drenches all clothing and numbs the senses, Bob Nugent returns once more to California, where he lives with the purpose of creating one more work, maybe "the" work, capable of capturing the glorious pulsation permeated by secrets of the Rainforest.

The work is this drawing of monumental proportions that the artist now offers. A drawing made out of an immense roll of paper which he gradually outstretched and populated, in a movement analogous to the fluctuation of the boats that took him along the rivers on his most recent trip.

A result in accordance with his attention to rumors and events in both margins, which led to the interruption of the boat's march in order to observe—and eventually register—an event which seemed interesting from afar, or keep on going through bifurcations and capillary veins which feed the big rivers such as the Negro, Purús, Solimões and Amazonas, and which frequently become canals so narrow that their margins nearly touch each other, closing themselves

Treze anos depois de sua primeira viagem à floresta amazônica, insinuando-se pela teia liquida de seus rios e igarapés, embrenhando-se até o âmago da vida selvagem, onde as pegadas deixadas pelo homem são rapidamente apagados pela dinâmica vertiginosa da vegetação cerrada, que cresce através do ritmo alternado das tempestades diárias com o sol abrasador e que têm por efeito imediato a umidade que ensopa a roupa e amortece os sentidos, Bob Nugent volta mais uma vez para a Califórnia onde vive com o propósito de realizar mais uma obra, quem sabe a obra, capaz de reter a pulsão grandiosa ao mesmo tempo que permeada por segredos da floresta tropical.

A obra é este desenho de proporções monumentais que o artista ora nos apresenta. Um desenho feito a partir de um imenso rolo do papel que ele foi desenovelando e ocupando num movimento homólogo ao descrito pela flutuação dos barcos com os quais foi subindo os rios em sua mais recente viagem.

Um resultado correspondente à sua atenção aos rumores e acontecimentos nas duas margens, que o levavam a interromper a marcha da embarcação para observar, e eventualmente registrar, um acontecimento que à distância parecia-lhe interessante, ou prosseguir desviando-se pelas bifurcações, pelas veias capilares que alimentam os grandes

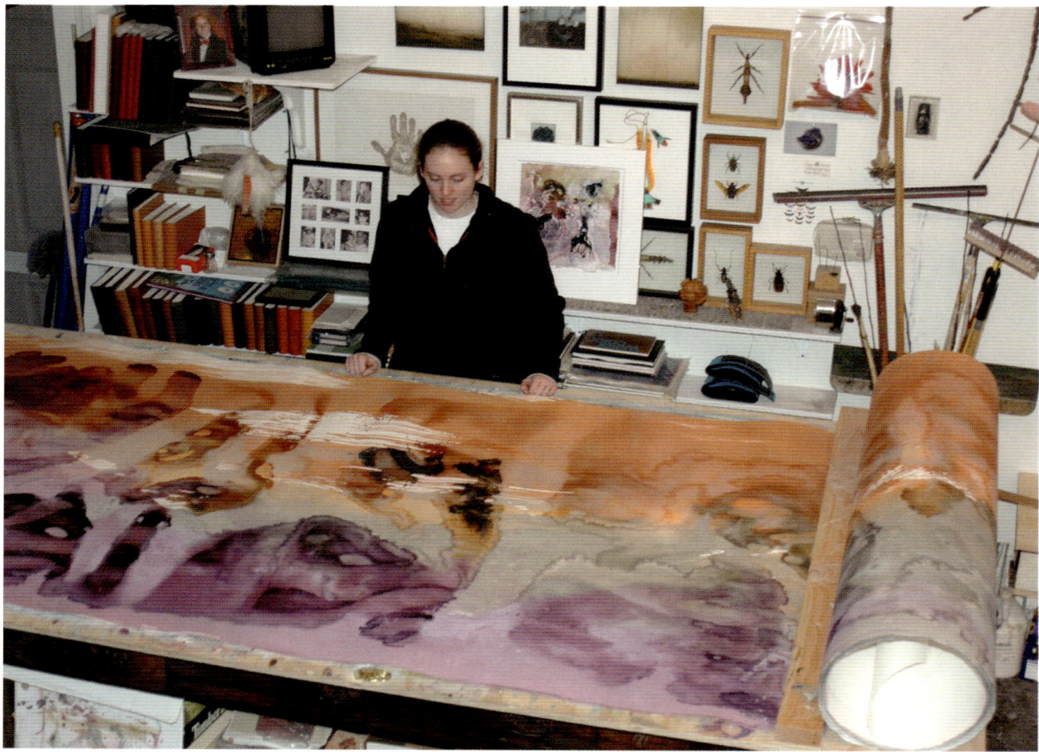

under the shadow of the big trees that provide them cover.

Bob Nugent's drawings are like the boat's cutting bow, all boats' bows, slicing the river, all rivers, in half. But it is also like another margin, beyond the two between which rivers flow. Spread out and fixated to the wall, inviting spectators' eyes to follow along its events, its infinity of motives, of formal and chromatic situations, the drawing becomes another margin, the third margin, the mythical margin created by man, this precariously finite being whose eagerness propels him towards eternity—the same principle which makes him look for rivers.

Paraphrasing Guimarães Rosa's short story, my interpretation of Bob Nugent's drawing is that of a third margin of the rivers on which he traveled, an immovable and safe section of a world that does not end. In fact, the artist uses the paper like a port, a fixed point from which he lunges into the exploration of the forest, one of our planet's last life sources.

How can one cope with this universe full of surprises, of elated explosions caused by the swelling and rotting of fruits, by fallen trees, by the force of waters that erode and claim portions of soil, plants, and even poor houses of riverbank populations? And at the same time, how can one be

rios, como o Negro, Purús, Solimões e Amazonas, e que freqüentemente se transformam em canais tão estreitos que as margens quase se tocam, fechando-se à sombra das grandes árvores que lhes servem de cobertura.

O desenho de Bob Nugent equivale ao gume do barco, todos os barcos, cortando o rio, todos os rios, pelo meio. Mas também equivale a uma outra margem além das duas entre as quais correm os rios. Desenrolado e fixado na parede, convidando os olhos do espectador a prosseguir pelos seus acontecimentos, pela infinidade de motivos e situações formais e cromáticas, o desenho converte-se numa outra margem, na terceira margem, a margem mítica, criada pelo homem, este ser precariamente finito, mas cuja avidez o impele em direção à eternidade, o mesmo principio que o leva a procurar os rios.

Parafraseando o conto de Guimarães Rosa, compreendo o desenho de Bob Nugent como uma terceira margem dos rios pelo qual ele trafegou, parte imóvel e segura de um mundo que não cessa. De fato, o artista toma o papel como um porto, o ponto fixo a partir do qual ele se lança na prospecção da floresta, uma das últimas fontes de vida do nosso planeta.

E como dar conta desse universo repleto de surpresas,



Sami (studio assistant) with a section of Amazônia | Sami (assistente de ateliê) com uma seção de Amazônia

precise in the harvest of the plenty, of the virtually infinite that offers itself discreetly, that allows eyes to behold it—when silently, but quickly approached—, if in the forest the present has already happened and now bids us farewell?

The artist employs everything: charcoal, pencil, oil, gouache, watercolor and nankin paint, other materials and resources. He immerses himself in order to retain an incessant universe. And this involvement as one gathers from his drawing marked by varied solutions, is a tool with which he both observes and reflects on what he observes. In fact, what we have here is more than a reproduction of what is visible. For Bob Nugent, the drawing, especially the Rainforest drawing, is a recording full of multiple situations which superimpose one another.

From the well defined contour of a bulb, of a seed to a root, to the unveiling of a fog-submersed landscape—is it truly monumental, or an amplified vision of a mere detail? —what one has is the systematic attempt to detain the change of state that befalls all things.

It is all this—and something else. After all, how will it be possible to deal with metamorphoses and amalgams, with the stand off between vegetal and animal beings, between oneself and one's own elements, if not through analogous strategies? Maybe this is the most adequate prism to understand a yellow wave spread over the white paper's rough surface, the shadowing one color operates on another, the torsion and pressure of the paint-soaked brush, the unfolding of transparencies and opacities, the multiplicity of gestures with which the artist intends to recreate the vital vortex he experiences in the Amazon Rainforest. There, in the farthest corners of the earth, where, when all is said and done, the conception of the world takes place.

das explosões apoteóticas promovidas pelo inchaço e apodrecimento das frutas, queda das árvores, a força das águas erodindo e arrancando porções de terra, plantas e até mesmo as casas pobres das populações ribeirinhas? Ao mesmo tempo, como ser preciso na colheita do muito, do virtualmente infinito que se dá discretamente, que se dá aos olhos quando da aproximação silenciosa mas rápida, uma vez que na floresta o presente aconteceu agora e já está se despedindo?

O artista vale-se de tudo: carvão, lápis, óleo, gouache, aquarela e nanquim, outros materiais e recursos. Emprega o seu próprio corpo na tentativa de reter um universo incessante. E o seu corpo, tal como se depreende de seu desenho marcado por soluções variadas, é um dispositivo através do qual ele tanto observa quanto pensa aquilo que observa. De fato, o que temos aqui é muito mais que uma reprodução do visível. Para Bob Nugent o desenho, sobretudo o desenho da floresta, é o registro denso de situações múltiplas que se sobrepõem umas às outras.

Do contorno nítido de um bulbo, de uma semente à uma raiz, ao descortinamento de uma paisagem submersa na neblina e que não sabemos se é mesmo monumental ou se se trata da visão amplificada de um simples detalhe, o que se tem é a sistemática tentativa de aprisionamento da mudança de estado que acomete todas as coisas.

É tudo isso e ainda algo mais. Afinal, como será possível tratar das metamorfoses e amálgamas, do confronto entre seres vegetais e animais, entre si e entre os próprios elementos, senão através de estratégias análogas? Talvez seja esse o prisma mais adequado para se compreender o espraiamento de uma vaga de tinta colorida sobre a topografia acidentada do plano branco de papel, do velamento que uma cor opera sobre a outra, da torção e pressão do pincel encharcado de tinta, do discurso de transparências e opacidades, da multiplicidade de gestos com o qual o artista pretende recuperar o vórtice vital que ele testemunha na floresta amazônica. Lá, os confins do mundo e que ao final das contas se revela como o lugar onde o mundo se gesta.

PROF. DR. AGNALDO FARIAS

Curator, School of Architecture and Urbanism, University of São Paulo
Curador, Faculdade de Arquitetura e Urbanismo da Universidade de Sao Paulo

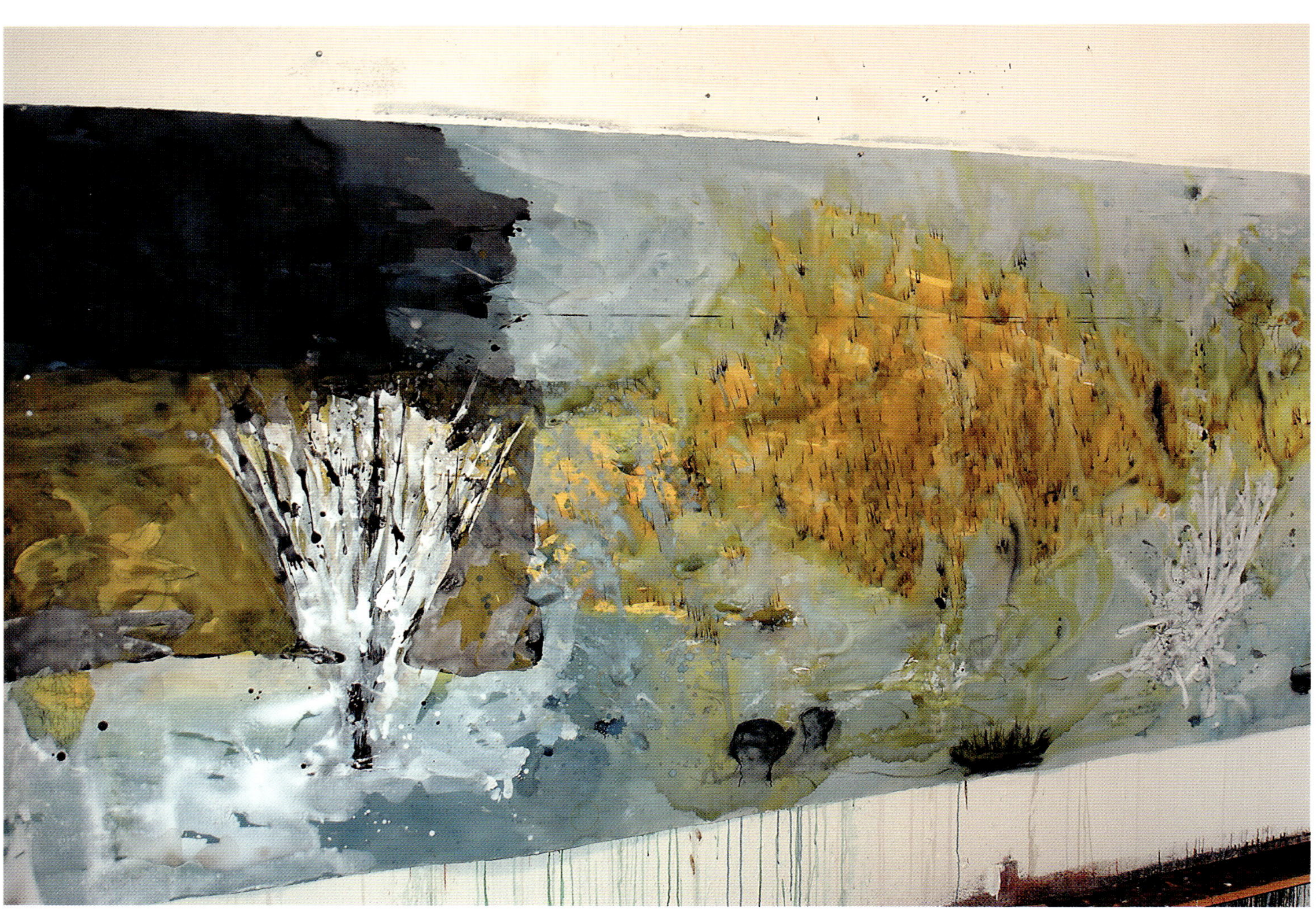

*Amazônia, The Big Drawing* in progress | *Amazônia, o Grande Desenho* em andamento

# List of Illustrations | Lista de ilustrações

Plate 1
*Brejo*
oil and charcoal on canvas
70" x 50"
2002
Collection of the artist

Figura 1
*Brejo*
óleo e carvão sobre tela
178 x 127 cm
2002
Coleção do artista

Plate 2
*Xingu #1*
Triptych
mixed media on paper
$29\frac{1}{2}$" x $53\frac{1}{2}$"
1988
Nugent/McCabe Trust

Figura 2
*Xingu #1*
tríptico
técnica mista sobre papel
75 x 136 cm
1988
Truste Nugent/McCabe

Plate 3
*Malie*
mixed media on hand made mulberry paper
$17\frac{1}{2}$" x 27"
1973
Collection of Arizona State University, Tempe

Figura 3
*Malie*
técnica mista sobre papel de amoreira feito à mão
44,5 x 68,6 cm
1973
Coleção da Arizona State University, Tempe

Plate 4
*Tau Over Seer*
mixed media on handmade mulberry paper
$15\frac{1}{2}$" x $21\frac{1}{4}$"
1972

Figura 4
*Tau Over Seer*
técnica mista sobre papel de amoreira feito à mão
39 x 54 cm
1972

Plate 5
*Landscape*
mixed media on mulberry paper
9" x 14"
1971
Private Collection

Figura 5
*Paisagem*
técnica mista sobre papel de amoreira feito à mão
23 x 35,5 cm
1971
Coleção particular

Plate 6
*View of Ofu*
mixed media
13" x 20"
1972
Collection of Jim and Linda Dreyer, Palo Alto, California

Figura 6
*Vista de Ofu*
técnica mista sobre papel de amoreira feito à mão
33 x 51 cm
1972
Coleção de Jim and Linda Dreyer, Palo Alto, California

Plate 7
*Strata Chauke*
handmade paper, antique letters and ink
15" x 32"
1975
Collection of Erin McCabe, San Jose, California

Figura 7
*Strate Chauke*
papel feito à mão, letras antigas e tinta
38 x 81 cm
1975
Coleção de Erin McCabe, San Jose, California

Plate 8
*Kept Letter Folio 1797*
handmade paper, antique letters, pastel, weight and string
24" x 21"
1977
Collection of Erin McCabe, San Jose, California

Figura 8
*Carta Guardada Folio 1797*
papel feito à mão, letras antigas, pastel, peso e corda
61 x 54,6 cm
1977
Coleção de Erin McCabe, San Jose, California

Plate 9
*A.M.S. Agamemnon*
collage and mixed media on handmade paper
$11\frac{1}{4}$" x 15" x 3"
1978
Private Collection

Figura 9
*A.M.S. Agamemnon*
colagem e técnica mista sobre papel feito à mão
28,5 x 38 x 7,6 cm
1978
Coleção particular

Plate 10
*A.M.S. Black Duck*
collage and mixed media on handmade paper
$11\frac{1}{2}$" x 15" x $3\frac{1}{4}$"
1978
Private Collection

Figura 10
*A.M.S. Black Duck*
colagem e técnica mista sobre papel feito à mão
29,2 x 38,1 x 8,25 cm
1978
Coleção particular

Plate 11
*A.M.S. The Mary Sears*
collage and mixed media on handmade paper
$14^{5}/_{8}$” x $12^{1}/_{4}$” x $1^{3}/_{4}$”
1978
Private Collection

Figura 11
*A.M.S. The Mary Sears*
colagem e técnica mista sobre papel feito à mão
37 x 31 x 4,4 cm
1978
Coleção particular

Plate 12
*Mears Creek Marker*
collage and mixed media on handmade paper
$17^{3}/_{4}$” x $12^{1}/_{4}$” x $12^{1}/_{2}$”
1980

Figura 12
*Mears Creek Marker*
colagem e técnica mista sobre papel feito à mão
44,5 x 31 x 32 cm
1980

Plate 13
*Venetian Signature Series ( poles)*
wood, paper, rabbit skin glue, paint and raffia
dimensions vary
1978–1982
Collection of International Paper Company, New York, New York

Figura 13
*Série Assinaturas Veneianas (postes)*
madeira, papel, cola de pele de coelho, pintura e ráfia
dimensões variam
1978–1982
Coleção de International Paper Company, New York, New York

Plate 14
*Installation Venetian Signature Series Jack London's Wolf House*
Glen Ellen, California
wood, bronze and paint
dimensions vary
1978–1982

Figura 14
*Instalação da Série Assinaturas Venezianas Jack London's Wolf House*
Glen Ellen, California
madeira, Bronze e pintura
dimensões variam
1978–1982

Plate 15
*Structure Study*
pen and ink on paper
$13^{3}/_{4}$” x $19^{3}/_{4}$”
1980

Figura 15
*Estudo estrutural*
pena e tinta sobre papel
35 x 51cm
1980

Plate 16
*Macaco Two*
charcoal, pastel and mixed media on paper
$43^{1}/_{2}$” x 36”
1996
Nugent/McCabe Trust

Figura 16
*Macaco Dois*
carvão, pastel e técnica mista sobre papel
110 x 91 cm
1996
Truste Nugent/McCabe

Plate 17
*Amazon Journal #16*
watercolor and ink on handmade paper
$18^{1}/_{4}$” x 18”
1997

Figura 17
*Diário Amazônico no. 16*
aquarela e tinta sobre papel
46 x 45 cm
1997

Plate 18
*Untitled*
watercolor and mixed media on paper
12” x 12”
1999
Collection of the Artist

Figura 18
*Sem título*
aquarela e técnica mista sobre papel
30,5 x 30,5 cm
1999
Coleção do artista

Plate 19
*Sertão #23*
watercolor, ink, charcoal and gouache on handmade paper
16” x 12”
2002
Collection of Erin McCabe, San Jose, California

Figura 19
*Sertão no. 23*
aquarela, tinta, carvão e guache sobre papel feito à mão
40,6 x 30,4
2002
Coleção de Erin McCabe, San Jose, California

Plate 20
*Amazon Journal #1*
watercolor, ink and gouache on handmade paper
$18^{1}/_{4}$” x $18^{1}/_{8}$”
1997

Figura 20
*Diário Amazônico no. 1*
aquarela, tinta e guache sobre papel feito à mão
47 x 46 cm
1997

Plate 21
*Amazon Journal #55*
watercolor and ink on handmade paper
$14^{1}/_{4}$” x $14^{1}/_{4}$”
1998

Figura 21
*Diário Amazônico no. 55*
aquarela e tinta sobre papel feito à mão
36 x 36 cm
1998

Plate 22
*Amazon Journal #59*
watercolor, ink and pastel on handmade paper
$18^{1}/_{4}$” x $18^{3}/_{8}$”
1998

Figura 22
*Diário Amazônico no. 59*
aquarela, tinta e pastel sobre papel feito à mão
47 x 48 cm
1998

Plate 23
*Mato*
watercolor and charcoal on paper
$29^{1}/_{2}$” x $41^{1}/_{2}$”
2003
Collection of the Artist

Figura 23
*Mato*
aquarela e carvão sobre papel
75 x 106 cm
2003
Coleção do artista

Plate 24
*Hotbed #2*
watercolor, ink, gouache and pastel on hand made paper
24” x 24”
2005

Figura 24
*Estufim no. 2*
aquarela, tinta, guache e pastel sobre papel feito à mão
61 x 61 cm
2005

Plate 25
*Cercado Study #5*
watercolor, gouache, ink and graphite on hand made paper
$12^{1}/_{2}$” x 12”
2006

Figura 25
*Estudo Cercado no. 5*
aquarela, guache, tinta and grafite sobre papel feito à mão
32 x 30,5 cm
2006

Plate 26
*Amazonas #64*
pastel and mixed media on paper
$57^{1}/_{2}$” x $23^{1}/_{4}$”
1989

Figura 26
*Amazonas no. 64*
pastel e técnica mista sobre papel
146 x 59 cm
1989

Plate 27
*Casca VII*
charcoal and gouache on paper
32" x 22"
2003

Figura 27
*Casca VII*
carvão e guache sobre papel
76,2 x 55,88 cm
2003

Plate 28
*Abaixo #60*
etching, watercolor, gouache and ink on paper
12" x 12"
1998
Private Collection

Figura 28
*Abaixo no. 60*
gravura em metal, aquarela, guache e tinta sobre papel
30,5 x 30,5 cm
1998
Coleção particular

Plate 29
*Jardim Suiça*
pastel and charcoal on John Kohler hand made paper HMP
41" x 31"
1985

Figura 29
*Jardim Suiça*
pastel e carvão sobre John Kohler papel feito à mão HMP
104 x 79 cm
1985

Plate 30
*Jardim Suiça III*
pastel on John Kohler hand made paper HMP
25" x 18"
1985

Figura 30
*Jardim Suiça III*
pastel e carvão sobre John Kohler papel feito à mão HMP
63 x 46 cm
1985

Plate 31
*Waura X*
charcoal on paper
12½" x 9½"
1990

Figura 31
*Waura X*
carvão sobre papel
32 x 24 cm
1990

Plate 32
*Waura VIII*
charcoal on paper
26" x 20"
1990

Figura 32
*Waura VIII*
carvão sobre papel
66 x 51 cm
1990

Plate 33
*Distant Influences*
ink, charcoal, pencil, pastel and gesso on paper
53" x 37"
1992

Figura 33
*Influência Distante*
tinta, carvão, lapis, pastel e gesso sobre papel
135 x 94
1992

Plate 34
*Garoto*
charcoal, pastel, mixed media on paper
30¼" x 30"
1997

Figura 34
*Garoto*
carvão, pastel e técnica mista sobre papel
77 x 76 cm
1997

Plate 35
*Arbusto*
charcoal and mixed media on paper
35" x 41"
1995

Figura 35
*Arbusto*
carvão e técnica mista sobre papel
89 x 104 cm
1995

Plate 36
*Study for Raízes*
charcoal and gesso on paper
38" x 50"
1997
Collection of the Artist

Figura 36
*Estudo para Raízes*
carvão e gesso sobre papel
96 x 127 cm
1997
Coleção do artista

Plate 37
*Amazon Journal #8*
watercolor, gouache and conte on handmade paper
18¼" x 18¼"
1997
Private Collection

Figura 37
*Diário Amazônico no. 8*
aquarela, guache e conte sobre papel feito à mão
46 x 46 cm
1997
Coleção particular

Plate 38
*Amazon Journal #120*
watercolor lithograph, ink and gouache on handmade paper
14¼" x 14⅛"
1998
Collection of Randy and Harriet Derwingson, Sonoma, California

Figura 38
*Diário Amazônico no. 120*
aquarela, litogravura, tinta and guache sobre papel feito à mão
37 x 36
1998
Coleção de Randy and Harriet Derwingson, Sonoma, California

Plate 39
*Abaixo #85*
watercolor and mixed media on paper
12" x 12"
1998
Private Collection

Figura 39
*Abaixo no. 85*
aquarela e técnica mista sobre papel
30,5 x 30,5 cm
1998
Coleção particular

Plate 40
*Abaixo #69*
etching, watercolor and ink on paper
12⅛" x 12⅛"
1998
Collection of Sol and Carol LeWitt, Chester, Connecticut

Figura 40
*Abaixo no. 69*
gravura em metal, Aquarela e Tinta sobre papel
31 x 31 cm
1998
Coleção de Sol e Carol LeWitt, Chester, Connecticut

Plate 41
*Abaixo #54*
etching, watercolor, gouache and ink on paper
12" x 12"
1998
Collection Marsha and Glenn Peck. Bethel Island, California

Figura 41
*Abaixo no. 54*
gravura em metal, aquarela, guache e tinta sobre papel
30,5 x 30,5 cm
1998
Coleção de Marsha e Glenn Peck, Bethel Island, California

Plate 42
*Tahiti Nui: Raiatea #14*
watercolor, gouache, ink and pencil on hand made paper
18 1/4" x 18 1/8"
2004
Nugent/McCabe Trust

Figura 42
*Tahiti Nui: Raiatea #14*
aquarela, guache, tinta e lápis sobre papel feito à mão
46 x 46 cm
2004
Truste Nugent/McCabe

Plate 43
*Untitled*
watercolor and ink on John Kohler hand made paper HMP
12 1/2" x 12 1/4"
2006
Collection of Richard and Jackie Derwingson, Mt. Shasta, California

Figura 43
*Sem título*
aquarela e tinta sobre John Kohler papel feito à mão HMP
32 x 31 cm
2006
Coleção de Richard e Jackie Derwingson, Mt. Shasta, California

Plate 44
*Flora Brasiliensis #2*
watercolor and gouache on hand made paper (1870 botanical illustration)
19 5/8" x 12 1/2"
2006

Figura 44
*Flora Brasiliensis #2*
aquarela e guache sobre papel feito à mão (Ilustração botânica de 1870)
50 x 32 cm
2006

Plate 45
*Flora Brasiliensis #5*
watercolor, gouache, pencil on hand made paper (1870 botanical illustration)
19 5/8" x 12-1/2"
2006
Collection of Robert Hudson and Mavis Jukes, Cotati, California

Figura 45
*Flora Brasiliensis #5*
aquarela, guache e lápis sobre papel feito à mão (Ilustração botânica de 1870)
50 x 32 cm
2006
Coleção de Robert Hudson e Mavis Jukes, Cotati, California

Plate 46
*Misturado #8*
watercolor, ink and gouache on hand made paper
12" x 12"
2005

Figura 46
*Misturado #8*
aquarela, tinta e guache sobre papel feito à mão
30,5 x 30,5 cm
2005

Plate 47
*Misturado #12*
watercolor, ink, gouache on hand made paper
12" x 12"
2005

Figura 47
*Misturado #12*
aquarela, tinta e guache sobre papel feito à mão
30,5 x 30,5 cm
2005

Plate 48
*Cepo*
oil on canvas
24" x 18"
2001
Private Collection

Figura 48
*Cepo*
óleo sobre tela
61 x 46 cm
2001
Coleção particular

Plate 49
*Untitled*
oil on canvas
12" x 12"
2001

Figura 49
*Sem título*
óleo sobre tela
30,5 x 30,5 cm
2001

Plate 50
*Canoa*
oil and charcoal on linen
68" x 80"
2006
Collection of the Artist

Figura 50
*Canoa*
óleo e carvão sobre linho
173 x 203
2006
Coleção do artista

Plate 51
*Raízes*
oil, charcoal, pencil and chalk on linen
60" x 60"
2006

Figura 51
*Raízes*
óleo, carvão, lápis e giz sobre linho
152 x 152 cm
2006

Plate 52
*Pássaro*
oil, encaustic and mixed media on panel
28" x 21 1/2"
1994

Figura 52
*Pássaro*
óleo, encaustic, técnica mista em painel
71 x 55 cm
1994

Plate 53
*Cinza*
oil on canvas
80" x 60"
1989
Private Collection

Figura 53
*Cinza*
óleo sobre tela
203 x 152 cm
1989
Coleção particular

Plate 54
*Amazonas, Madrugada*
oil on canvas
80" x 60"
1989
Collection of Jill Bacon Madden, Akron, Ohio

Figura 54
*Amazonas, Madrugada*
óleo sobre tela
203,2 x 152,4
1989
Coleção de Jill Bacon Madden, Akron, Ohio

Plate 55
*Enchente III*
oil on canvas
72" x 60"
1989
Collection of Herrett Center For Arts and Science, Twin Falls, Idaho

Figura 55
*Enchente III*
óleo sobre tela
183 x 152
1989
Coleção de Herrett Center For Arts and Science, Twin Falls, Idaho

Plate 56
*Enchente IV*
oil on canvas
72" x 60"
1989
Collection of Herrett Center For Arts and Science, Twin Falls, Idaho

Figura 56
*Enchente IV*
óleo sobre tela
183 x 152 cm
1989
Coleção de Herrett Center For Arts and Science, Twin Falls, Idaho

Plate 57
*Rootball*
oil and encaustic on panel
48" x 46"
1997
Private Collection

Figura 57
*Bola de Raízes*
óleo e encaustic em painel
122 x 117 cm
1997
Coleção particular

Plate 58
*Urucu*
oil and encaustic on panel
48" x 50 3/8"
1993

Figura 58
*Urucu*
óleo e encaustic em painel
122 x 128 cm
1993

Plate 59
*Tsitsica*
oil, mixed media and encaustic on panel
84" x 72"
1993
Collection of the Artist

Figura 59
*Tsitsica*
óleo, técnica mista e encaustic em painel
213 x 183 cm
1993
Coleção do artista

Plate 60
*Botão*
oil on canvas
72" x 72"
2000

Figura 60
*Botão*
óleo sobre tela
183 x 183 cm
2000

Plate 61
*Romaria*
oil on canvas
80" x 65"
2001
Collection of Natalie and Trevor Hardcastle, Pennellville, New York

Figura 61
*Romaria*
óleo sobre tela
203 x 165 cm
2001
Coleção de Natalie e Trevor Hardcastle, Pennellville, New York

Plate 62
*Inundação*
oil on canvas
80" x 66"
2000

Figura 62
*Inundação*
óleo sobre tela
203 x 167 cm
2000

Plate 63
*Tolhido*
oil on canvas
72" x 72"
2001
Collection of Triton Museum of Art, Santa Clara, California

Figura 63
*Tolhido*
óleo sobre tela
183 x 183 cm
2001
Coleção de Triton Mueum of Art, Santa Clara, California

Plate 64
*Trançado*
oil on canvas
48" x 60"
2000
Collection of Jay B. and Marcia Hunt, San Francisco, California

Figura 64
*Trançado*
óleo sobre tela
122 x 152 cm
2000
Coleção de Jay B. e Márcia Hunt, San Francisco, California

Plate 65
*Névoa*
oil and charcoal on canvas
70" x 50"
2002
Collection of Mayfield Fund, Menlo Park, California

Figura 65
*Névoa*
óleo e Carvão sobre tela
178 x 127 cm
2002
Coleção de Mayfield Fund, Menlo Park, Califórnia

Plate 66
*Mágico*
oil and charcoal on linen
50" x 70"
2002
Private Collection

Figura 66
*Mágico*
óleo e carvão sobre linho
127 x 178 cm
2002
Coleção particular

Plate 67
*Pica Pau*
oil on linen
50" x 70"
2002

Figura 67
*Pica Pau*
óleo sobre tela
127 x 178 cm
2002

Plate 68
*Enchente*
oil on canvas
80" x 66"
2000

Figura 68
*Enchente*
óleo sobre tela
203 x 167 cm
2000

Plate 69
*Obstante*
oil on canvas
62" x 66"
2001

Figura 69
*Obstante*
óleo sobre tela
157 x 167 cm
2001

Plate 70
*Abrigo*
oil on canvas
42" x 60"
2001
Private Collection

Figura 70
*Abrigo*
óleo sobre tela
107 x 152 cm
2001
Coleção particular

Plate 71
*Ilhéus*
oil and charcoal on canvas
58" x 44"
2003

Figura 71
*Ilhéus*
óleo e carvão sobre tela
147,3 x 111,8 cm
2003

Plate 72
*Lameiro*
oil and charcoal on linen
70" x 50"
2002

Figura 72
*Lameiro*
óleo e carvão sobre linho
178 x 127 cm
2002

Plate 73
*Waipa*
oil on linen
52" x 40"
2004

Figura 73
*Waipa*
óleo sobre linho
132 x 101
2004

Plate 74
*Sertão*
oil on canvas
80" x 66"
2002–2004
Collection of Ron Shore, Brisbane, California

Figura 74
*Sertão*
óleo sobre tela
203 x 167 cm
2002–2004
Coleção de Ron Shore, Brisbane, California

Plate 75
*Oeste*
oil on canvas
80" x 66"
2002–2004
Collection of Dawn Lepore and Kenneth Gladden, Seattle, Washington

Figura 75
*Oeste*
óleo sobre tela
203 x 167 cm
2002–2004
Coleção de Dawn Lepore and Kenneth Gladden, Seattle, Washington

Plate 76
*Quebra Cabeça*
Diptych
oil on canvas
80" x 132"
2002
Collection of the Triton Museum of Art, Santa Clara, California

Figura 76
*Quebra Cabeça*
Díptico
óleo sobre tela
203 x 335 cm
2002
Coleção de Triton Museum of Art, Santa Clara, California

Plate 77
*Partida*
oil on canvas
72" x 88"
2001
Collection of Sami and Zach Lange, Rohnert Park, California

Figura 77
*Partida*
óleo sobre tela
183 x 223 cm
2001
Coleção de Sami e Zach Lange, Rohnert Park, Cálifornia

Plate 78
*Marajó*
oil, charcoal, ink, chalk and pencil on linen
60" x 80"
2006–2007

Figura 78
*Marajó*
óleo, carvão, tinta, giz e lápis sobre linho
152 x 203 cm
2006–2007

Plate 79
*Cabeça de Macaco*
oil and charcoal on linen
76" x 104"
2006

Figura 79
*Cabeça de Macaco*
óleo e carvão sobre linho
193 x 264 cm
2006

Plate 80
*Pirarucu*
oil and charcoal and pencil on linen
76" x 104"
2006

Figura 80
*Pirarucu*
óleo, carvão, lápis sobre linho
193 x 264 cm
2006

Plate 81
*Floresta*
oil, charcoal and pencil on linen
60" x 80"
2006

Figura 81
*Floresta*
óleo, carvão, e lápis sobre linho
152 x 203 cm
2006

Plate 82
*Coberto*
oil and charcoal on linen
60" x 80"
2006
Private Collection

Figura 82
*Coberto*
óleo e carvão sobre linho
152 x 203 cm
2006
Coleção particular

Plate 83
*Abrigo*
oil, charcoal, ink, chalk and pencil on linen
50" x 70"
2006
Collection of the Artist

Figura 83
*Abrigo*
óleo, carvão, tinta e lápis sobre linho
127 x 178 cm
2006
Coleção do artista

Plate 84
*Cobrado*
oil, charcoal, ink, chalk and pencil on linen
40" x 52"
2006
Collection of Jill Bacon Madden, Akron, Ohio

Figura 84
*Cobrado*
óleo, carvão, tinta e lápis sobre linho
101 x 132 cm
2006
Coleção de Jill Bacon Madden, Akron, Ohio

Plate 85
*Brusco*
oil, charcoal, ink, chalk and pencil on linen
60" x 80"
2006

Figura 85
*Brusco*
óleo, carvão, tinta, giz e lápis sobre linho
152 x 203 cm
2006

Plate 86
*Lírio*
oil, charcoal, pencil and gesso on linen
40" x 52"
2006
Courtesy of Dan Galeria, São Paulo, Brazil

Figura 86
*Lírio*
óleo, carvão, lápis e gesso sobre linho
101 x 132 cm
2006
Cortesia de Dan Galeria, São Paulo, Brazil

Plate 87
*Borboleta*
oil, charcoal, pencil and gesso on linen
52" x 40"
2006

Figura 87
*Borboleta*
óleo, carvão, lápis e gesso sobre linho
132 x 101 cm
2006

Plate 88
*Intruso*
oil, charcoal, ink, chalk and pencil on linen
52" x 40"
2006

Figura 88
*Intruso*
óleo, carvão, tinta, giz e lápis sobre linho
132 x 101 cm
2006

Plate 89
*Enviado*
oil, charcoal, ink, watercolor and pencil on linen
48" x 48"
2007

Figura 89
*Enviado*
óleo, carvão, tinta, aquarela e lápis sobre linho
122 x 122 cm
2007

Plate 90
*Rodopio*
oil, charcoal, watercolor, pencil, chalk on linen
48" x 48"
2007
Courtesy of Dan Galeria, São Paulo, Brazil

Figura 90
*Rodopio*
óleo, carvão, aquarela, lápis e giz sobre linho
122 x 122 cm
2007
Cortesia de Dan Galeria, São Paulo, Brazil

Plate 91
*Palma*
oil, charcoal, pencil, chalk on linen
52" x 40"
2006
Collection of Mr. and Mrs. Donald McCabe

Figura 91
*Palma*
óleo, carvão, lápis e giz sobre linho
132 x 101 cm
2006
Coleção de Mr. e Mrs. Donald McCabe

Plate 92
*Santo*
oil, charcoal, watercolor, gouache, pencil and ink on linen
48" x 48"
2007
Courtesy of Dan Galeria, São Paulo, Brazil

Figura 92
*Santo*
óleo, carvão, aquarela, guache, lápis e tinta sobre linho
122 x 122 cm
2007
Cortesia de Dan Galeria, São Paulo, Brazil

Plate 93
*Alegria*
oil, charcoal, watercolor, gouache, pencil and chalk on linen
60" x 60"
2007

Figura 93
*Alegria*
óleo, carvão, aquarela, guache, lapis e giz sobre linho
152 x 152 cm
2007

Plate 94
*Agarrado*
oil, charcoal, watercolor, ink, pencil and chalk on linen
60" x 60"
2006

Figura 94
*Agarrado*
óleo, carvão, aquarela, tinta, lápis e giz sobre linho
152 x 152 cm
2006

Plate 95
*Comporta*
oil, charcoal, ink, chalk and pencil on linen
40" x 52"
2006
Courtesy of Dan Galeria, São Paulo, Brazil

Figura 95
*Comporta*
óleo, carvão, tinta, giz e lápis sobre linho
101 x 132 cm
2006
Cortesia de Dan Galeria, São Paulo, Brazil

Plate 96
*Beira*
oil on linen
70" x 50"
2004

Figura 96
*Beira*
óleo sobre linho
177,8 x 127 cm
2004

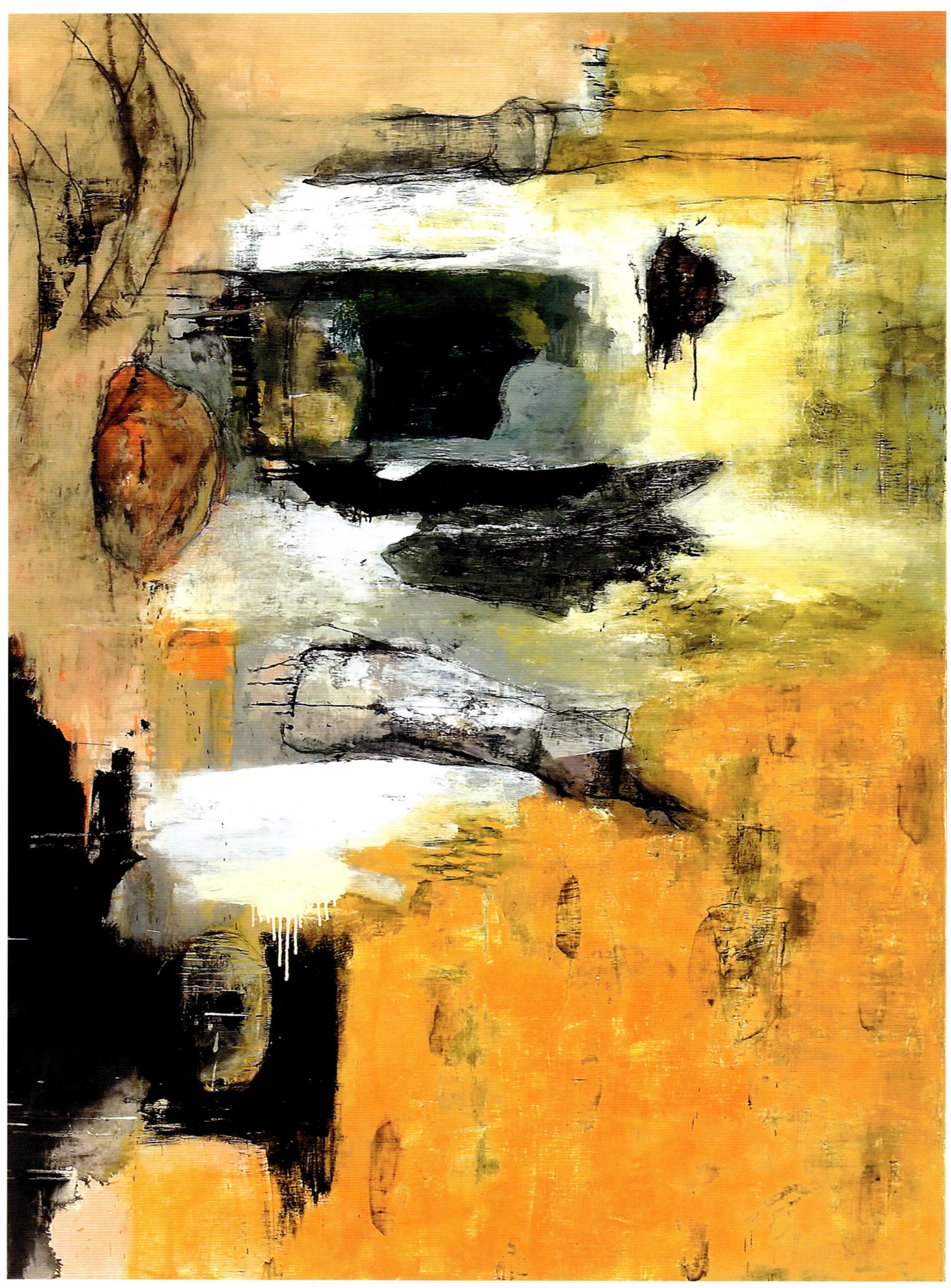

Plate 96. *Beira*, 2004 | figura 96. *Beira*, 2004

# Biography | Biografia

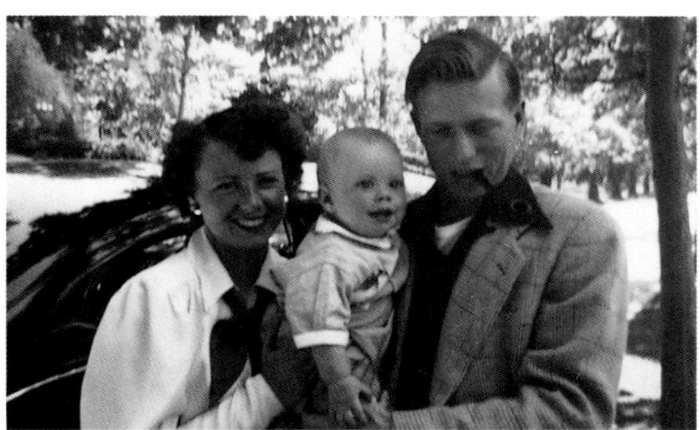

## In Conversation with Georgina Balkwell | Em Conversa com Georgina Balkwell

Bobby Lee Nugent Jr. born August 15, 1947 in Santa Monica, California to Bob and Beverly Nugent. Father is in the grocery business and mother is a homemaker. Spends much of his youth at the beach with his mother and sister.

Bobby Lee Nugent Jr. nasce em 15 de Agosto, 1947 em Santa Mônica, Califórnia, filho de Bob e Beverly Nugent. O pai trabalha no setor de mercearias, a mãe é dona de casa. Passa boa parte de sua juventude na praia com sua mãe e sua irmã.

### On Work Ethic

*"When I was thirteen my father approached me and asked me if I was going to want a car when I turned sixteen. I hadn't given it much thought—that was three years away—and I told him that I guessed I would want a car. And he said, 'Good. Then you're going to work today.' And he put me to work in a warehouse affixing price tags onto women's capris. I did that all summer long. It was not unusual for my father to put me to work this way.*

*The two of us poured concrete four by six feet at a time one weekend after another until our whole backyard was cemented. My father worked six days a week but always had some project for us to do on his day off. Without either one of us realizing it, he was teaching me the Irish work ethic. I guess that's why I work as hard as I do in the studio and at all the things I do."*

*"Before my father would set me off on a task, he'd say to me, 'If you're not prepared to spend time doing it right the first time, be sure you leave enough time to do it right the second time.' In other words, he was saying to me, 'You might as well do it right because if you don't I'll make you do it again.' I've never forgotten that, and when I approach my own work, I spend the time to get it right."*

### Sobre Ética de Trabalho

*"Quando eu fiz treze anos, meu pai me perguntou se eu iria querer um carro quando fizesse dezesseis anos. Eu não tinha pensado muito no assunto—que estava ainda três anos à frente—e respondi que possivelmente sim. Ele disse: 'Ótimo. Então você começa a trabalhar hoje.' E ele me colocou num depósito etiquetando preços em calças femininas. Fiz isso o verão inteiro. Não era nenhuma novidade meu pai me colocar para trabalhar desse jeito.*

*Nós dois despejamos concreto em grandes fôrmas, um final de semana após o outro, até que todo o fundo de nossa casa estivesse cimentado. Meu pai trabalhava seis dias por semana, mas sempre tinha um projeto para nós dois no seu dia livre. Sem que nenhum de nós se desse conta, ele estava me ensinando a ética irlandesa de trabalho. Acho que é por isso que trabalho tão duro no ateliê e em todas as coisas que faço."*

*"Antes que meu pai me enviasse para fazer alguma tarefa, ele me dizia: 'Se você não quiser gastar tempo para fazer certo da primeira vez, reserve tempo suficiente para a segunda." Em outras palavras, ele estava me dizendo: 'É bom você fazer direito, ou eu faço você fazer de novo." Eu nunca me esqueci disso, e quando encaro meu próprio trabalho, gasto o tempo necessário para fazer direito."*

Bob and Beverly Nugent with Bobby, 1948 | Bob e Beverly Nugent com Bobby, 1948

**1965** Enters the University of California at Santa Barbara as a math/architecture student. During sophomore year enrolls in a life drawing class with Howard Warshaw and decides to pursue art.

*"In high school I had been a math major and had taken three years of drafting. I applied to the University of Southern California in Los Angeles and was accepted to their School of Architecture. If I'd gone to that school I would have had to continue living at home—but I wanted to live away from home. So I asked my mother if I could attend UCSB, where a number of my friends were going to school. I knew this wouldn't sit well with my father, but my mother told me she'd convince him that going to UCSB was the best thing for me.*

*So at the last minute I went to UCSB hoping to pursue math and architecture. Unfortunately at the time I wasn't aware that UCSB didn't have an architecture school. So I tried every course available to me—engineering, chemistry, history, and theater. It was during my sophomore year that I took my first art class with Howard Warshaw and decided to become an artist."*

**1965** Ingressa na Universidade da Califórnia em Santa Bárbara (UCSB) como estudante de matemática/arquitetura. No segundo ano da universidade, matriculase em aula de desenho vivo com Howard Warshaw e decide-se pelo curso de Artes.

*"Eu tinha me formado em matemática na faculdade e tirado três anos para o serviço militar. Fui aceito na Escola de Arquitetura da Universidade de Southern California, em Los Angeles. Se aquela fosse a minha escolha, eu teria continuado a viver em casa—mas eu queria viver fora de casa. Então perguntei à minha mãe se poderia cursar a Universidade da Califórnia em Santa Barbara (UCSB), que vários amigos cursavam. Eu sabia que essa idéia não agradaria muito ao meu pai, mas minha mãe me disse que o convenceria que cursar a UCSB seria o melhor para mim.*

*Foi assim que no último instante eu fui para a UCSB para cursar matemática e arquitetura. Infelizmente eu não sabia que a UCSB não tinha uma escola de arquitetura. Tentei então tudo o que havia disponível—engenharia, química, história, teatro. Foi durante meu segundo ano que eu fiz meu primeiro curso de Artes com Howard Warshaw e decidi me tornar um artista."*

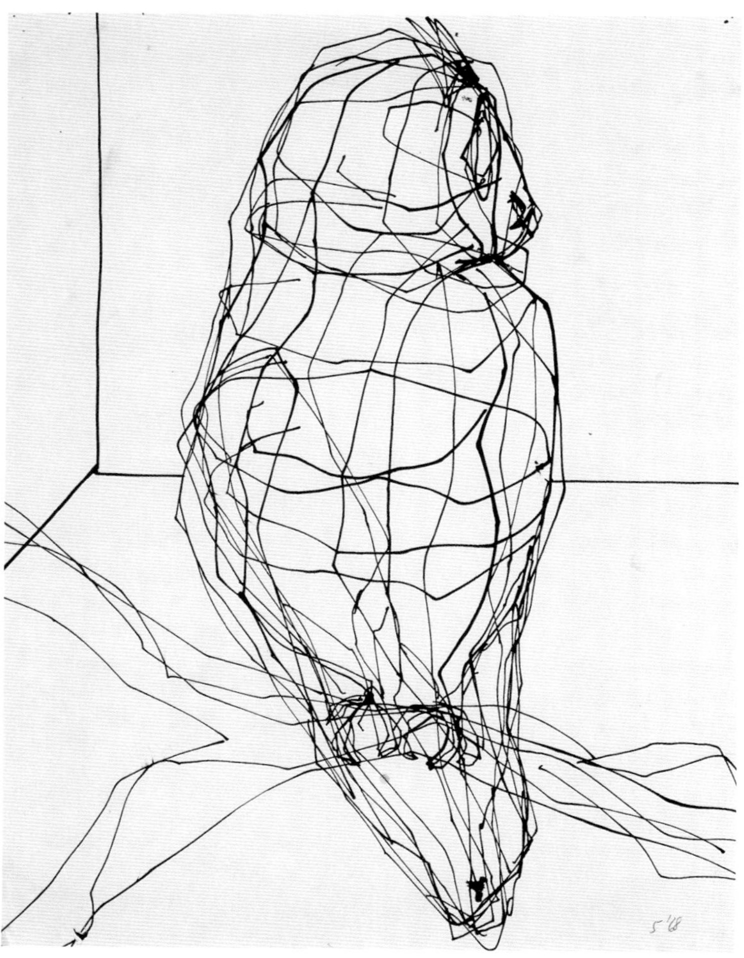

*Cage Volume Drawing* from when Bob was a student, 1968 | *Desenho de estrutura volumétrica feito* por Bob quando estudante, 1968

**1967** Selected to enter the College of Creative Studies at UCSB, a separate undergraduate college designed to direct a gifted group of students toward advanced work in a creative field. Studies full time under the direction of Warshaw and attends seminars from visiting scholar Buckminster Fuller.

> *"In school I was told that the best artists had angst, that they had to suffer in order for their art to be any good. I was kind of worried because I'd had a really great childhood. When I got to college I didn't even know what angst was. But Howard Warshaw, the professor I studied under, never led me to believe artists had to suffer. He taught us to draw by showing us how to see things, to look at them properly. If we could translate that into drawing then that was what art was about—translating that idea, that image, to paper."*

**1969** Receives Bachelor of Arts degree in Painting and Drawing from the College of Creative Studies, UCSB. Begins graduate work in the University's Art Department. Attends lectures given by Richard Diebenkorn at the University of California, Los Angeles.

**1967** É selecionado para a Escola de Estudos Criativos da UCSB, curso à parte criado para direcionar um grupo de estudantes particularmente dotados para trabalho avançado num campo criativo. Estuda em tempo integral sob a direção de Warshaw e participa de seminários do professor convidado Buckminster Fuller.

> *"Na escola, me disseram que os grandes artistas eram angustiados, que era necessário que eles sofressem para que produzissem algo de valor. Fiquei preocupado, pois vivera uma ótima infância. Quando cheguei à faculdade, eu nem mesmo sabia o que era angústia. Mas Howard Warshaw, meu professor, nunca procurou me convencer de que artistas devem sofrer. Ele nos ensinou a desenhar nos mostrando como enxergar as coisas, vê-las da forma correta. Se pudéssemos traduzir isso para o desenho, entenderíamos o sentido da arte, traduzir aquela idéia, aquela imagem, para o papel."*

**1969** Recebe o Bacharelado em Artes em Pintura e Desenho da Escola de Estudos Criativos, UCSB. Inicia curso de mestrado no Departamento de Artes da Universidade. Participa de aulas de Richard Diebenkorn na Universidade da Califórnia, Los Angeles.

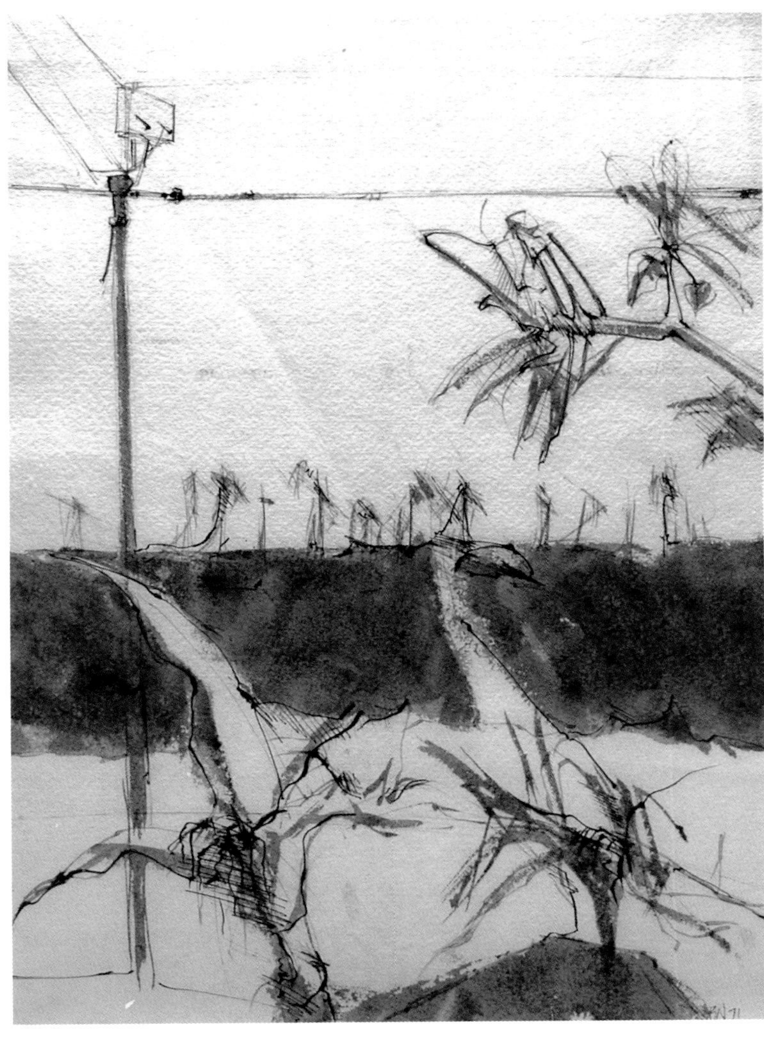

Untitled Landscape, 1971 | Paisagem sem título, 1971

*"My training had to do with a baroque style of studying and drawing the human figure. Warshaw used to tell us that eventually we would find something we wanted to express. When I was in school I didn't know what that was, so I continued just studying the old masters—DaVinci, Rembrandt, Delacroix, Caravaggio. As time went on I was influenced by Picasso, Matisse, Bonnard, and contemporaries like Diebenkorn and de Kooning. It wasn't until I left school and was on my own without someone telling me what to do that I started finding my own way, and somehow that always involved the landscape."*

**1970** Marries Susan Bates. While attending UCSB, enlists in the Army Reserve and is called to active duty. Participates in basic training at Fort Ord, California, where he is ordered by the Base Commander to paint murals. Is discharged early due to kidney trouble and returns to UCSB in the fall to complete graduate work.

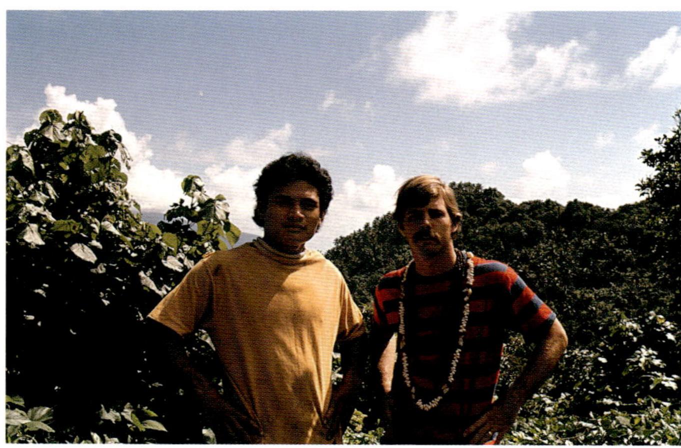

**1971** Receives Master of Fine Arts degree in Painting from UCSB. Under contract through the University of Hawaii, teaches drawing and sculpture for one year in the first art program ever taught in Tau, Manua, American Samoa. During his year-long stay learns to work with tapa cloth and handmade paper as a surface for painting.

*"My first year out of school, I was hired to teach in the Samoan Islands. I had not really been away from home before. I'd vacationed with my family in the mountains, and once, after high school, I'd gone to the Hawaiian Islands. But that was it.*

*So when I went to Samoa it was a shock. The island was three miles long and three quarters of a mile wide. There were three villages and 1,300 people, and there was no regular electricity, just a generator we fired up for a couple hours a day. And so for me this was an absolutely unknown environment. But it was an adventure, and I reveled in*

*"Minha educação teve a ver com o estilo barroco de estudar e desenhar a forma humana. Warshaw costumava nos dizer que o tempo nos faria achar algo que iríamos querer expressar. Mesmo quando eu estava na escola, eu não sabia o que seria, então continuei a estudar os antigos mestres—Da Vinci, Rembrandt, Delacroix, Caravaggio. Com o passar do tempo, fui influenciado por Picasso, Matisse, Bonnard, e contemporâneos como Diebenkorn e de Kooning. Foi apenas quando saí da escola e me vi sozinho, sem ninguém para me dizer o que fazer, que comecei a encontrar o meu caminho, e ele de alguma forma sempre incluiu a paisagem."*

**1970** Casa-se com Susan Bates. Ainda cursando a UCSB, alista-se na Reserva do Exército e é chamado a servir. Participa de treinamento básico em Fort Ord, Califórnia, onde recebe ordens o Comandante da Base para pintar murais. É desligado do Exército prematuramente devido a problema de rim e retorna à UCSB no outono para completar o curso de mestrado.

**1971** Recebe o Mestrado em Belas Artes na área de Pintura da UCSB. Contratado pela Universidade do Havaí, leciona cursos de desenho e escultura por um ano no primeiro programa ministrado em Tau, Manua, Samoa Americana. Durante sua estadia de um ano, aprende a trabalhar com panos "tapa" e papel feito à mão como superfícies de pintura.

*"Em meu primeiro ano após a escola, fui contratado para lecionar nas Ilhas Samoa. Na verdade, eu nunca tinha morado longe de casa. Tinha passado férias com a família nas montanhas, e uma vez, após o colegial, tinha visitado as ilhas do Havaí—e só.*

*Por isso, viver Samoa foi para mim um choque. A ilha tinha menos de 5km de comprimento e 1,2km de largura. Havia três vilarejos e 1.300 habitantes. Não havia rede de eletricidade, apenas um gerador que era acionado um par de horas por dia. Para mim, era um ambiente completamente desconhecido. Mas era uma aventura, e eu me deliciei com cada momento, em*

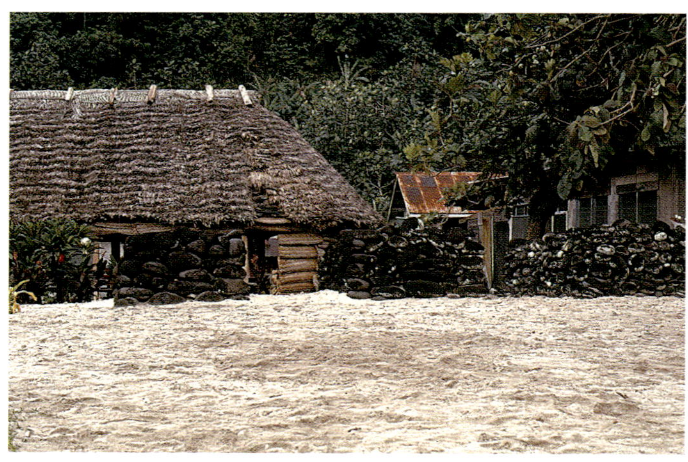



Bob and Student, American Samoa, 1971 | Bob e estudante, Samoa Americana, 1971

Samoan Fale (House), 1971, Photo credit: Bob Nugent | Casa de Samoa, 1971, Crédito de Fotografia: Bob Nugent

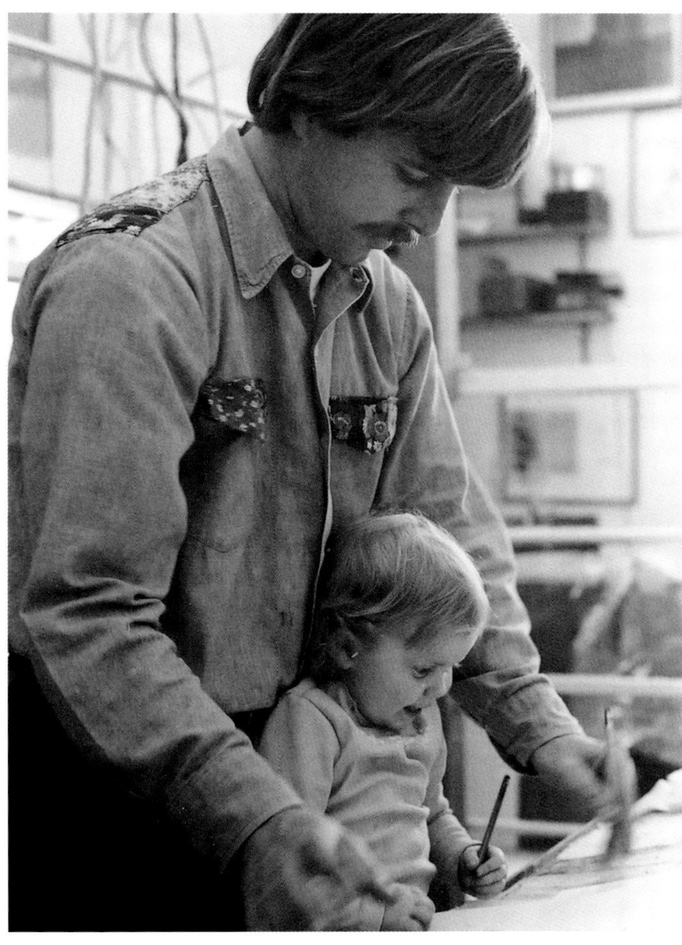

*every part of it, especially in being in another culture. I loved learning to make tapa cloth, to spear fish, and to navigate a long boat through the reef at low tide. I'm sure I learned more from the Samoans than they learned from me."*

1972 Returns to California and begins applying for teaching positions. Still painting on tapa cloth he made in Samoa, starts a series of pastel landscape drawings.

1973 Daughter Erin Lee is born. Accepts temporary sabbatical leave replacement position at Pepperdine University in Malibu, California. By night, works as a stocker in a grocery store in order to support his young family. Later accepts permanent Art Instructor position at College of the Siskiyous in Northern California.

1974 Buys property at the edge of the Siskiyou National Forest near Mount Shasta. Builds his first home and studio.

*"While living in Mount Shasta, California I discovered a new way of working—of making objects from handmade paper. Constructing images with, rather than on the paper, allowed me to have total control over the images I wanted to make."*

1975 Meets Garner Tullis of Experimental Print-making in Santa Cruz, California and learns about making paper from cotton. Travels to Tuscany, Italy to study the art of paper-making at the Mangani Mill in Pescia. At the Piazza Santa

*especial com o fato de viver outra cultura. Eu adorava aprender a fazer panos de tapa, arpoar peixes a navegar um longo barco pelos recifes na maré baixa. Tenho certeza de que aprendi mais com os habitantes de lá do que eles comigo."*

1972 Retorna à Califórnia a começa a buscar emprego como professor. Ainda pintando em panos "tapa" que fizera em Samoa, começa uma série de desenhos de paisagens em pastel.

1973 Nasce a filha Erin Lee. Aceita posto temporário como substituto de um professor em licença sabática na Universidade Pepperdine em Malibu, Califórnia. À noite, trabalha como repositor de estoque em mercearias para sustentar sua jovem família. Mais tarde, aceita posto de Instrutor de Arte permanente na Faculdade dos Siskiyous no norte da Califórnia.

1974 Adquire propriedade no entorno da Floresta Nacional Siskiyou, perto de Mount Shasta, Califórnia. Constrói sua primeira residência e ateliê.

*"Vivendo em Mount Shasta, Califórnia, eu descobri uma nova maneira de trabalhar—criar objetos com papel feito à mão. Construir imagens com, ao invés de sobre o papel permitiu que eu tivesse controle total sobre as imagens que eu desejava criar."*

1975 Conhece Garner Tullis, da Experimental Printmaking em Santa Cruz, Califórnia, e aprende a fazer papel à mão com fibra de algodão. Viaja para a Toscana, Itália, para estudar a arte de fazer papel no Estúdio Mangani, em Pescia. Na Piazza Santa Croce, interpreta "Alimentando os Pombos", primeira encenação de obra-performance de que se tem notícia em Florença.

*"Eu estudava em Florença, a duas quadras da Duomo, e voltava ao meu ateliê a cada noite para fazer um desenho sobre o que tinha visto naquele dia, coisas que influenciavam o que eu sentia sobre o lugar. Essa foi minha maneira de criar um diário sobre meu verão na Itália."*

*Eu mencionava pinturas históricas em minhas aulas, mas nunca as tinha visto em pessoa. Quando eu vi as obras de perto e passei um bom tempo nos museus, meu discurso e atitude sobre como lecionar, bem como sobre meu trabalho, mudaram muito. Eu começava então a perceber o quão importante viajar seria para o meu trabalho."*

1976 Colabora com Donn Brannon, amigo e Mestre Poeta da National Humanities no "Projeto Oglala", instalação no El Camino College, Los Angeles, Califórnia.

*"Meu amigo, o poeta Donn Brannon, escrevia poemas incríveis na metade dos anos 70, e eu buscava uma maneira de trabalharmos juntos. Eu simplesmente adorava estar junto dele. Assim, quando tivemos a idéia de falar sobre os índios Oglala Sioux, nós pensamos*

Bob and daughter Erin Lee in Mt. Shasta Studio, 1974, Photo Credit: Paul Ste Marie | Bob e filha Erin Lee no ateliê de Mount Shasta, 1974 Crédito de Fotografia: Paul Ste Marie

Croce performs "Feeding the Pigeons," the first modern performance piece known to have been given in Florence.

*"I was studying in Florence, two blocks from the Duomo, and would return to my studio each night and make a drawing about what I'd seen that day, all the things that influence the way we feel about a place. This was my way of creating a journal about my summer in Italy."*

*"I'd been talking about historical paintings in my classes but had never seen those paintings in person. Once I saw the real thing and spent time in the museums, it changed my whole discussion and attitude about how I approached my teaching and much of my own work. I was beginning to see how important travel was to my work."*

**1976** Collaborates with Donn Brannon, friend and National Humanities Scholar Poet, on "Oglala Project," an installation at El Camino College, Los Angeles, California.

*"My friend, the poet Donn Brannon, was writing some incredible poetry in the mid-seventies, and I wanted to find a way for us to work together. I just liked being around the guy. So when we came up with*

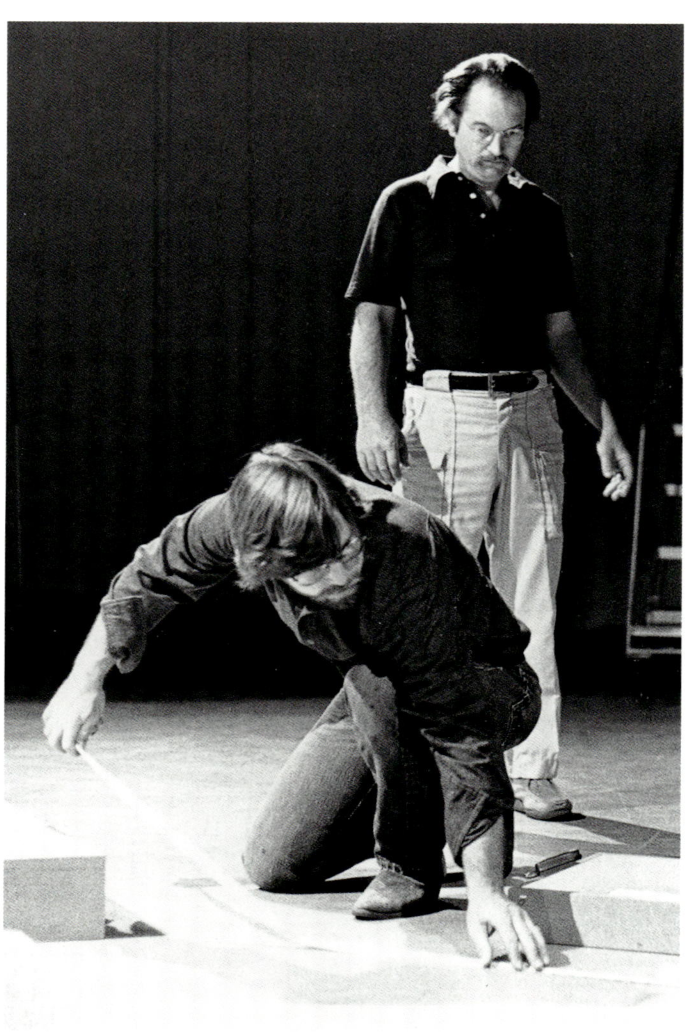

Donn Brannon and Bob Nugent installing their Oglala Project at El Camino College, 1976 | Donn Brannon e Bob Nugent instalando seu Projeto Oglala no El Camino College, 1976

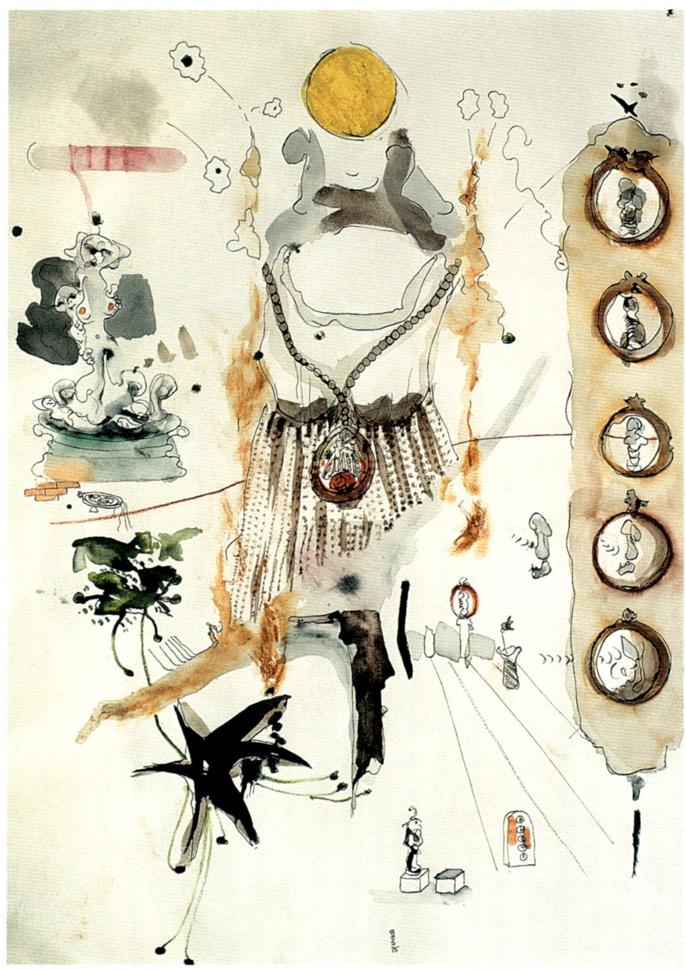

One of the daily drawings, Florence, Italy, 1975, Photo credit: Bob Nugent
Um dos desenhos diários, Florença, Itália, 1975, Crédito de fotografia: Bob Nugent

*em lidar com as vozes das pessoas que ficaram na aldeia, ao invés das vozes dos que atacaram Custer.*

*Assim, Don foi escrever poesia nas Montanhas Black, nos Dakotas. Quando voltou, ele trouxe terra de lá, que eu usei para fazer tinta e gravar seus poemas em esculturas em alto relevo que eu havia feito. Era como se eu fosse um arqueólogo, cavando e revelando ossos de uma civilização. À medida que eu revelava esses ossos, as vozes das pessoas presas naquele momento do tempo falavam comigo."*

**1976–78** Monta estúdio para produção de papel feito à mão em seu ateliê em Anomaly Acres, Mount Shasta, Califórnia, produzindo papel exclusivamente para seus próprios projetos. Começa a trabalhar em estruturas selecionadas na Floresta Nacional Siskiyou usando papel feito à mão e madeira, e exibe peças documentais em exposições coletivas por todo o país. Continua a lecionar na Faculdade dos Siskiyous.

*"Eu havia finalmente me estabelecido e ganhava alguma notoriedade por minhas peças de papel feito à mão. Meus trabalhos vendiam bem; eu tinha pedidos de várias partes do país para mais de duas dúzias de peças. Mas isso me assustava um pouco— eu me dei conta de que não estava crescendo artisticamente, mas apenas atendendo a pedidos, criando*

A POEM BY DONN BRANNON

From the "Oglala Project"

## Buffalo

*What are you?*
*A dream for dreamers?*
*My kettle—your belly*
*Filled with red-hot stones.*
*Your sinews—my bow string.*
*Your horn—my spoon.*
*You are my quiver—*
*The lodge that I live in,*
*The mat on which I lie.*
*You are the robe*
*That rubs against my body.*
*You are the shield from enemies,*
*My burial robe and hide.*
*Your hot lungs become mine.*
*Your blood—my blood*
*And I kill you because*
*Your blood is my blood*
*Your life my life*
*Your dream*
*Is the dreamer*
*In me.*

POEMA DE DONN BRANNON

Do "Projecto Oglala"

## Búfalo

*O que é você?*
*Um sonho para sonhadores?*
*Meu bule – sua barriga*
*Cheio de pedras escaldantes*
*Seus tendões – a corda do meu arco*
*Seu chifre – minha colher*
*Você é meu porta-flechas*
*A cabana onde moro*
*A esteira sobre a qual me deito.*
*Você é a veste*
*Que toca meu corpo*
*O escudo contra inimigos*
*Minha manta mortuária e esconderijo*
*Seus pulmões quentes se tornam os meus.*
*Seu sangue – meu sangue*
*E eu o mato porque*
*Seu sangue é o meu sangue*
*Sua vida a minha vida*
*Seu sonho*
*É o sonhador*
*Em mim.*

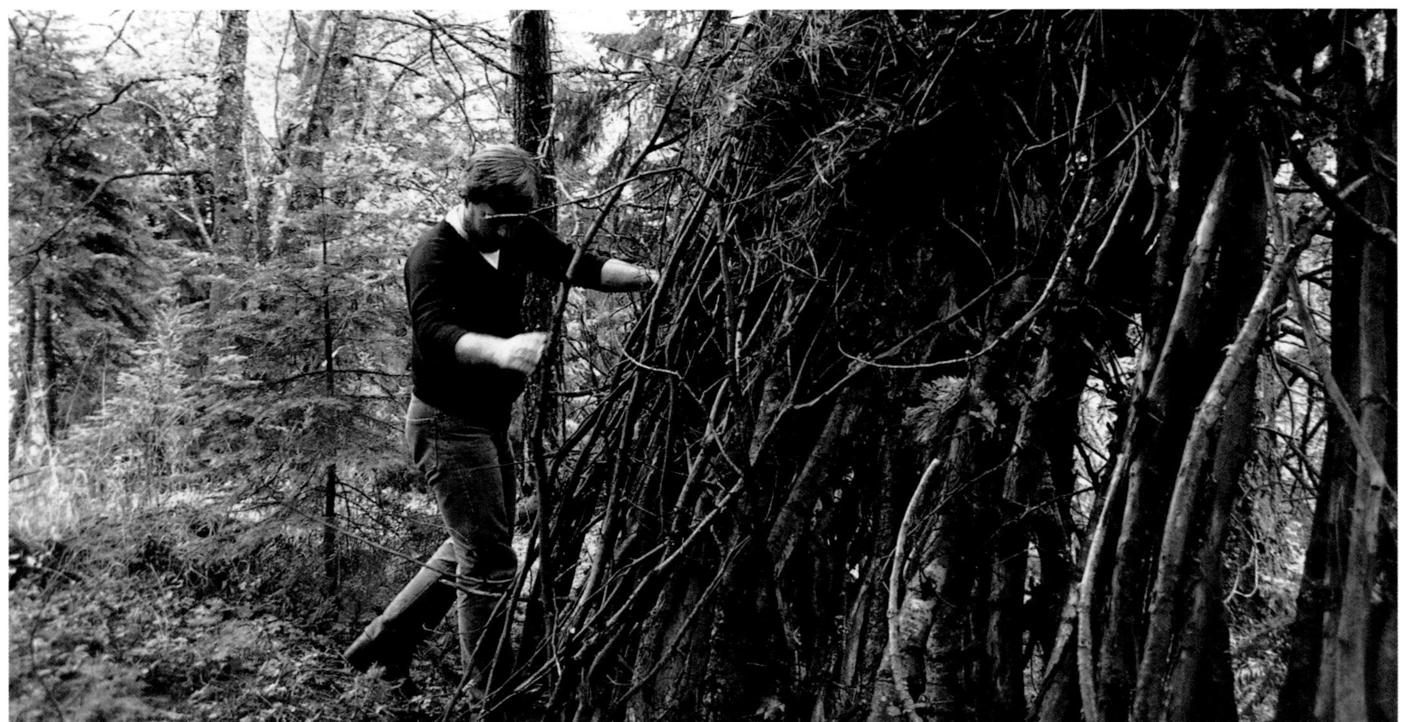

*this idea for talking about the Oglala Sioux Indians, we thought we'd deal with the voices of the people left in the village rather than the voices of those who attacked Custer.*

*So Donn went to the Black Hills of the Dakotas and wrote poetry there. And when he came back he brought dirt from the site, which I then used to make ink and stamp his poems into relief sculptures I'd made. It was as if I were an archaeologist, digging and revealing the bones of a civilization. As I uncovered those bones, the voices of the people caught in that moment in time spoke to me."*

**1976–78** Establishes handmade paper mill at his studio, Anomaly Acres, in Mount Shasta, California, making paper exclusively for his own projects. Begins work on site-specific structures throughout the Siskiyou National Forest using handmade paper and wood, and exhibits documentation pieces in group shows throughout the United States. Continues to teach at College of the Siskiyous.

*"I'd finally become established and was getting some notoriety for my handmade paper pieces. The work was selling well; I had orders from around the country for more than two dozen pieces. Yet this frightened me a bit—I found I was not growing artistically but rather filling orders, creating images that were a variation on a theme.*

*As a result, I stopped the "Ancient Mariner Series." I told my dealers I wasn't going to make any more, leaving many orders unfilled. I went into the woods and started making things purely for my own*

*imagens que eram variações sobre um mesmo tema. O resultado foi que interrompi a Série do Velho Marinheiro. Disse aos meus marchands que não iria mais fazer essas peças, deixando vários pedidos por entregar. Me internei nas matas e comecei a fazer coisas apenas para minha satisfação pessoal, coisas que não poderia vender—esculturas feitas de galhos e ramos caídos—e as fotografei. Fiz isso por dois anos."*

**1977** Recebe o Fellowship da Fundação Louis Comfort Tiffany por seu trabalho em papel feito à mão. Exposição individual no Redding Museum and Art Center, Redding, Califórnia.

**1978** Retorna à Itália para estudo da produção de papel feito à mão na Oficina Fabriano de Papel. Hospedado no Hotel Dinesen durante a Bienal de Veneza, conhece o artista David Nash, do País de Gales e do Menashe Kadishman de Israel. Primeiras exposições individuais na Kathryn Markel Fine Arts, de Nova York; na Galleria Del Cavallino, Veneza, Itália; no Quadragonarte, Treviso, Itália; e no Dartington College of Arts, Devon, Inglaterra. Visita a Oficina Wookey Hole de Papel Feito à Mão, em Somerset, Inglaterra.

**1979** Recebe o Fellowship do National Endowment for the Arts. Exposições individuais na Galeria Grape-stake, São Francisco, Califórnia; Galeria Roy Boyd, Chicago, Illinois; e Gallerie Camomille, Bruxelas, Bélgica.

**1980** Artista residente na Universidade do Arizona, Tucson, onde conhece Tim McDowell, jovem artista que o ensina a realizar monogravuras. Artista convidado na Universidade de Indiana, em Bloomington, Indiana, onde realiza suas primeiras litogravuras na Echo Press. Exposição retrospecti-



Site specific structure on property behind studio in Siskiyou National Forest, 1976–1978, Photo credit: Paul Ste. Marie
Estrutura com materiais locais na propriedade dos fundos do estúdio na Floresta Nacional Siskiyou, 1976–1978, Crédito de Fotografia: Paul Ste. Marie

*amusement, things I could not sell—sculptures made out of fallen branches and twigs—and I photographed them. I did this for two years."*

**1977** Awarded the Louis Comfort Tiffany Foundation Fellowship for his work in handmade paper. Solo show at Redding Museum and Art Center, Redding, California.

**1978** Returns to Italy to study papermaking at the Fabriano Paper Mill. While staying at Hotel Dinesen during Venice Biennale, meets artists David Nash from Wales and Menashe Kadishman from Israel. First solo exhibitions at Kathryn Markel Fine Arts, New York, New York; Galleria Del Cavallino, Venice, Italy; Quadragonarte, Treviso, Italy; and Dartington College of Arts, Devon, England. Visits Wookey Hole Handmade Paper Mill, Somerset, England.

**1979** Awarded National Endowment for the Arts Fellowship. Solo exhibitions at Grapestake Gallery, San Francisco, California; Roy Boyd Gallery, Chicago, Illinois; and Gallerie Camomille, Brussels, Belgium.

**1980** Artist in Residence at the University of Arizona, Tucson, where he meets Tim McDowell, a young artist who teaches him how to make monoprints. Guest Artist at Indiana University, Bloomington, Indiana, where he makes his first lithographs at Echo Press. Ten-year survey exhibition at the Los Angeles Municipal Art Gallery, California. Second solo show at Kathryn Markel Fine Arts, New York, New York.

**1981** Accepts position at Sonoma State University in Rohnert Park, California, where he will continue to teach for 24 years, attaining the rank of full professor and Department Chair. Solo exhibitions at Galleria Futura, Stockholm, Sweden, and at the Tucson Museum of Art, Arizona.

**1983** Designs and builds new home and studio in Santa Rosa, California. Meets and befriends Joe Benziger in Oakmont, California, eventually establishing the Benziger Family Winery's international contemporary art collection. Receives travel grant as one of seven American artists (including Robert Rauschenberg, David Hockney, Kenneth Nolan and others) invited by the Japanese government to lecture at the International Paper Conference, Kyoto, Japan. Studies with Japanese master papermaker in Obara, Japan and meets and befriends Brazilian artist Otavio Roth.

*"After working with Western-style handmade paper for ten years, I started to incorporate Japanese papers. So in January of '83 I went to Japan to find out how to make it and worked with a Japanese master papermaker.*

*Otavio Roth, a Brazilian artist, was studying with a master calligrapher at the same time in a nearby town, and the two masters felt we should meet one another. As a result, we had dinner and immediately became friends. Otavio used to say it was because we were both "stockies," short, stocky guys, that we became like brothers.*

va abordando dez anos de trabalhos realizados na Galeria Municipal de Artes de Los Angeles, Califórnia. Segunda exposição individual na Kathryn Markel Fine Arts, Nova York.

**1981** Aceita cargo docente na Universidade Sonoma State em Rohnert Park, Califórnia, onde segue lecionando por 24 anos, alcançando o posto de Professor Titular e Chefe de Cadeira do Departa-mento. Exposições individuais na Galeria Futura, em Estocolmo, Suécia e no Museu de Arte de Tucson, Arizona.

**1983** Projeta e constrói nova residência e estúdio em Santa Rosa,Califórnia. Conhece e se torna amigo de Joe Benziger em Oakmount, Califórnia, o que o levará mais tarde a montar coleção internacional de arte contemporânea da Benziger Family Winery. Escolhido como um dos sete artistas norte-americanos (incluindo Robert Rauschenberg, David Hockney,

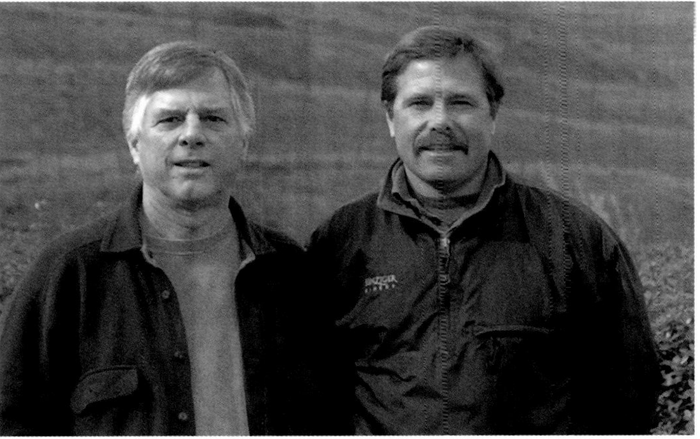

Kenneth Nolan e outros) a receber bolsas de viagem do governo japonês para lecionar na Conferência Internacional de Papel, em Kioto, Japão. Estuda com mestre japonês na arte de confecção de papel artesanal em Obara, Japão, onde conhece e se torna amigo do artista brasileiro Otavio Roth.

*"Após trabalhar com papel feito à mão no estilo ocidental por dez anos, comecei a incorporar papéis japoneses. Assim, em Janeiro de '83, eu fui ao Japão para descobrir como fazê-lo, trabalhando com um mestre japonês na feitura de papel.*

*Otavio Roth, um artista brasileiro, estudava com um mestre em caligrafia na mesma época numa cidade vizinha, e os dois mestres acharam que devíamos nos conhecer. Jantamos juntos, e nos tornamos instantaneamente amigos. Otavio costumava dizer que nos tornamos como irmãos por sermos ambos "fortinhos", baixos e atarracados.*

*No ano seguinte ele me convidou para uma visita ao Brasil, e eu imediatamente me apaixonei pelo lugar. Acho que pela primeira vez eu encontrava osentido do meu trabalho—de alguma forma o Brasil atuava sobre mim, mais do que eu atuava sobre ele—e isso mudou tudo—meu meio de expressão,*

Joe Benziger and Bob at Benziger Family Ranch, 2007, Photo Credit: Sami Lynn Lange
Joe Benziger e Bob no Sítio da Família Benziger, 2007, Crédito de Fotografia: Sami Lynn Lange

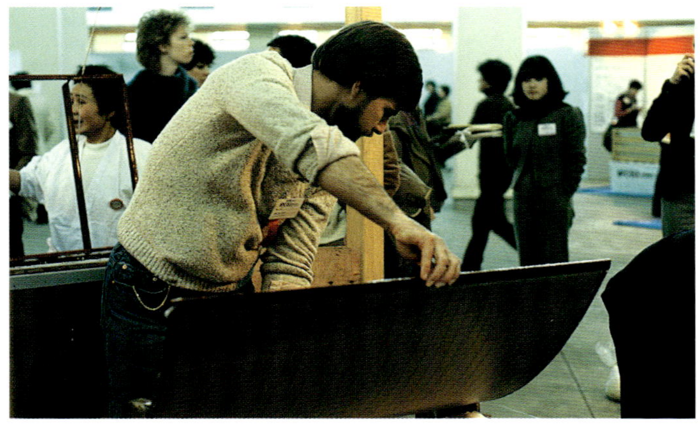

*The following year he invited me to visit Brazil, and I fell in love with the place immediately. I think for the first time I was finding my place with the work—somehow Brazil was acting on me more than I was acting on it—and it changed everything—my medium, my approach, and possibly my aesthetic. In Japan (and for years in the States) I had been making very delicate kinds of things, which seemed appropriate for the images and ideas I had been working with.*

*But in Brazil I went back to working with pastels, oil paint, lots of color. The work could no longer be subtle. It needed to become gritty in many respects."*

**1984** First solo exhibition at Cumberland Gallery, Nashville, Tennessee, and second solo show at Grape-stake Gallery, San Francisco, California. Receives travel grant from the California State University for study in Brazil. Meets anthropologist Orlando Villas Boas and photographer Maureen Bisilliat and is introduced to their work with the Xingu Indians in Mato Grosso, Brazil. Creates first pastel drawings about South America. Exhibitions at Galeria Sergio Milliet, Rio de Janeiro, Brazil, and at Arco Arte Contemporânea, São Paulo, Brazil.

**1985** Separates from Susan Bates and is subsequently divorced. Selected as a Distinguished Artist by the California State University system and invited to help create its acclaimed Summer Arts Program. Produces "Serie Dos Jardins," a major commission for Chicago architecture firm Skidmore, Owings & Merrill LLP, Denver, Colorado. Returns to Brazil to organize "Brazil 10," an exhibition of ten contemporary artists for travel in the US. Meets artists Gonçalo Ivo, Nelson Felix, Manoel Fernandes and Ubirajara Ribeiro. Visiting artist at Indiana University, Bloomington. First solo exhibition at Robert L. Kidd Gallery, Birmingham, Michigan.

**1986** Receives Fulbright Foundation Travel Grant to re-visit Brazil. Visits with Gonçalo Ivo at Ivo's farm, and with landscape architect Burle Marx at Marx's home and botanical gardens south of Rio de Janeiro, where Marx is propagating endangered plants from the Amazon Basin. Travels by train

*minha abordagem e minha estética. No Japão (e por anos nos Estados Unidos), eu fizera peças bastante delicadas, que pareciam apropriadas para as imagens e idéias com as quais eu estava trabalhando.*

*Mas no Brasil eu voltei a trabalhar com pastéis, tinta a óleo, muita cor. Meu trabalho já não podia ser sutil. Teve que se tornar áspero, em muitos aspectos."*

**1984** Primeira exposição individual na Cuberland Gallery em Nashville, Tennessee, e segunda exposição individual na Grapestake Gallery, em São Francisco, Califórnia. Recebe bolsa de viagem da Califórnia State University para estuda no Brasil. Conhece o antropólogo Orlando Villas Boas e a fotógrafa Maureen Bisilliat, e toma conhecimento do trabalho de ambos com os índios Xingu no Mato Grosso. Cria os primeiros desenhos a pastel sobre a América do Sul. Exposições na Galeria Sergio Milliet, Rio de Janeiro, Brasil, e na Arco Arte Contemporânea, São Paulo, Brasil.

**1985** Separa-se e em seguida divorcia-se de Susan Bates. É selecionado como Distinguished Artist pelo Sistema Universitário do Estado da Califórnia, sendo convidado a ajudar na criação de seu aclamado Programa de Artes do Verão. Produz a "Série dos Jardins", grande obra exposta em Denver, Colorado, comissionada por Skidmore, Owings & Merrill LLP, empresa de arquitetura de Chicago. Retorna ao Brasil para organizar "Brasil 10", exposição de dez artistas contemporâneos que percorre os Estados Unidos. Conhece os artistas Gonçalo Ivo, Nelson Felix, Manoel Fernandes e Ubirajara Ribeiro. Artista Visitante na Universidade de

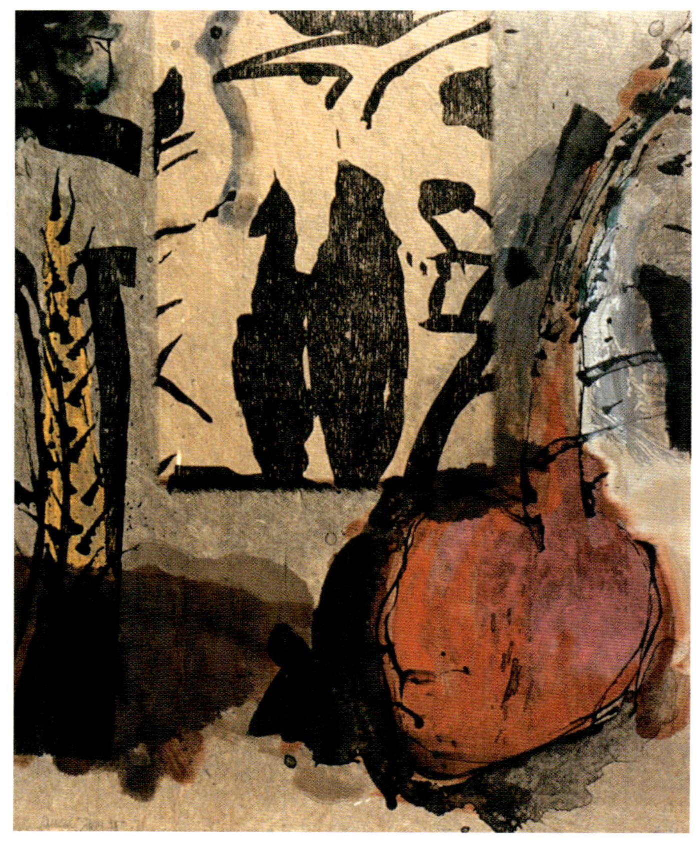



Bob making paper in Japan, 1983
Bob fazendo papel no Japão, 1983

*Amazon Study #4*, 1988
*Estudo Amazônico no. 4*, 1988

with Nelson Felix and Otavio Roth and lectures throughout southern Brazil, including the cities and towns of Porto Alegre, Caxias do Sul, Rio Grande, Gramado and Florianópolis. Solo exhibitions at Galeria Saramenha, Rio de Janeiro, Brazil, and at Museu de Arte de São Paulo, Brazil. Explores Amazon River, traveling north by boat from Iquitos, Peru.
**1987–1989** Regular sojourns to Brazil's Amazon Jungle and Pantanal Region. Visits the cities of Fortaleza, Belém and Macapá. Solo exhibitions in New York, New York; Atlanta, Georgia; Birmingham, Michigan; and Minneapolis, Minnesota. On his way home from Brazil, visits artist friend Leopoldo Maler in the Dominican Republic.

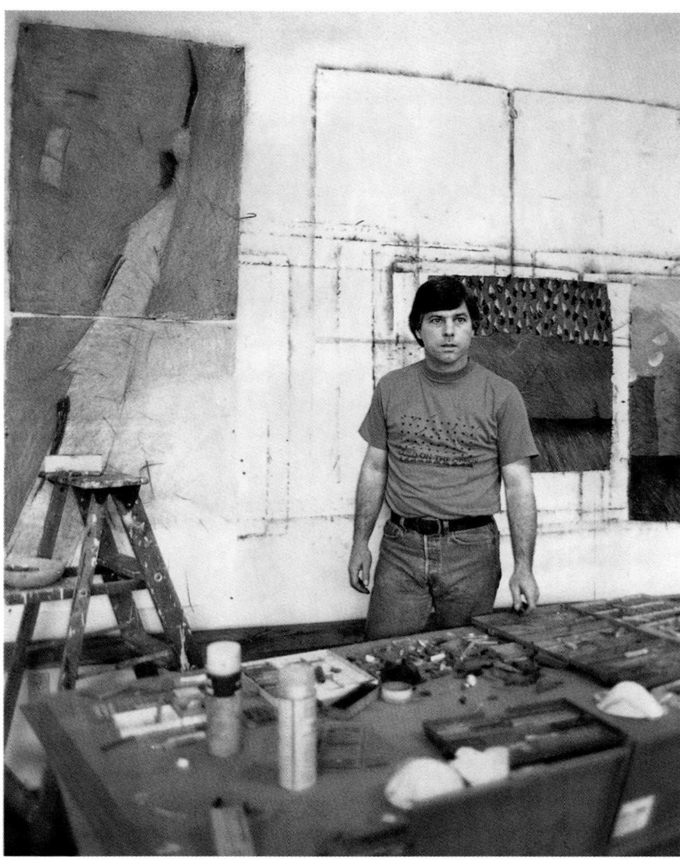

**About the Pantanal**

> *"One time I was driving through the Pantanal in a jeep with two other guys. We saw a giant anteater and began chasing it. Finally we were able to corner it. It wasn't until after we'd all jumped out of the Jeep and surrounded it that we looked at each other and said, 'What the Hell are we doing? This is a wild animal.' So we all backed off and left it alone. The jungle is like that. You can't help but pursue it, but once you're there you realize there's no way you can act upon or control it. It has this life of its own."*

**1990** Receives California Arts Council Artist Fellowship; Sonoma County Foundation/NEA Artist Fellowship; and a research and travel grant from Sonoma State University to Indiana, Bloomington. Primeira exposição individual na Robert L. Kidd Gallery, em Birmingham, Michigan.
**1986** É agraciado com uma Bolsa de Viagem da Fundação Fullbright para revisitar o Brasil. Visita Gonçalo Ivo em sua fazenda e o paisagista Burle Marx em sua casa e jardim botânico no sul do Rio de Janeiro, onde Marx mantém plantas originárias da Bacia Amazônica ameaçadas de extinção. Viaja de trem com Nelson Felix e Otavio Roth, dando aulas em diversas cidades do sul do Brasil, incluindo Porto Alegre, Caxias do Sul, Rio Grande, Gramado e Florianópolis. Exposições individuais na Galeria Saramenha, Rio de Janeiro, Brasil, e no Museu de Arte de São Paulo, Brasil. Explora o Rio Amazonas, viajando de barco em direção ao norte a partir de Iquitos, Peru.
**1987–1989** Viagens regulares à selva amazônica brasileira e à região do Pantanal. Visita as cidades de Fortaleza, Belém e Macapá. Exposições individuais em Nova York, Atlanta, Geórgia; Birmingham, Michigan; e Mineápolis, Minesota. Em seu retorno vindo do Brasil, visita o amigo artista Leopoldo Maler, na República Dominicana.

**Sobre o Pantanal**

> *"Certa vez eu estava dirigindo através do Pantanal num jipe com dois outros passageiros. Vimos um tamanduá gigante e começamos a persegui-lo. Finalmente, nós conseguimos cercá-lo. Foi só quando pulamos para fora do jipe, e nos aproximamos, que nos entreolhamos e dissemos: 'O que estamos fazendo? Este é um animal selvagem.' Então saímos dali e deixamos o bicho em paz. A selva é assim. Você não resiste a busca por ela, mas quando chega você se dá conta de que não há maneira de agir sobre ela ou controlá-la. Ela tem vida própria."*

**1990** É agraciado com Fellowship do Califórnia Arts Council; com Fellowship da Fundação Sonoma County e do National Endowment for the Arts; e com uma bolsa de estudos e viagem para o Mato Grosso da Universidade Sonoma State; Viaja para Cuiabá, para o Vale do Alto Jamacá e para a Chapada dos Guimarães. Um membro da tribo Bororo ensina-o a usar argila, urucum e jenipapo para pintura corporal. Conhece o artista performático Benê Fonteles, que trabalha na conscientização da devastação da floresta tropical. Viaja a Campo Grande, Miranda, pantanal do Rio Negro, Curitiba e Goiânia. Seu trabalho é incluído em exposições no Nordjyllands Kuntsmuseum, Aalborg, Dinamarca, e no Museu Leopold-Hoesch, Duren, Alemanha Ocidental.

**Sobre a Selva**

> *"Certa vez, quando estava no mato, perguntei a um índio se ele já havia visto algum dos animais maiores que vivem por lá, como o jaguar. Ele me disse que eu era muito barulhento, e se eu quisesse ver um*

Rohnert Park studio, 1986, Photo Credit: Erin McCabe
Ateliê de Rohnert Park, 1986, Crédito de Fotografia: Erin McCabe

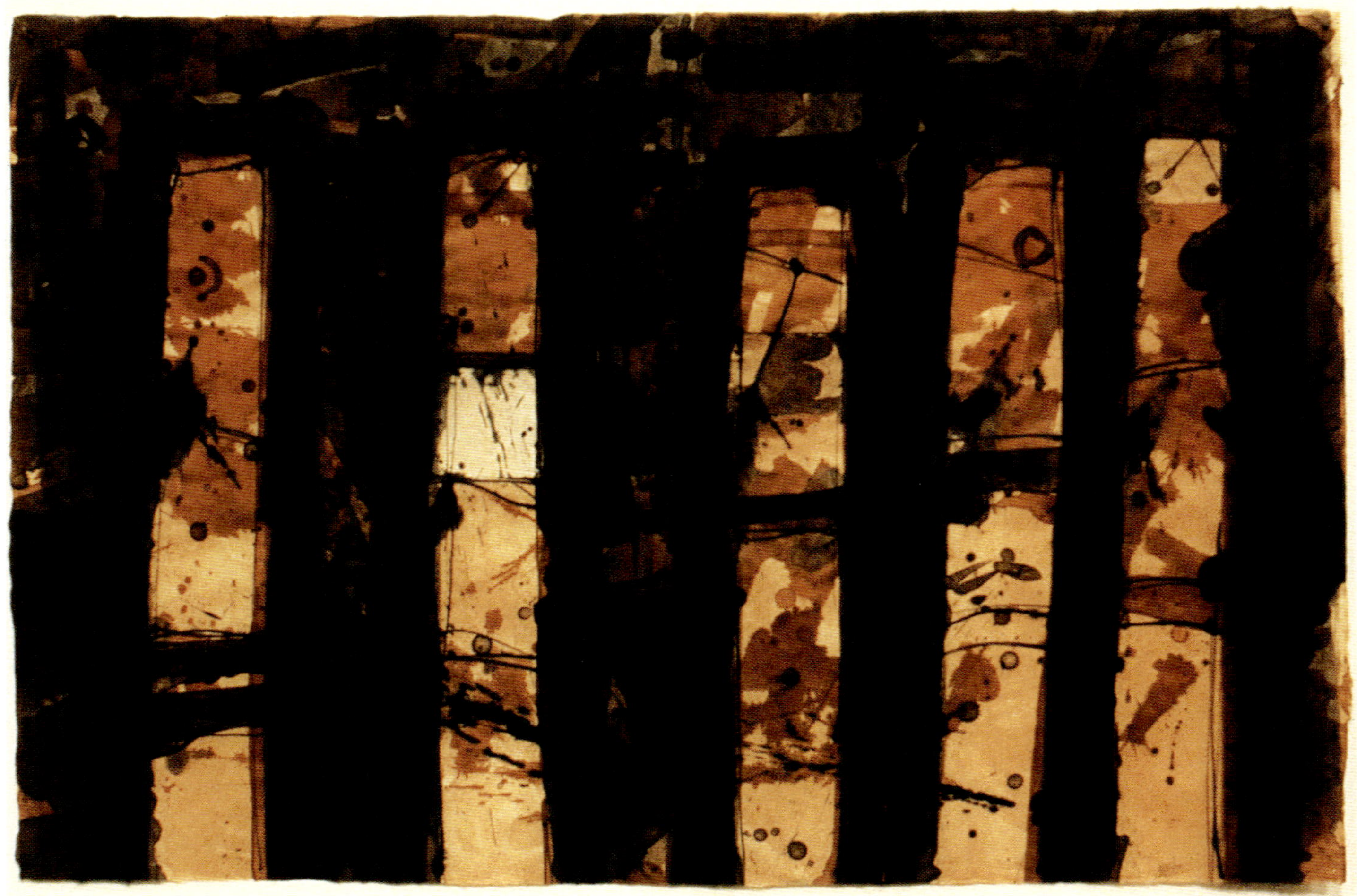

Mato Grosso, Brazil. Travels to Cuiabá, the Alto Jamacá Valley and Chapada dos Guimarães. Is shown by a Bororo tribe member how to use argila, urucum and jenipapo for body painting. Meets performance artist Benê Fonteles who is working to raise awareness of vanishing rainforest. Travels to Campo Grande, Mirada, the pantanal of the Rio Negro, Curitiba and Goiânia. Included in exhibitions at Nordjyllands Kuntsmuseum, Aalborg, Denmark, and at Leopold-Hoesch Museum, Duren, West Germany.

**On the Jungle**

*"Once when I was in the bush I asked an Indian why I'd never seen any of the large animals that live there, like jaguars. He told me that I was too noisy and that if I wanted to see them I'd have to sit in one place and remain perfectly still for four hours.*

*So we did this. I sat back against a tree with my camera, and suddenly the jungle came back to life. It was full of sounds. An enormous caterpillar crawled over my leg. For me, the jungle will always be fertile soil for expression. It's so large and impressive that you can never capture the whole idea of it."*

**1991** Marries Lynda Arana and inherits two lovely step-daughters, Georgina and Rebekka. Designs and builds new home and studio in Santa Rosa, California. Begins traveling

*deles, eu teria que me sentar e ficar absolutamente imóvel por quatro horas.*

*Nós então fizemos isso. Eu me sentei apoiado numa árvore com minha câmera, e de repente a selva ganhou vida. Estava cheia de sons. Uma lagarta enorme subiu pela minha perna. Para mim, a selva sempre será um solo fértil para que nos expressemos. É tão grande, e tão majestosa que você nunca consegue fixar a idéia do seu todo."*

**1991** Casa-se com Lynda Arana e herda duas adoráveis enteadas, Georgina e Rebekka. Projeta e constrói nova casa e ateliê em Santa Rosa, Califórnia. Começa a viajar ao Brasil entre duas e três vezes por ano. Conhece a antropóloga Vera Penteado Coelho e auxilia na divulgação de sua pesquisa através de mostras de desenhos dos índios Waura, do Alto Xingu, Mato Grosso, realizadas em diversos locais dos Estados Unidos, especialmente no Museu de História Natural de Nova York.

**Sobre Lynda e o presente do Tempo**

*"Quando me casei com Lynda, eu sabia que finalmente eu havia encontrado alguém que entendia completamente o que é ser um artista. Eu sempre sentira a pressão de responsabilidades externas, demandas do dia-a-dia—isso é parte de ser pai e*



*Belém Poles IX*, 1987 | *Postes de Belém IX*, 1987

to Brazil two to three times per year. Meets anthropologist Vera Penteado Coelho. Aids in bringing Coelho's research to North America by showcasing drawings by the Waura Indians of the Alto Xingu, Mato Grosso, Brazil for a traveling exhibition at sites throughout the U.S., most notably the Museum of Natural History in New York.

**On Lynda's Gift of Time**

*"When I married my wife Lynda, I knew I'd finally met someone who totally understood what being an artist is about. I'd always felt the pressure of outside responsibilities, everyday demands—that's part of being a father and husband. But Lynda has never demanded anything of me.*

*There's an unspeakable flow between us where we both know what has to get done. She's never come into the studio and asked me to stop working. It's an incredible feeling to be given the freedom to pursue your ideas. Lynda has given me the gift of time."*

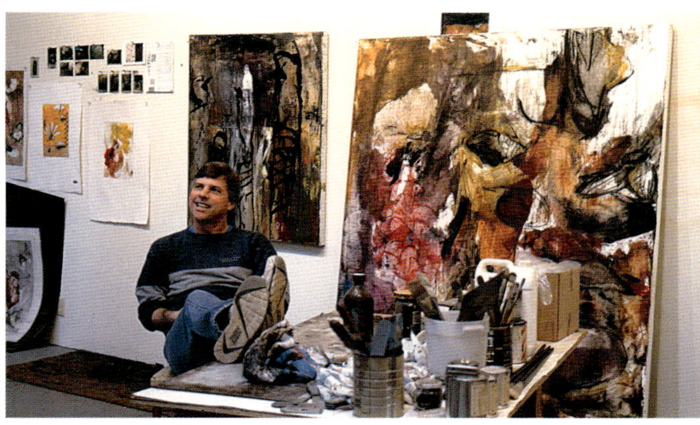

**On Leaving a Mark**

*"I think all artists would like to leave their mark, to be remembered for a new way of working or looking at things, and I think it's a constant struggle within yourself to achieve that. I think it was in '90 or '91 when I gave up on the idea of becoming famous. As soon as I relieved myself from that obligation, the work started to get better and to become more meaningful for me. So letting go of that desire was a big turning point."*

**1992** Travels to Madrid, Spain to study works by Goya at Prado Museum.

**1993** Returns to Manaus to travel up the Rio Negro once again. Visits Salvador and coastline in Bahia. Solo exhibition at Galeria Documenta, São Paulo, Brazil. Begins two collaboration projects with Brazilian artists Sergio Fingermann and Ubirajara Ribeiro. Dear friend Otavio Roth dies of sudden illness. Meets Roberto and Isa Elisabetsky, who will become close friends and supporters instrumental to his work and success in Brazil.

*marido. Mas Lynda nunca me pediu nada.*

*Algo flui entre nós que não se traduz em palavras, onde ambos sabemos o que precisa ser feito. Ela nunca entrou no ateliê e me pediu para parar de trabalhar. É uma sensação incrível quando nos é dada a liberdade para perseguir nossas idéias. Lynda me deu de presente o tempo."*

**Sobre deixar uma marca**

*"Acho que todos os artistas gostariam de deixar sua marca, serem lembrados por um novo modo de trabalhar ou uma nova visão das coisas, e acho que há uma constante luta interna para conseguirmos isso. Acho que foi em '90 ou '91 que eu abandonei a idéia de me tornar famoso. Assim que eu me livrei dessa obrigação, meu trabalho melhorou e ganhou significado cada vez maior para mim. Ou seja, me livrar desse desejo foi uma virada importante para mim."*

**1992** Viaja para Madri, Espanha, para estudo das obras de Goya no Museu do Prado.

**1993** Retorna a Manaus para viajar novamente pelo Rio Negro na direção norte. Visita Salvador e a costa da Bahia. Exposição individual na Galeria Documenta, São Paulo. Dá início a dois projetos em conjunto com os artistas brasileiros Sergio Fingermann e Ubirajara Ribeiro. Seu amigo Otavio Roth falece de um mal súbito. Conhece Roberto e Isa Elisabetsky, que se tornarão amigos próximos e cujo apoio será fundamental para seu trabalho e sucesso no Brasil.

**Sobre ser influenciado por contemporâneos**

*"Conheci Robert Rauschenberg em 1983 na Conferência Internacional de Produção de Papel em Kioto, no Japão. Eu sempre adorara seu trabalho e admirava sua capacidade de trabalhar com quase que qualquer material—ele não temia incorporar uma variedade de materiais. Eu me lembro de assistir a um filme chamado "Pintores Pintando", no qual Rauschenberg dizia que seu trabalho era 'um convite para buscar em outro lugar'. Eu gostei dessa idéia.*

*O trabalho não é a resposta, mas um convite para buscar a resposta. Por isso quando conheci Rauschenberg em '83, e falei com ele sobre isso, nossa conversa consolidou meus sentimentos sobre abordar meu trabalho com abertura a tudo. Tudo é possível; nada está fora dos limites. Tudo pode ser usado. Observar o trabalho de outros artistas me permite ver o que é possível."*

**1994** Bolsa de estudos e viagem para São Paulo, concedida pelo Sistema Universitário do Estado da Califórnia. Continua a estudar a Floresta Amazônica e a Região do Pantanal, no Brasil.

Bob in home studio in Santa Rosa, 1992 | Bob no estúdio de sua casa em Santa Rosa, 1992

**On Being Influenced by Contemporaries**

*"I met Robert Rauschenberg in 1983 at the International Conference of Paper Making in Kyoto, Japan. I'd always loved his work and admired his ability to work with almost any material—he had no fear about incorporating a variety of materials. I remember watching a movie called "Painters Painting" in which Rauschenberg said that his work was 'an invitation to look somewhere else.' I liked that idea.*

*The work is not the answer but an invitation to pursue the answer. So when I met Rauschenberg in '83 and talked to him about this, our conversation solidified my feelings about pursuing the work with an openness to anything. Anything is possible; nothing is off-limits. It can all be used. Looking at the work of other artists enables me to see what's possible."*

**1994** Research and travel grant to São Paulo, Brazil from the California State University System. Continues to study the Amazon Jungle and Pantanal Region of Brazil.

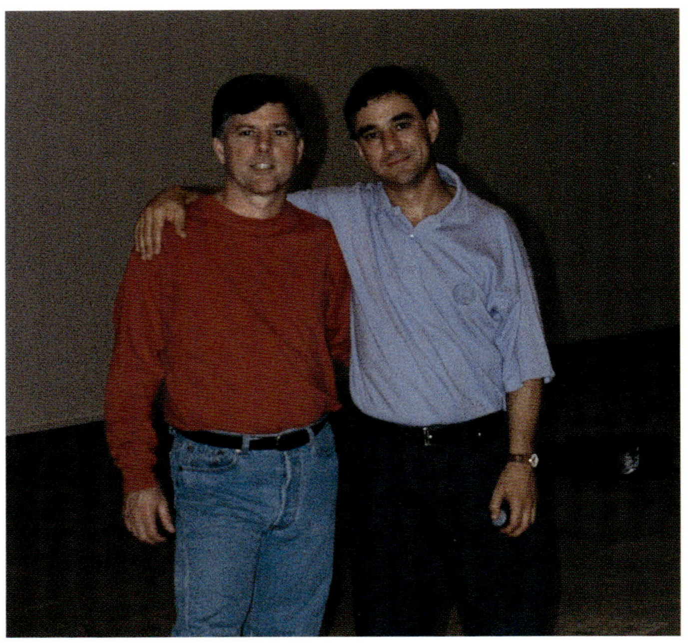

Bob and Otavio, São Paulo, Brazil
Bob e Otavio, São Paulo, Brasil

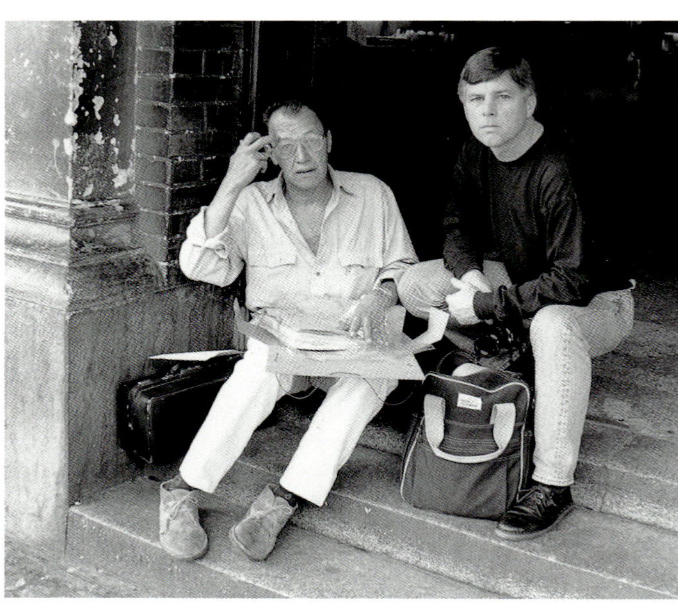

Ubirajara and Bob, da Luz Train Station in São Paulo, 1993
Ubirajara e Bob, Estação de Trem da Luz em São Paulo, 1993

*"I get touted quite often for being, how do you say it, someone who is trying to save the Amazon. But I've never been on a mission or crusade to save the rainforest. I'm interested in conveying how I feel about it. I'm in awe of the jungle.*

*It's big, it's massive, and it's in control. When I'm in it, it's exciting. It raises one's pulse. That's why I try to record as much information as possible when I'm there, and sometimes what I take away might just be an image of something in the process of decay, and that's what I try to bring home with me and put into the work.*

*If people looking at those things also realize the beauty of the rainforest and change their attitude about it, then that's great. But that wasn't my initial*

*"Eu sou descrito com freqüência como sendo, como se diz, alguém que quer salvar a Amazônia. Mas eu nunca embarquei numa missão ou cruzada para salvar a floresta tropical. Meu interesse é transmitir o que sinto sobre ela. Eu me sinto maravilhado pela selva.*

*Ela é grande, é imensa, e ela comanda. Quando estou nela, é excitante. O pulso acelera. É por isso que eu tento registrar tanta informação quanto possível quando estou lá, e às vezes o que eu levo comigo pode ser uma imagem de algo em processo de deterioração, e é isso que eu tento trazer de volta para casa comigo e inserir no meu trabalho.*

*Se as pessoas que virem essas peças se derem conta da beleza da floresta tropical e mudarem sua atitude a respeito dela, tanto melhor. Mas não é essa minha razão inicial para o trabalho. Eu não acho que você possa realmente proteger algo a não ser que você viva com ele e o compreenda. Após vinte anos estudando a floresta tropical eu me dou conta de sua enorme importância para mim, e para o resto do mundo. É uma imensa farmácia a ser descoberta, e precisa ser preservada para as gerações futuras."*

**1995** Viaja a Paris e retorna a Florença.

**1996** Retorna a Manaus, ao Rio Negro e pequenos vilarejos ao longo da Amazônia Superior. Em visita a Gonçalo Ivo, é apresentado à família Cohn, que se torna seu marchand, na Galeria Dan, em São Paulo. Viaja para Foz do Iguaçu, nas fronteiras com Paraguai e Argentina.

**1997** Primeira exposição individual na Dan Galeria, São Paulo.

**1997–1999** Repetidas viagens ao Brasil e às cidades de Búzios, Salvador, Recife e Olinda, e à costa norte da Bahia.

**1999** Primeira exposição individual na Flanders Arte Contemp-

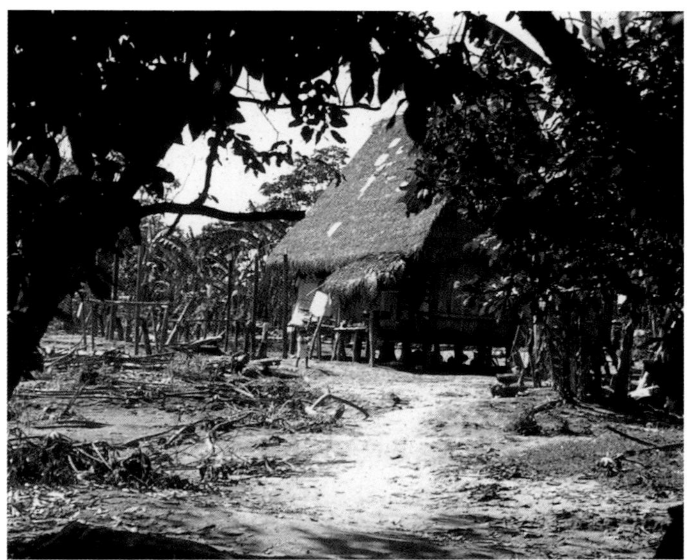

*reason for pursuing the work. I don't feel you can really protect something until you come to live with and understand it. After twenty years of studying the rainforest I realize its vast importance to me, and to the rest of the world. It is an immense drugstore waiting to be tapped and it must be preserved for future generations."*

**1995** Travels to Paris and returns to Florence.

**1996** Returns to Manaus, the Rio Negro and small towns along the upper Amazon. While visiting Gonçalo Ivo, is introduced to the Cohn family, who will become his dealers, at Dan Galeria in São Paulo. Travels south to the Falls of Iguaçu at the borders of Paraguay and Argentina.

**1997** First solo exhibition at Dan Galeria, São Paulo, Brazil.

**1997–1999** Repeated trips to Brazil and the towns of Buzios, Salvador, Recife, and Olinda, and the North Coast of Bahia.

**1999** First solo exhibition at Flanders Contemporary Art, Minneapolis, Minnesota. Additional solo shows at Galeria Anita Schwartz, Rio de Janeiro, Brazil, and at Dan Galeria, São Paulo, Brazil.

**2000** Travels to Havana, Cuba to attend the Séptima Bienal de La Habana. Solo exhibition at the Fresno Museum of Art, Fresno, California.

**2001** Receives U.S. State Department Cultural Exchange Grant to São Paulo, Brazil. Organizes cultural exchange program and "Underfoot," a traveling exhibition for American artists that will travel through-out Brazil for the next two years.

**2002–2006** Visits Brazil three to four times per year, traveling to Ilheus and the coastline north of Rio de Janeiro. Begins commission on 27,000 square feet Benziger wine caves.

**2003** Curates "Palmo Quadrado," an exhibition of Brazilian Artists for travel in the U.S. Show circulates for the next three years and becomes part of the permanent collection of the Museum of Latin American Art, Long Beach, California.

**2005** Retires from Sonoma State University. Writes *Imagery: Art for Wine*, an illustrated volume on the Benziger Family

orânea, Mineápolis, Minnesota. Outras exposições individuais na Galeria Anita Schwartz, Rio de Janeiro, Brasil, e na Dan Galeria, São Paulo, Brasil.

**2000** Viaja a Havana, Cuba, para participar da Sétima Bienal de La Habana. Exposição individual no Museu de Arte de Fresno, Fresno, Califórnia.

**2001** Recebe uma bolsa de Intercâmbio Cultural do Departamento de Estado dos Estados Unidos para a cidade de São Paulo, Brasil. Organiza um programa de intercâmbio cultural e a exposição "Underfoot", uma mostra itinerante para artistas norte-americanos que viajará pelo Brasil nos dois anos seguintes.

**2002–2006** Visita o Brasil trés a quatro vezes por ano, viajando a Ilhéus e pela costa norte do Rio de Janeiro. Inicia trabalho comissionado de 2.500m² nas cavernas da vinícola Benziger.

**2003** Atua como Curador em "Palmo Quadrado", exposição de artistas brasileiros que percorrerá os Estados Unidos. A mostra circula pelos três anos seguintes e se torna parte da coleção permanente do Museu de Arte Latino-americana em Long Beach, Califórnia.

**2005** Aposenta-se da Universidade Sonoma State. Escreve "Imagery: Art for Wine", livro ilustrado sobre a coleção de arte contemporânea da vinícola Benziger Family Winery. Panorama pessoal sobre pinturas brasileiras na Elins/Eagles-Smith, São Francisco, Califórnia.

*"Eu adoro trabalhar no ateliê. Eu pinto porque sinto a necessidade de fazê-lo, e fico incomodado quando não o faço. Mas isso não significa que eu pinte sempre dez horas por dia. Muitos artistas falam sobre ter mais tempo para sua arte. Mas como artista eu acho que, quando eu tinha mais tempo, eu o preenchia com outras atividades. Eu gosto de fazer curadoria de exposições, por exemplo. Gosto de divulgar o trabalho de amigos, e de mostrar a eles o trabalho de outros ótimos artistas. Tenho prazer especial em divulgar o trabalho de artistas brasileiros nos Estados*

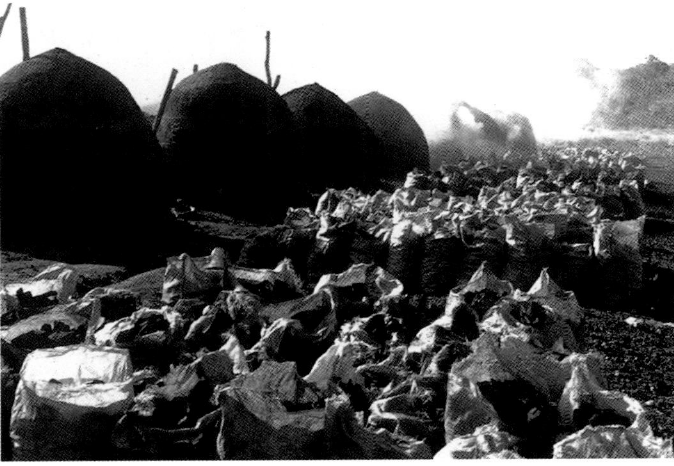

Native home in Amazon, Photo credit: Bob Nugent
Habitação nativa na Amazônia, Crédito de Fotografia: Bob Nugent

The Charcoal Burners, Photo Credit: Bob Nugent
Os queimadores de carvão, Crédito de Fotografia: Bob Nugent

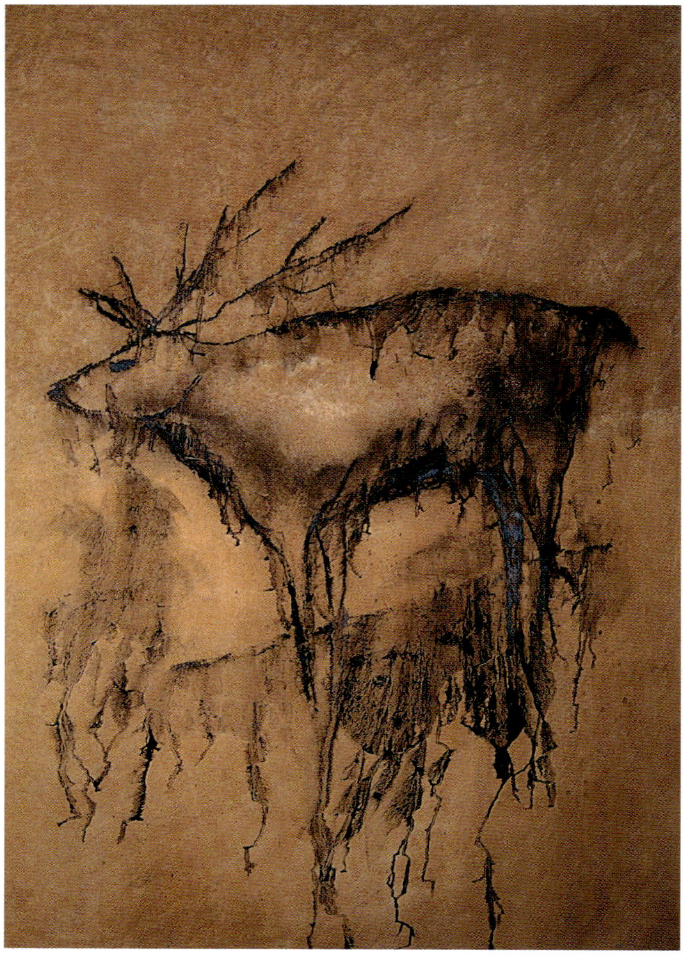

Winery's collection of contemporary art. Solo survey of Brazilian paintings at Elins/ Eagles-Smith, San Francisco, California.

*"I love to work in the studio. I paint because I feel the need to and get edgy if I don't. But it's not always about painting for ten hours a day. Many artists talk about wanting more time to pursue their art. But as an artist I often found that when I had more time, I would fill it up with other activities. I enjoy curating exhibitions, for instance. I like promoting friends' work and showing them work by other terrific artists. I get a lot of satisfaction from getting Brazilian artists exposure in the US. I also enjoy the social interaction I have with the Benziger family and curating the Imagery Collection for their wineries.*

*I like spending time with my kids and grandkids, seeing the world through their eyes. I've done all these things for 35 years, and without them my work would be something different. I'm sure in some way all of this feeds my own creativity.*

*People ask me how I do it all—work and lecture and travel—and my response is I don't know any other way to be. I know that as I get older I become more efficient. But I don't know how I do it. I just know it's necessary and vital to who I am."*

*Unidos. E gosto também da interação que tenho com a família Benziger, e da curadoria que faço para a Coleção Imagery de suas vinícolas.*

*Gosto de estar com minhas filhas e netos, ver o mundo através dos seus olhos. Tenho feito todas essas coisas por 35 anos, e sem elas meu trabalho seria algo bem diferente. Tenho certeza de que tudo isso alimenta minha criatividade.*

*As pessoas me perguntam como consigo fazer tudo— trabalho artístico e aulas e viagens—e minha resposta é que não sei ser de outra forma. Sei que com a idade tenho me tornado mais eficiente. Mas não sei como consigo isso. Só sei que é necessário e vital para quem eu sou."*

2006 Recebe o Prêmio Gourmand da França pelo Melhor Livro Ilustrado sobre Vinhos da América em 2006. Retorna ao Brasil três vezes, viajando pelo Estado de Minas Gerais e visitando cidades próximas a Belo Horizonte. Agraciado com o título de Professor Emérito pela Universidade Sonoma State. Inicia o trabalho Amazônia, o Grande Desenho com assistente de estúdio Sami Lynn Lange.

2007 Grande exposição individual com um panorama de suas pinturas e desenhos dos últimos 20 anos no Triton Museum of Art, Santa Clara, Califórnia.

*"Quando estava na faculdade, perguntei a Warshaw que idade ele tinha quando finalmente se deu conta do que queria fazer com seu trabalho. Ele tinha então 52 anos de idade, e me disse que não foi até os 49 que ficou claro para ele o que seu trabalho deveria ser. Eu sempre me lembrei disso, e conseqüentemente nunca me apressei em compreender o todo. O trabalho é algo para toda uma vida, não o que você consegue realizar em um ou três anos, e não se completa enquanto você também não se completar.*

*As pessoas me perguntam? 'Quanto tempo leva para se pintar um quadro?' Eu costumava dar uma longa explicação sobre como eu trabalho em dez ou doze pinturas ao mesmo tempo, e termino todas ao longo de um ano. Uma resposta bem comportada. Mas agora, quando me perguntam, eu respondo apenas: 'Levou 60 anos.'"*

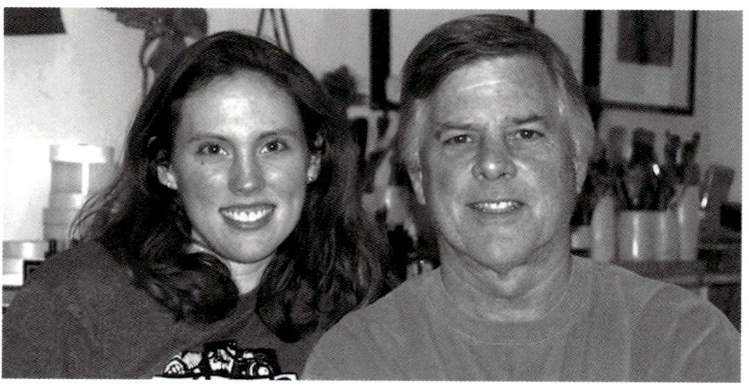



Benziger Wine Caves Detail, Photo Credit: Bob Nugent
Detalhe das cavernas da vinícola Benziger, Crédito de Fotografia

Bob with Sami, his studio assistant, Photo credit: Lynda Nugent
Bob com Sami, sua assistente de estúdio, Crédito de fotografia: Lynda Nugent

**2006** Receives Gourmand Award from France for the Best Illustrated Wine Book in America in 2006. Returns to Brazil three times, traveling through the state of Minas Gerais and visiting small towns near Belo Horizonte. Awarded Professor Emeritus status by Sonoma State University. Starts work on *Amazônia, o Grande Desenho* with studio assistant Sami Lynn Lange.

**2007** Major solo exhibition surveying his paintings and drawings over the last 20 years at the Triton Museum of Art, Santa Clara, California.

> *"When I was in college, I asked Warshaw how old he was when he finally realized what he wanted to do with his work. He was 52 at the time, and he told me it wasn't until he was 49 that it became clear to him what his work was supposed to be about. I've always remembered that and consequently not been in a hurry to try and figure it all out. The work is about a lifetime, not what you can accomplish in one year or three years, and it's not complete until you are.*
>
> *People will ask me, 'How long does it take you to make a painting?' I used to go through a long explanation about how I work on ten or twelve paintings at a time and finish them over the course of a year, a very civil kind of answer. But now when people ask me, I just say, 'It took me 60 years.'"*

**2008** Exhibition of "Amazônia, The Big Drawing," a 100-meter-long work on the Amazon River, at Tomie Ohtake Institute, São Paulo, Brazil. Planned solo show at the Merced County Arts Council, Merced, California.

Georgina Balkwell earned a Bachelor's Degree in Creative Writing and a Master's Degree in Literature from San Francisco State University. She teaches writing and has worked as a freelance writer, proofreader and fact-checker. She lives in Pacifica, California with her boyfriend and dog.

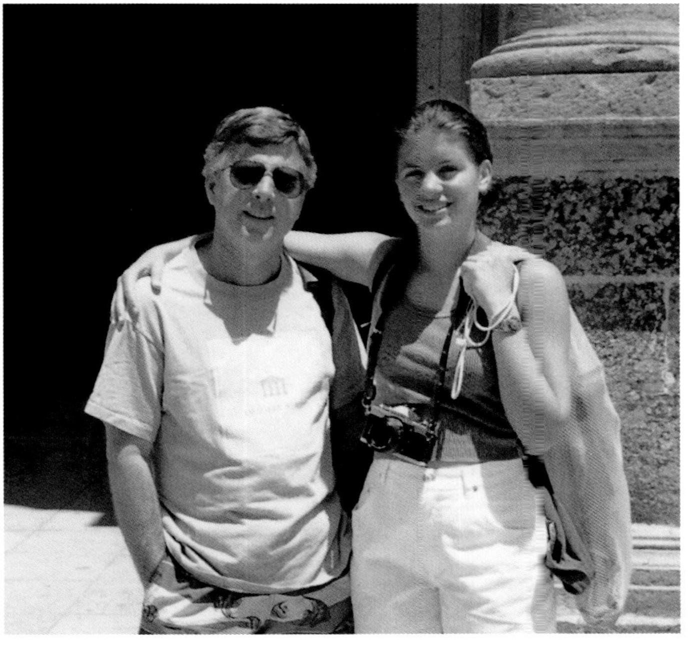

Bob with Georgina Balkwell, Mexico, 1995
Bob com Georgina Balkwell, México, 1995

**2008** Expõe "Amazônia, o Grande Desenho," obra de 100 metros de comprimento sobre o Rio Amazonas, no Instituto Tomie Ohtake, em São Paulo, Brasil. Exposição individual programada no Conselho de Artes do Condado de Merced, Califórnia.

Georgina Balkwell formou-se em Redação Criativa e obteve grau de Mestrado na San Francisco State University. Leciona redação e trabalha como redatora free-lancer, revisora de textos e verificadora de fatos. Vive em Pacifica, Califórnia, com seu namorado e seu cachorro.

# Bob Nugent

## Education | Formação Acadêmica

MFA University of California, Santa Barbara, 1971
BA College of Creative Studies
University of California, Santa Barbara, 1969

## Grants and Awards | Bolsas e Prêmios

2006 Gourmand Award from France, Best Illustrated Wine Book in America
2006 Professor Emeritus, Sonoma State University, California
2001 U.S. State Department Cultural Exchange Grant, São Paulo, Brazil
1994 Research Grant, São Paulo, Brazil; California State University
1990 Artist Fellowship, California Arts Council
1990 Artist Fellowship, Sonoma County Foundation/NEA Grant
1990 Research Grant, Matto Grosso, Brazil; Sonoma State University
1986 Fulbright Foundation Travel Grant; Brazil
1985 Selected as Distinguished Artist, California State University System
1984 Travel Grant, São Paulo, Brazil; California State University
1983 Travel Grant, Kyoto, Japan: California State University
1979 National Endowment for the Arts Individual Fellowship
1977 Louis Comfort Tiffany Foundation Fellowship
1972 Tyrus Wong Award for Painting

## Selected Solo Exhibitions | Seleção Exposições Individuais

2007 Triton Museum of Art, Santa Clara, California
University Art Gallery, Sonoma State University, Rohnert Park, California
Cumberland Gallery, Nashville, Tennessee
Erickson Fine Art, Healdsburg, California
Elins/Eagle-Smith, San Francisco, California
2006 R. L. Kidd Gallery, Birmingham, Michigan
2005 Elins/Eagles-Smith, San Francisco, California
Flanders Contemporary Art, Minneapolis, Minnesota
2003 455 Market St., San Francisco, California
Cumberland Gallery, Nashville, Tennessee
R. L. Kidd Gallery, Birmingham, Michigan
College of the Sequoias, Visalia, California
Monterey Peninsula College, Monterey, California
2002 Flanders Contemporary Art, Minneapolis, Minnesota
2001 Gallery 72, Omaha, Nebraska
Erickson and Elins, San Francisco, California
Fresno Museum of Art, Fresno, California
2000 R. L. Kidd Gallery, Birmingham, Michigan
Fresno Museum of Art, Fresno, California
Flanders Contemporary Art, Minneapolis, Minnesota
Fresno Pacific University, Fresno, California
1999 Dan Galleria, São Paulo, Brazil
Galleria Anita Schwartz, Rio de Janeiro, Brazil
D.P. Fong Gallery, San Jose, California
Flanders Contemporary Art, Minneapolis, Minnesota
1998 Cumberland Gallery, Nashville, Tennessee
Ventura College, Ventura, California
R. L. Kidd Gallery, Birmingham, Michigan
Traywick Gallery, Berkeley, California
1997 Dan Galeria, São Paulo, Brazil
Blue River Gallery, Jacksonville, Florida
1996 R.L. Kidd Gallery, Birmingham, Michigan
Roy Boyd Gallery, Chicago, Illinois
Claudia Chaplin Gallery, Stinson Beach, California
Manwaring Gallery, Connecticut College, New London
1995 Sunspot Gallery, College of Southern Idaho, Twin Falls
Herrett Museum, Twin Falls, Idaho
1994 Alexa Lee Gallery, Ann Arbor, Michigan
Cumberland Gallery, Nashville, Tennessee
Tavern Club, Chicago, Illinois
1993 Documenta, São Paulo, Brazil
R. L. Kidd Gallery, Birmingham, Michigan
Illinois Wesleyan University, Bloomington, Illinois
Robert Thomson Gallery, Minneapolis, Minnesota
Roy Boyd Gallery, Chicago, Illinois
1991 Cumberland Gallery, Nashville, Tennessee
Rodney Strong, Healdsburg, California
Magnolia Editions, Oakland, California
1990 Simon James Gallery, Berkeley, California
1989 Robert Thomson Gallery, Minneapolis, Minnesota
Gwydion Gallery, La Jolla, California
R. L. Kidd Gallery, Birmingham, Michigan
1988 Roy Boyd Gallery, Chicago, Illinois
Gallery 72, Omaha, Nebraska
1987 Scott Hanson Gallery, New York, New York
R. L. Kidd Galleries, Birmingham, Michigan
Fay Gold Gallery, Atlanta, Georgia
1986 Roy Boyd Gallery, Chicago, Illinois
Magnolia Editions, Oakland, California
Galeria Saramenha, Rio de Janeiro, Brazil
Museu de Arte de São Paulo, São Paulo, Brazil
1985 Roy Boyd Gallery, Los Angeles, California
R. L. Kidd Galleries, Birmingham, Michigan
University of Redlands, Redlands, California
1984 Cumberland Gallery, Nashville, Tennessee
Grapestake Gallery, San Francisco, California
1983 Roy Boyd Gallery, Los Angeles, California
1982 Roy Boyd Gallery, Chicago, Illinois
Redding Museum and Art Center, Redding, California
1981 Galleria Futura, Stockholm, Sweden
Tucson Museum of Art, Tucson, Arizona
Fresno City College, Fresno, California
College of the Siskiyous, Weed, California
1980 Baum-Silverman Gallery, Los Angeles, California
Los Angeles Municipal Art Gallery, Los Angeles, California
Kathryn Markel Fine Arts, New York, New York
1979 Artiscope, Brussels, Belgium
Grapestake Gallery, San Francisco, California
Roy Boyd Gallery, Chicago, Illinois
Gallerie Camomille, Brussels, Belgium
1978 Dartington College of Arts, Devon, England

Galleria Del Cavillino, Venice, Italy
Kathryn Markel Fine Arts, New York, New York
Quadragonarte, Treviso, Italy

1977 Arizona State Capitol, Phoenix, Arizona
Redding Museum and Art Center, Redding, California

1976 El Camino College, Via Torrance, California
College of Southern Idaho, Twin Falls, Idaho
Lonny Gans Gallery, Beverly Hills, California

1975 Arizona State University, Tempe, Arizona
Western Montana College, Dillon, Montana

1974 Villa Montalvo, Saratoga, California
Pepperdine University, Malibu, California

1972 Pepperdine University, Malibu, California

1971 University of California, Santa Barbara, California

### Selected Group Exhibitions | Seleção Exposições Coletivas

2007 Janet Turner Print Collection, Chico State University, California
Fresno Museum of Art, Fresno, California
Berkshire Museum, Pittsfield, Massachusetts
JR Kortman Gallery, Rockford, Illinois
D'Adamo/Woltz Gallery, Seattle, Washington

2006 Flanders Contemporary Art, Minneapolis, Minnesota
The Bolinas Museum, Marin County, California
Applied Materials, Sunnyvale, California
Triton Museum of Art, Santa Clara, California
Georgia State University, Atlanta, Georgia (two person)
Pegasus Gallery, Quechee, Vermont
Cumberland Gallery, Nashville, Tennessee

2005 Art Fair, São Paulo, Brazil
Opening Night Gallery, Minneapolis, Minnesota
Gallery Dan, São Paulo, Brazil
Triton Museum of Art, Santa Clara, California
Perimeter Gallery, Chicago, Illinois
Erickson Fine Art, Healdsburg, California

2004 Triton Museum of Art, Santa Clara, California
AVA Gallery and Art Center, Lebanon, New Hampshire
Erickson Fine Art, Healdsburg, California
Perimeter Gallery, Chicago, Illinois
Palo Alto Art Center, Palo Alto, California

2003 Cumberland Gallery, Nashville, Tennessee
Associação Alumni, Rio de Janeiro, Rio de Janeiro, Brazil
Arts Benicia, Benicia, California (two-person)
Elins/Eagle-Smith, San Francisco, California
Rockford College, Rockford, Illinois
Triton Museum of Art, Santa Clara, California
Erickson Fine Art, Healdsburg, California
Off The Preserve, DiRosa Foundation, Napa, California
Jane Voorhees Zimmerli Art Museum, New Brunswick, New Jersey

2002 Pinacoteca do Estado de São Paulo, São Paulo, Brazil
Casa Thomas Jefferson, Brasilia Binational Center, Brasilia, Brazil
Instituto Cultural Brasileiro Norte-Americano, Porto Alegre, Brazil
Associação Brasil América, Recife, Pernambuco, Brazil
Associação Alumni, São Paulo, Brazil
Off The Preserve, DiRosa Foundation, Napa, California
Sonoma State University, Rohnert Park, California
Cumberland Gallery, Nashville, Tennessee
Sonoma Museum of Visual Art, Santa Rosa, California

2001 Cheney Cowles Museum, Spokane, Washington
Rockford College, Rockford, Illinois
Sonoma Museum of Visual Art, Santa Rosa, California
Anchorage Museum of History and Art, Anchorage, Alaska
Alumni Headquarters, São Paulo, Brazil
William D. Cannon Art Gallery, Carlsbad, California
R. L. Kidd Galleries, Birmingham, Michigan
Susan Cummins Gallery, Mill Valley, California
Cumberland Gallery, Nashville, Tennessee

2000 Palo Alto Cultural Center, Palo Alto, California
Cumberland Gallery, Nashville, Tennessee
Dan Galleria, São Paulo, Brazil
Museum of Latin American Art, Long Beach, California
Scuola Internationale di Graphica, Venice, Italy

1999 Galerie Felixe Jeneweina Mesta Kutné Hory, Czech Republic
Dan Galleria, São Paulo, Brazil
Cheney Cowles Memorial Museum, Spokane, Washington
Cumberland Gallery, Nashville, Tennessee
Rockford College, Rockford, Illinois
Diane Nelson Gallery, Laguna Beach, California
Illinois State University, Bloomington, Illinois

1998 Jyväskylä Art Museum, Jyväskylä, Finland
Triton Museum of Art, Santa Clara, California
Cumberland Gallery, Nashville, Tennessee
Traywick Gallery, Berkeley, California
Cheney Cowles Museum, Spokane, Washington
Springfield Art Museum, Springfield, Missouri
Claudia Chaplin Gallery, Stinson Beach, California
Cheney Cowles Memorial Museum, Spokane, Washington
D.P. Fong Gallery, San Jose, California
Claudia Chapline Gallery, Stinson Beach, California
Dan Galleria, São Paulo, Brazil

1997 California State University, Bakersfield, California
Cheney Cowles Memorial Museum, Spokane, Washington
Fresh Paint, Culver City, California
Cumberland Gallery, Nashville, Tennessee
Rockford College, Rockford, Illinois
Illinois State University, Bloomington, Illinois
Millworks Gallery, Akron, Ohio

1996 Cumberland Gallery, Nashville, Tennessee
West Virginia University, Morgantown, West Virginia
Michael Dunev Gallery, San Francisco, California
Roy Boyd Gallery, Chicago, Illinois
Craft and Folk Art Museum, San Francisco, California
Illinois State University, Bloomington, Illinois
Art Fair, Seattle, Washington
California State University, Long Beach, California

1995 Galeria Millan, São Paulo, Brazil
Sonoma State University, Rohnert Park, California
Rockford College, Rockford, Illinois
R. L. Kidd Gallery, Birmingham, Michigan
Cheney Cowles Memorial Museum, Spokane, Washington
Connecticut College, New London, Connecticut
Roy Boyd Gallery, Chicago, Illinois
Alexa Lee Gallery, Ann Arbor, Michigan
Connecticut College, New London, Connecticut

1994 Cedar Rapids Museum of Art, Iowa
Evansville Museum of Arts and Science, Indiana
Cumberland Gallery, Nashville, Tennessee
Roy Boyd Gallery, Chicago, Illinois
R. L. Kidd Gallery, Birmingham, Michigan
Sonoma State University, Rohnert Park, California
Aurobora Press, San Francisco, California
Cheney Cowles Museum, Spokane, Washington

1993 Goshen College, Goshen, Indiana
University of Nevada, Reno, Nevada
Center for the Book Arts, São Paulo, Brazil
Roy Boyd Gallery, Chicago, Illinois
Cumberland Gallery, Nashville, Tennessee
Rockford College, Rockford, Illinois
Patti Gilford Fine Arts, Chicago, Illinois
Northern California Museum of Art, Santa Rosa

Magnolia Editions, Oakland, California
1992 International Print Fair, New York, New York
Southern Nevada Community College, Las Vegas, Nevada
Cheney Cowles Memorial Museum, Spokane, Washington
Bradley University, Peoria, Illinois
Roy Boyd Gallery, Chicago, Illinois
Napa Valley College, Napa, California
Cumberland Gallery, Nashville, Tennessee
Robert Thomson Gallery, Minneapolis, Minnesota
Magnolia Editions, Oakland, California
I. Wolk Gallery, St. Helena, California
1991 R. L. Kidd Gallery, Birmingham, Michigan
Roy Boyd Gallery, Chicago, Illinois
Metro Arts Commission, Nashville, Tennessee
California State University, Los Angeles
I. Wolk Gallery, St. Helena, California
California State University, Hayward
Sonoma State University, Rohnert Park, California
1990 Nordjyllands Kunstmuseum, Aalborg, Denmark
Leopold-Hoesch Museum, Duren, Germany
Fay Gold Gallery, Atlanta, Georgia
California Museum of Art, Santa Rosa, California
Simon James Gallery, Berkeley, California
Gallery 72, Omaha, Nebraska
Cheney Cowles Museum, Spokane, Washington
Dolan/Maxwell Gallery, Philadelphia, Pennsylvania
Prichard Art Gallery, Moscow, Idaho
Brigham Young University, Provo, Utah
Cumberland Gallery, Nashville, Tennessee
1989 Joy Emery Gallery, Birmingham, Michigan
Scott Hanson Gallery, New York, New York
Fort Wayne Museum of Art, Fort Wayne, Indiana
Midland Center for the Arts, Midland, Michigan
California State University, Long Beach, California
Associated American Artists, New York, New York
Cheney Cowles Memorial Museum, Spokane, Washington
Brendan Walter Gallery, Santa Monica, California
Bergstrom Mahler Museum, Neenah, Wisconsin
Cumberland Gallery, Nashville, Tennessee
Roy Boyd Gallery, Chicago, Illinois
California Crafts Museum, San Francisco, California
Claudia Chapline Gallery, Stinson Beach, California
Indiana University Art Museum, Bloomington
Harleen & Allen Fine Art, San Francisco, California
Simon James Gallery, Berkeley, California
Fay Gold Gallery, Atlanta, Georgia
1988 Scott Hanson Gallery, New York, New York
Fay Gold Gallery, Atlanta, Georgia
Triangle Gallery, Lexington, Kentucky
Cumberland Gallery, Nashville, Tennessee
The Pacific Art League of Palo Alto, California
Minot State University, Minot, North Dakota
University of California, Santa Barbara, California
N.A.M.E. Gallery, Chicago, Illinois
Kalamazoo Institute of Arts, Kalamazoo, Michigan
Magnolia Editions, Oakland, California
Banaker Gallery, Walnut Creek, California
College of Creative Studies, Santa Barbara, California
William Sawyer Gallery, San Francisco, California
Moreau Gallery, St. Mary's College, Notre Dame, Indiana
Southwestern College, Chula Vista, California
Muskegon Museum of Arts, Muskegon, Wisconsin
Meadows Museum of Art, Shreveport, Louisiana
1987 Solar Grandjean De Montigny, Rio de Janeiro, Brazil
Cheney Cowles Memorial Museum, Spokane, Washington
Centro Cultural da PUC/Rio de Janeiro, Brazil
The Gallery of The University of Texas at San Antonio, Texas
Thomas Smith Fine Arts, Fort Wayne, Indiana
Palo Alto Cultural Arts Center, Palo Alto, California
St. Mary's College, Notre Dame, Indiana
Scott Hanson Gallery, New York, New York
Robert Thomson Gallery, Minneapolis, Minnesota
Prichard Art Gallery, University of Idaho, Moscow, Idaho
Fay Gold Gallery, Atlanta, Georgia
Cumberland Gallery, Nashville, Tennessee
Museum of Modern Art at American Express, New York
Redding Museum, Redding, California
Shasta College, Shasta, California
1986 Smith Anderson Gallery, Palo Alto, California
Magnolia Editions, Oakland, California
International Ephemeral Sculpture Exhibition, Fortaleza, Brazil
Tampa Museum of Art, Tampa, Florida
Hearst Art Gallery, St. Mary's College, Moraga, California
Rockford Art Museum, Rockford, Illinois
Roy Boyd Gallery, Los Angeles, California
Stamford Museum, Stamford, Connecticut
Weatherspoon Gallery, Greensboro, North Carolina
California State University, Fresno, California
Wallace Wentworth Gallery, Washington, D.C.
Leopold-Hoesch-Museum, Duren, West Germany
Northern Illinois University, Dekalb, Illinois
Museo de Arte de Rio Grande do Sul, Porto Alegre, Brazil
1985 Pace Gallery, New York, New York
Netsky Gallery, Coconut Grove, Florida
Cumberland Gallery, Nashville, Tennessee
Roy Boyd Gallery, Chicago, Illinois
California State University, Los Angeles, California
Alice Simsar Gallery, Ann Arbor, Michigan
College at New Paltz, State University of New York
Sonoma State University, Rohnert Park, California
Northern Michigan University, Marquette, Michigan
Cultural Center, Chicago, Illinois
Minnesota Museum of Art, St. Paul, Minnesota
Huntsville Museum of Art, Huntsville, Alabama
University of Maryland, College Park, Maryland
G.H. Dalsheimer Gallery, Baltimore, Maryland
Thomson Gallery, Minneapolis, Minnesota
18th Street Gallery, Los Angeles, California
Thomas Smith Fine Arts, Fort Wayne, Indiana
1984 Galeria Sergio Milliet, Funarte, Rio de Janeiro, Brazil
Cumberland Gallery, Nashville, Tennessee
Marlboro Gallery, Prince George Community College,
Maryland Salisbury State College, Largo, Maryland
Fiberworks, Berkeley, California
Roy Boyd Gallery, Chicago, Illinois
Kathryn Markel Gallery, New York, New York
National Museum, Republic of Singapore
Taiwan Museum of Fine Arts, Taipei, Taiwan
Columbus Museum of Art, Columbus, Ohio
Cheney Cowles Memorial Museum, Spokane, Washington
Salisbury State College, Salisbury, Maryland
Ella Sharp Museum, Jackson, Michigan
Mead Art Museum, Amherst College, Massachusetts
University of Michigan, Ann Arbor, Michigan
Huntsville Museum of Art, Huntsville, Alabama
Prince George's Community College, Maryland
Leigh Yawkey Woodson Art Museum, Wausau, Wisconsin
Arco Contemporânea, São Paulo, Brazil
Southeast Arkansas Art Center, Pine Bluff, Arkansas
Wustum Museum of Fine Arts, Racine, Wisconsin
Colorado Springs Fine Arts Center, Colorado Springs, Colorado
1983 Cleveland Institute of Art, Cleveland, Ohio

Netsky Gallery, Miami, Florida
Cabrillo Arts Center, Santa Barbara, California
Arc Gallery, Chicago, Illinois
San Jose Institute of Contemporary Art, San Jose, California
Galerie Celeste, Houston, Texas
Metropolitan Museum of Manila, Philippines
Fine Arts Center of Tempe, Tempe, Arizona
Arts Center, Iowa City, Iowa
Korean Culture and Arts Foundation, Seoul, Korea
Tucson Museum of Art, Tucson, Arizona
Hong Kong Museum of Art, Hong Kong
Shukosha Art Gallery, Fukuoka, Japan
Exhibition Hall, Keimyung University, Taegu, Republic of Korea
Greenville County Museum of Art, Greenville, South Carolina
Sunderland Arts Center, England
Fiberworks, Berkeley, California
Connecticut College, New London, Connecticut
Southampton Art Gallery, England
Sonoma State University, Rohnert Park, California
Museum of American Craft, New York, New York
National Museum of Modern Art, Kyoto, Japan
Thomson Gallery, Minneapolis, Minnesota
Grapestake Gallery, San Francisco, California
Anna Gardner Gallery, Stinson Beach, California
Freeman Gallery, East Lansing, Michigan

1982 Netsky Gallery, Miami, Florida
Blaffer Gallery, University of Houston, Texas
Birmingham Museum of Art, Birmingham, Alabama
Corvallis Arts Center, Corvallis, Oregon
Sheldon Swope Art Gallery, Terre Haute, Indiana

1981 Fabien de Cugnac, Ostende, Belgium
New Provincetown Group Gallery, Provincetown, Massachusetts
Vertex Gallery, Taos, New Mexico
Redding Museum, Redding, California
Sonoma State University, Rohnert Park, California
Crocker Art Museum, Sacramento, California
University of Tennessee, Knoxville, Tennessee
Trisolini Gallery, Athens, Ohio
Sordoni Art Gallery, Wilkes-Barre, Pennsylvania
John Bolles Gallery, Santa Rosa, California
San Jose Institute of Contemporary Art, San Jose, California
Long Beach Gallery, Long Beach, California
California Crafts Museum, Palo Alto, California

1980 Indianapolis Museum of Art, Indianapolis, Indiana
Humboldt State University, Arcata, California
Santa Barbara City College, Santa Barbara, California
Roy Boyd Gallery, Chicago, Illinois
R. L. Kidd Gallery, Birmingham, Michigan
De Saisset Art Gallery, University of Santa Clara, California
Celebrations Gallery, San Diego, California
Smithsonian Institute, Washington, D.C.
University of Arizona, Tucson, Arizona
Joslyn Art Museum, Omaha, Nebraska
Georgia Museum of Art, Athens, Georgia
Honolulu Academy of the Arts, Honolulu, Hawaii
Southern Illinois University, Carbondale, Illinois
New Provincetown Gallery, Provincetown, Massachusetts
Loch Haven Art Center, Orlando, Florida

1979 Anderson Center for the Arts, Oneonta, New York
Fendrick Gallery, Washington, D.C.
Williams College, Williamstown, Massachusetts
Cheney Cowles Museum, Spokane, Washington
Marietta College, Marietta, Ohio
Galleria de' Foscherari, Bologna, Italy
Impressions Gallery, Boston, Massachusetts
Celebrations Gallery, San Diego, California
Baum-Silverman Gallery, Los Angeles, California
Florence Duhl Gallery, New York, New York
Roy Boyd Gallery, Chicago, Illinois
Leslie Ross Fine Arts, Minneapolis, Minnesota
Las Vegas Art Museum, Las Vegas, Nevada
Santa Barbara City College, Santa Barbara, California
Pensacola College, Pensacola, Florida

1978 Marietta College, Marietta, Ohio
Kathryn Markel Gallery, New York
University of Arkansas, Fayetteville, Arkansas
North Texas State University, Denton, Texas
Del Mar College, Corpus Christi, Texas
Smithsonian Institute, Washington, D.C.
Dayton Art Institute, Dayton, Ohio
Comune di Foligno, Foligno, Italy
Indianapolis Museum of Art, Indianapolis, Indiana

1977 Cheney Cowles Memorial Museum, Spokane, Washington
Oakland Museum of Art, Oakland, California
Institute of Contemporary Art, Boston, Massachusetts
Cornell University, Ithaca, New York
Grapestake Gallery, San Francisco, California
Roy Boyd Gallery, Chicago, Illinois
Lonny Gans Gallery, Beverly Hills, California
Art Fair, Bologna, Italy
Mount San Antonio College, Walnut, California
California State University, Los Angeles, California

1976 California State University, Los Angeles, California
Cerritos College, Norwalk, California
Art Fair, Bologna, Italy
Art Fair, Basel, Switzerland
Virginia Museum of Fine Arts, Richmond, Virginia
Santa Barbara Museum of Art, Santa Barbara, California

1975 Oakland Museum of Art, Oakland, California
El Camino College Art Gallery, Torrance, California
Palos Verdes Art Museum, Palos Verdes, California
Arizona Commission on the Arts & Humanities, Phoenix
Mount Saint Mary's College, Los Angeles, California
Palm Springs Desert Museum, Palm Springs, California
Ester Bear Gallery, Santa Barbara, California
Vine Street Gallery, Redlands, California

1974 Carroll Reece Museum, Johnson City, Tennessee
Battle Creek Civic Art Center, Battle Creek, Michigan
Springville Museum of Art, Springville, Utah
Pacificulture-Asia Museum, Pasadena, California
Arkansas Art Center, Little Rock, Arkansas
Santa Barbara Museum of Art, Santa Barbara, California

1973 Moorpark College, Moorpark, California
Gallery North, Mt. Clemens, Michigan

1972 Museum of American Samoa, Pago Pago, American Samoa
Laguna Beach Art Association, Laguna Beach, California

1971 Frank McClung Museum, Knoxville, Tennessee
Ball State University Art Gallery, Muncie, Indiana

1969 College of Creative Studies, University of California

1968 San Diego Art Institute, San Diego, California
Art Galleries, University of California, Santa Barbara

## Selected Major Collections | Seleção Coleções Principais

Oakland Museum of Art, California
Brooklyn Museum of Art, New York
Indianapolis Museum of Art, Indiana
Triton Museum of Art, Santa Clara, California
Museum of Latin American Art, Long Beach, California
International Telephone and Telegraph, New York, New York
International Paper Corporation, New York, New York
Philadelphia Museum of Art, Pennsylvania
Museum of Art of São Paulo, Brazil
Museum of Modern Art, Rio de Janeiro, Brazil
Museum of Modern Art, São Paulo, Brazil
Bank of America Collection, San Francisco, California
Museum of Contemporary Art, San Diego, California
Banco Sudameris, Brazil
Hewlett Packard, Palo Alto, California
J.P. Morgan, New York, New York
Coca Cola Corporation, Atlanta, Georgia
McDonald's Corporation
Fairmont Hotels Inc.
Washington State Collection, Seattle
Museum of American Samoa, Pago Pago
Arizona State University, Tempe
Valley Bank of Nevada
Cerritos College, California
Connecticut College, New London
University of California, Santa Barbara
Air France Airlines
Western Electric, New York, New York
Kemper Insurance, Chicago, Illinois
Catallactics Corporation, Chicago, Illinois
Santa Barbara City College, California
La Jolla Museum of Art, California
Macrovision, San Jose, California
Kaiser Permanente, Santa Rosa, California
DeSaisset Museum, University of Santa Clara, California
Ventura College, California
Hyatt Hotel, Phoenix, Arizona
Westin Hotel, Indianapolis, Indiana
Indiana University, Bloomington
Pontifícia Universidade Católica do Rio de Janeiro, Brazil
Eastwick Communications, Mountainview, California
San Francisco City Collection
Hyatt Regency, Cologne, Germany
3M Corporation
Pepperdine University, Los Angeles, California
Northern California Museum of Art
General Mills Corporation
Sonoma State University Academic Foundation, California
Benziger Imagery Series Collection, Glen Ellen California
Art Museum of Santa Cruz County, California
California Museum of Art, Santa Rosa, California
Hallmark Cards Inc.
Royal Management Corporation, Lombard, Illinois
Center for Book Arts, São Paulo, Brazil
Cheney Cowles Museum, Spokane, Washington
Globo Television, São Paulo, Brazil
Amerada Hess Oil Company
Manufacturers Bank, Chicago, Illinois

## Selected Commissions | Seleção Trabalhos comissionados

2002–05 Cave Drawings, Benziger Family Winery, Glen Ellen, California
2001 Wine Country Film Festival, Sonoma, California
Label Design, Imagery Estate Winery
2000 Label Design, Benziger Family Winery
Label Design, Imagery Estate Winery
1999 Hyatt Hotel, Phoenix, Arizona
Westin Hotel, Indianapolis, Indiana
Label Designs, Benziger Family Winery
1997 Sonoma Mountain Brewery, Glen Ellen, California
1993–96 Label Designs, Benziger Family Winery
1992 "Amazonas," Metropolis Hotel, San Francisco, California
1988 Label Design, Glen Ellen Winery Imagery Series
1987 "Iquitos," Kaiser Hospital, Santa Rosa, California
1986 "Aichi I" and "Aichi II" Print Edition, Fairmont Hotels, San Francisco, California and Chicago, Illinois
1985 "Serie Dos Jardins," (22 Wall Sections) Kirkland/Ellis Project for Skidmore, Owings & Merrill LLP, Denver, Colorado
1984 Flying Colors, Flag Design for City of Oakland
1983 "Obara Variation," Meridian Hotel, San Francisco, California

## Selected Articles-Reviews-Publications
## Seleção Artigos-Críticas-Publicações

"Wet Paint," Gretchen Giles, *Bohemian*, February 2007, Volume 28.41
"Marketing Out of the Box (Case?)," Amy Detwiler, *Art Calendar*, January 2007
"Brazil Project. One River: Two Views and Palmo Quadrado," *Radio Diaspora Reviews*, October 28, 2006
"Imagery, Art For Wine," by Bob Nugent, *Wine Appreciation Guild*, San Francisco, California 2006
"Arts Benicia hosts art with a jungle theme," Dustin Driver, *Benicia Herald*. May 23, 2003.
"Earthly images get good play at Arts Benicia," Robert Taylor, *The Times*. June 27, 2003.
"Color and Form, together, yet apart," Arts Marquee, *The Tennessean*, February 9, 2003.
"Works on Paper," *Omaha World-Herald*, May 3, 2001.
"Cover," *Bohemian*, 12 April 2001.
"Bob Nugent, Unmasking the Green," Maria Facio Zeballas, "Animus", *Argentina*, December, 2000/January, 2001.
"The Great Novel Exhibition," *Artweek* review, photo, September 2002.
"Diario sentimental de Viagem," Segunda Caderno, *O Globo*, Aug. 23, 1999.
"Nugent busca inspiração no Amazônia," Folha de S. Paulo. Juliana Monachesi, August, 14 1999.
"Bob Nugent penetra no coração doa trevas," "Bob Nugent Penetrates the Heart of Darkness" Antonio Goncalves Filho, "O Estado de São Paulo," August 12,1999.
"A floresta e o mar em exposição," Bob Nugent mostra sua obra na Dan Galeria, Grande São Paulo, 11 August 1999.
"Nashville Gallery Stamps Your Passport," Adrienne Outlaw, *In, Out & About*, In Review, April 7, 1998.
"Bob Nugent, The Amazon Journals," catalog for exhibitions at Cumberland Gallery, Nashville, Tennessee and R.L. Kidd Gallery, Birmingham, Michigan, March/April 1998.
"Jungle Fever," Bob Nugent captures Amazon on Canvas, Alan Bostick, *The Tennessean*, March 1998.
"Painter's Amazon-Inspired Works Tap Into Great Untamed." Josef Woodard, *Los Angeles Times*, January 22, 1998.
"Gallery exhibits well-known mini works," *Caderno 2 Guia*, São Paulo, Brazil, February 1995.
"Great Art in Mini Format," *Revista da Folha*, São Paulo, Brazil, February 1995.
"Amazon Inspires Artist," Angela Wibking, *Nashville Business Journal*,

Nashville, Tennessee, May 9, 1994.
"See the World," Linda Leaming, *Nashville Scene*, Nashville, Tennessee, May 19, 1994.
"Bob Nugent's prints take in the shore," John Carlos Cantu, *The Ann Arbor News*, Ann Arbor, Michigan, January 27, 1994.
"Bob Nugent at Documenta," *Folha de S. Paulo*, Brazil, July 6, 1993.
"Jungle Fever," review at R. L. Kidd Gallery, Joy Colby, *Detroit News*, March 5, 1993.
"Bob Nugent," *Artscene*, Gwydion Gallery, September, 1989.
"Bob Nugent at Roy Boyd," Alan G. Artner, *Chicago Tribune*, September 22, 1988.
"Bob Nugent," Joy Hakanson Colby, *The Detroit News*, March 22, 1987.
"Pionite Laminate-A Work of Art," *Dynamics*, Spring 1987.
"Chardonnay A Work of Art," *Sonoma Index Tribune*, December, 1987.
"Cover Story, SOM at Fifty," *Interiors*, December, 1986.
"Bob Nugent and Thomas Kapsalis at Roy Boyd," *Art in America*, October, 1986.
"Quando A Natureza E Co-Autora Da Escultura," Nugent and Adzak, Segundo Caderno, *Fortalez*, Brazil, February, 1986.
"A Tale of Two Fulbrights, Artists Nugent and Roth," *Argus-Courier*, Petaluma, California, December, 1986.
"Galleries, Wilshire Center," *Los Angeles Times*, September 1986.
"Six SSU Profs Awarded Summer Fulbrights," Rohnert Park, *Cotati Clarion*, July, 1986.
"Os Jardins De Nugent," *Manchete*, June, 1986.
"Bob Nugent," "O Mestre Americano Da Moda Brasileira De Papel Artesanal," *Artes Plasticas*, June, 1986.
"Colagens Refinadas," *Jornal Do Brasil*, June 1986.
"Record Number of SSU Fulbright Fellows," *Sonoma State Star*, May, 1986.
"Amelia Toledo Orienta Projetos Artisticos," *Artes*, March, 1986.
"O Pleno Exercicio Da Arte," *Exposicao*, March, 1986.
"Barker, Nugent e Roth No Margs," *Exposicao*, March, 1986.
"Bob Nugent, Obara Aichi," *Print Collectors Newsletter*, March–April 1986.
"Simple Substance, Subtle Art," *St. Petersburg Times*, February, 1986.
"Paper Works: Seven Perspectives" Exhibition brochure, Tampa Museum of Art, February, 1986.
"Paper Works: Seven Perspectives," *The Tampa Museum of Art News*, January 1986.
"Bob Nugent," Roy Boyd Gallery, *Los Angeles Times*, September 1985.
"Memories of Brazil," Roy Boyd Gallery, *Artweek*, September 1985.
"Art Director Gets Major Commission" *Sonoma State Star*, September, 1985.
"Gallery, Papermaker Publish Handmade Works," *Arts and Entertainment, the Sun*, January, 1985.
"Sob o Fascinio Dos Papeis," Gallery Arco, Paulo, Istoe, August 22, 1984.
"Bob Nugent, Obara Variations," *Print Collector's Newsletter*, Septmeber-October 1984.
"Curso de Criacao de Paper," *Centro de Convenções Rebouças*, August 1984.
"Mystery," Cumberland Gallery, *The Tennessean*, November 11, 1984.
"Bob Nugent," Grapestake Gallery, *Press Democrat*, February 14, 1984.
"Layers of Time and Process," Johanna Burstein, *Artweek*, March 3, 1984.
"Sculptural Paper: Foundations and Directions," Jessica Scarborough, *Fiberworks*, March/April 1984.
"The Art of Papermaking," Bernard Toale, Davis Publications, Inc., Worcester, Massachusetts, 1983.
"Bob Nugent," Robert Pincus, *L.A. Times*, November 1983.
"Fiber/Print," Melinda Levine, *American Craft*, April/May 1983.
"New Breed of Printmakers," William Zimmer, *New York Times*, March, 1983.
"Print Review," Jeannine Riley, *Village Voice*, March 8, 1983.
"Arts Festival," Al Morch, *San Francisco Examiner*, June 25, 1983.
"Handmade Paper Today," A worldwide survey, Silvie Turner & Birgit Skiold, Lund Humphries Publishers, 1983.
"Paper Becomes Art in the Right Hands," Barbara Curtin, *Gazette-Times*, Corvallis, Oregon, September 1982.
"A Glimmer of the Future of Sculpture," Al Morch, *San Francisco Examiner*, August 1982.
"Nugent's Paper Art," *Westart*, March 1982.
"Nugent Brings Art Back to Earth," Colleen Archer, *Redding Record Searchlight*, April 1982.
"Bob Nugent Paper," *Peninsula Times Tribune*, June 19, 1981.
"Administrators as Artists," Donna-Lee Phillips, *Artweek*, November 1981.
"Paper/Art," Essay by Bob Nugent, E.B. Crocker Art Museum, Exhibition Catalogue, January 1981.
"Discoveries in Paper," Victoria Blyth, Review of One Man Show, Baum/Silverman Gallery, *Artweek*, January, 1980.
"Bob Nugent," Suzanne Muchnic, *Los Angeles Times*, January 1980.
"Bob Nugent/Buzz Spector," *New Art Examiner*, Chicago, Illinois, January 1980.
"Bob Nugent," Peter Clothier, *Art in America*, September 1980.
"The Three Faces of Paper in Art," Dorothy Burkhart, *San Jose Mercury News*, January 1980.
"Bob Nugent," at the Galerie Camomille, *The Bulletin, Brussels*, Belgium, December 1979.
"Books as Art III," Fendrick Gallery, Washington D.C., 1979.
"Works with/on Handmade Paper," Anderson Center for the Arts, *Oneonta*, New York, 1979. Also at Williams College.
"The Case of the Curious Boxes," Elsie Miller, *San Diego Union*, May 1979.
"Ingenuity in Small Packages," Melinda Lorenz, *Artweek*, March 1979.
"Impressions Gallery," Review by Charles Giuliano, *Art New England*, December 1979.
"California Viewpoints," Review, *New Art Examiner*, Chicago, Illinois, January 1978.
"Treasure Trove of the Ancient Mariner," *Review Dartington Hall News*, Dartington, England, March 1978.
"Paper-Art and Technology," J. Heller, *World Print Council Publication*, March 1978.
"Papermaking," J. Heller, Watson-Guptill Publishing, New York, 1978.
"Bob Nugent," Review by Gwen Stone, *Visual Dialog*, Summer 1978.
"Paper Art," Bernard Kester, *Craft Horizons*, April 1978.
"Art World," Alfred Frankenstein, *San Francisco Chronicle*, July 1977.
"Visual Poetry by Shaw and Nugent," Robert McDonald, *Artweek*, 1977.
"Paper Magician, Bob Nugent!" Constance Hatcher, *Ram*, Fresno City College, 1977.
"Bob Nugent in Conversation with Gwen Stone," *Visual Dialog*, Winter 1977.
"Bob Nugent," Alan Meisel, *Art in America*, 1977.
"The Revolution in Paper," *American Artist*, August 1977.
"Handmade Paper Object," Richard Kubiak, Santa Barbara Museum of Art, Exhibitions Catalog, 1976.

### Selected Visiting Artist and Lectures
### Seleção Artista Visitante e Aulas

2006 Visiting Artist, Georgia State University, Atlanta, Georgia
Panelist, Art & Conversation, Sonoma State University, Rohnert Park, California

2005 Special Presenter, EARCOS, East Asia Regional Council of Overseas Schools, Ho Chi Minh City, Vietnam
Guest Lecture, San Francisco Museum of Craft and Design
Guest Curator, San Francisco Museum of Craft and Design

2004 Guest Lecturer, Connecticut College, New London, Connecticut
Guest Lecturer, Palo Alto Art Center, Palo Alto, California
Guest Lecturer, Museum of Latin American Art, Long Beach, California
Guest Artist, AVA Gallery and Art Center. Lebanon, New Hampshire
Special Presenter, EARCOS, East Asia Regional Council of Overseas Schools, Bangkok, Thailand

2003 Guest Lecture, Monterey Peninsula College, Monterey, California

2001 Juror, Seattle Arts Commission, Seattle, Washington
Curator, "Underfoot," exhibit of 50 American Artists for U.S. American Consulate, São Paulo, Brazil
Guest Lecturer, Fresno Museum of Art, Fresno, California
Guest Lecturer, Alumni, São Paulo, Brazil

2000 Visiting Artist, University of Nebraska, Lincoln, Nebraska

1999 Guest Curator, Sonoma Museum of Visual Art, Santa Rosa, California
Visiting Artist, Center for the Book Arts, São Paulo, Brazil

1998 Visiting Artist, Center for the Book Arts, Sao Paulo, Brazil
Guest Lecture, School for the Visual Arts, Rio de Janiero, Brazil

1997 Curator, "A Thought Intercepted", California Museum of Art, Santa Rosa

1996 Visiting Artist, Center for the Book Arts, São Paulo, Brazil
Visiting Artist, Connecticut College, New London

1995 Guest Artist, College of Southern Idaho, Twin Falls
Guest Artist, Connecticut College, New London
Curator, "Within Limits", exhibit of 80 American Artists, traveling exhibition to Galerie Millan, São Paulo, Brazil

1994 Guest Artist, University of Michigan, Ann Arbor
Guest Lecture, Napa College, Napa, California
Guest Lecture, Rockford College, Rockford, Illinois
Guest Artist, Aurobora Press, San Francisco, California

1993 Guest Lecture, Center for Book Arts, São Paulo, Brazil
Curator, "One Word" exhibition of 214 Brazilian Artists for travelling exhibition in United States
Visiting Artist, Southern Nevada Community College, Las Vegas

1992 Visiting Artist, Shasta College, Redding, California
Juror, National Exhibition, Lenexa, Kansas
Visiting Artist, Napa Valley College, California

1991 Panelist, Redwood Arts Project, Humboldt, California
Guest Lecture, Marin County Artists Association, Novato, California
Visiting Artist, Indiana University, Bloomington
Guest Lecturer, California Art Education Association
Guest Curator, Waura Exhibition, University Art Gallery, Sonoma State University

1990 Visiting Artist, Fresno City College, Fresno, California
Visiting Artist, Indiana University, Bloomington
Guest Curator, Gallery Rt. One, Point Reyes, California
Guest Lecture, California Art Educators Conference, Healdsburg, California

1989 Distinguished Artist's Forum, Fullerton, California

1988 Alumni Lecture Series, University of California, Santa Barbara, California
Program Committee Advisor, Public Art Works, Marin, California
Site Visitation Evaluator, California Arts Council

1987 Visiting Artist, Palo Alto Cultural Center, Palo Alto, California
Visiting Artist, Summer Arts Institute, San Luis Obispo, California
Guest Lecturer, Connecticut College, New London, Connecticut
Visiting Artist, California State University, Bakersfield
Visiting Artist, California State University, Long Beach
Site Visitation Evaluator, California Arts Council

1986 Distinguished Artists Forum, San Jose State, California
Juror, Guest Lecturer, Fiberworks, Berkeley, California
Guest Artist, University of Caxias do Sul, Rio Grande do Sul, Brazil
Guest Lecturer, University of Miami, Miami, Florida
Visiting Artist, Summer Arts Institute, San Luis Obispo, California
Guest Artist, Tampa Museum of Art, Tampa, Florida
Guest Lecturer, University of Idaho, Moscow, Idaho

1985 Distinguished Artist Forum, California State University, Los Angeles
Summer Arts Institute, Lake Tahoe, California
Guest Artist, Indiana University, Bloomington
Panelist, San Francisco Arts Commission, Fort Mason, California
Guest Lecturer, Palm Springs Desert Museum, California
Guest Artist, Fiberworks, Berkeley, California
Guest Artist, Redlands University, Redlands, California

1984 Guest Lecturer, Centro De Convencoes Reboucas, São Paulo, Brazil
Panelist, Marin Arts Council Seminar, California
Visiting Artist, Indiana University, Bloomington, Indiana
Visiting Artist, Humboldt State University, Arcata, California
Advisory Board, Art in Public Buildings Program, California Arts Council

1983 Visiting Artist, Kala Institute, Berkeley, California
Panelist, Guest Lecturer, International Paper Conference, Kyoto, Japan
Panelist, "Personal Statements, From Visual to Verbal," Proarts, Berkeley, California

1982–84 Art in Public Buildings Programs, California Arts Council, Selection Panel

1982 Guest Lecturer, Baltimore Museum of Art, Baltimore, Maryland
Guest Lecturer, Connecticut College, New London, Connecticut

1981 Guest Artist, Fresno City College, Fresno, California
Guest Artist, College of Southern Idaho, Twin Falls, Idaho

1980 Guest Artist, Carriage House Handmade Paper Works, Boston, Massachusetts
Artist-in-Residence, University of Arizona, Tucson

1980 Guest Lecturer, Indiana University, Bloomington

1979 Panelist, Mid-American College Art Conference, Phoenix, Arizona

1978 Artist-in-Residence, Idaho State University, Pocatello
Guest Lecturer, University of Southern California, L.A.

1977 Artist-in-Residence, Fresno City College, Fresno, California
Guest Lecturer, Redding Museum, Redding, California
Guest Lecturer, Cheney Cowles Museum, Spokane, Washington

1977–78 Guest Lecturer, Chico State University, Chico, California

1976 Lecturer, International Hand Papermakers Conference, Santa Barbara, California

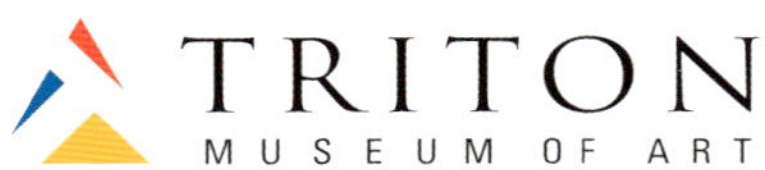




**Triton Museum of Art Staff**
**Equipe do Museu de Arte de Triton**

Mary Calarrudo, Gallery Attendant | Atendente da Galeria
Pat Carney, Gallery Attendant | Atendente da Galeria
Chris Chang Weeks, Development Manager | Gerente de Desenvolvimento
Marilyn Duvivier, Educator | Educadora
Maria Ester Fernández, Curator of Education/Associate Curator | Curador de Educação/ Curadora Adjunta
Nikki Franklin, Educator | Educadora
Ron Garcia, Preparator/Security Manager | Preparador/Segurança
Virginia Harkness, Educator | Educadora
Stephanie Learmonth, Registrar/Associate Curator | Administrador do Acervo/Curador Adjunto
Preston Metcalf, Manager of External Affairs/Associate Curator | Gerente de Assuntos Externos / Curador Adjunto
Jill Meyers, Assistant Director | Diretor Assistente
George Rivera, Executive Director/Senior Curator | Diretor Executivo/ Curador Sênior
Mark Robinson, Lead Gallery Attendant | Atendente Sênior da Galeria
Lydia Rosso, Educator | Educadora
Ruth Schoch, Gallery Attendant | Atendente da Galeria
Donna Tobkin, Director of Finance | Diretor de Finanças
Chris Tranter, Educator | Educadora

Except where otherwise noted, all photography of Bob Nugent's artwork is by Ed Aiona Photography.
Exceto onde apontado, todas as fotos das obras de Bob Nugent são de Ed Aiona Photography.

Additional photography and processing by The Lab, Santa Rosa, California.
Fotografia adicional e revelação por The Lab, Santa Rosa, Califórnia.

Photo of Bob Nugent by Carol Farrow
Foto de Bob Nugent por Carol Farrow

Additional photography by: | Fotografia adicional por:
Joey Heck, plate | figura 55, 56
Sérgio Guerina, Ubirajara and Bob, page | página 148
Paul Ste. Marie, plate | figura 3
Richard Monasterio, plate | figura 54
Sami Lynn Lange, plate | figura 96
Bob Nugent, plate | figura 2–6, 8, 10–12, 14, 20–22, 26, 28–30, 33–35

Additional editing by Georgina Balkwell and Lynda Nugent.
Edição adicional de Georgina Balkwell e Lynda Nugent.

We wish to thank all the lenders to this exhibition.
Desejamos agradecer a todos os que cederam obras para esta exposição.

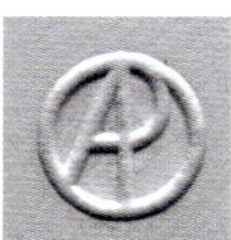

ABANDONED PRESS